鶴見和子

遺言

斃《たお》れてのち元《はじ》まる

増補新版

藤原書店

「天皇皇后謁見」秘話

――鶴見和子インタビュー（二〇〇四年九月十九日）――

この「謁見」は、天皇皇后両陛下が京都御所にお見えになる機会に鶴見和子さんとお会いしたいご希望があり実現した。その「謁見」の模様を是非伺いたいと申し出ると、快くお話しいただいた。ただし、公表は鶴見さんが亡くなってからにするようにと念を押され、金庫の奥深く十四年間保管されていた。

今年は、鶴見和子さんが逝かれて丸十二年。生誕百年の記念すべき年を迎えた。これを機に、著作権継承者の了承も得て、公開させていただくことにした。

――編集部

京都御所の質素なくらし

――先生、八月の二十二日の天皇皇后両陛下に謁見された時は、先生のご体調はいかがでしたか。

よくなかった。心配でね。もしも天皇皇后の前でがっくりいくことになったら大変だと思って、それが心配だった。ちゃんとこうして座っていられるかどうかもおぼつかない……。でも行ってよかったわ。その日は、天皇は国際解剖学会で英語の講演をなさった。それでお帰りになって、すぐだった。だから天皇は大変お疲れだったと思う。

——何時に、この宇治のゆうゆうの里にお迎えがあったんですか。

ここには二時半にお迎えが来て、向こうに三時半に着いて、三十分というお話しだったの。ところが話しているうちに一時間半ぐらい話した（笑）。長居したから、天皇はお疲れだったと思うわ。

——先生も大変だったでしょう、一時間半も。

私も大変だった。

——あの日もそうとう暑かったでしょう。

すごい雨が降った、京都は。ちょうど行きがけがすごい雨だったの。だからそんなに暑くなかったからよかったけれどね。なにしろ私、まず驚いたのは、京都御所はいつでも正面のあそこしか拝観しないでしょう。だからすごいな、いい所だなと思っていたけれど、お住まいの方は、驚くべき質素なの。もう昔のまんま。全然お手入れがなされてない。そして、絨毯なんか擦り切れている。トイレだって狭いしね。それは質素なお住まいよ。でも、もうじき改造なさるというから、あの時に見てよかったなと思う。だから、よく京都御所が破れているのを遠くから見て、ちまきやの民がちまきをお届けしたという話があるでしょう。そういうふうに本当に質素な暮らしをしていらしたのね。ただあそこは儀式の場所だから広くとって、きれいにしてあるけれど、お住まいはすごく質素。そして昔のまんま。

――そもそも今回の八月二十二日は、どなたから会いたいというお話が入ったのでしょうか。

（妹の）章子の主人が内山尚三で、川島武宜先生のお弟子なの。それで川島先生のお嬢さんのゆりさんが結婚した相手は、また川島さんとおっしゃる。その方が宮内庁の式部官なの。それでその方から章子のところにお話があった。そういう経緯で、今回は宮内庁経由で来たから、非常に大変だった。

第一回目のとき（一九九五年夏）は、私の学習院の同級生が木戸孝允の孫で木戸由貴子さん、その木戸さんの妹さんが井上和子さんとおっしゃって、その方が女官長で、その方からお話があったから、非常にプライベートな話で、宮内庁を通さなかった。だけど、今度は宮内庁から来たから大変なのよ。お伺いする前に、履歴書を出してくださいと。それは仕方がないからいちいち書いてみたけれど、汚らしいからやめて、『鶴見和子曼荼羅』の最終巻の一番後ろに著者略歴が載っているでしょう。あれのコピーを取って、あれに足すべきものを足して送った。そういう手続きが大変だった。

それで伺うときに、こっちでタクシーを頼んで行こうと思ったけれど、どこから入って、どう行っていいかわからなかったから、宮内庁から「お迎えを出しましょうか」とおっしゃったので、「お願いします」と言ってよかった。向こうの、宮内庁が差し向けた車だからシュシュシューと通っちゃった。

そうしたら玄関は高い階段があるでしょう。私、「車いすで行きますので」と言っておいたものだから、宮内庁の京都事務所という所に若い人がずらーっと並んで待っていてくれて、それで両側から私の車いすを持って、その階段を上がっていく。だから行きはとても楽々と行った。

——皇后様が先生にお会いになりたいということでもそういう公式書類を出さなければいかんのですか、宮内庁を通すと。

川島ゆりさんのご主人は宮内庁。それだから私のところに、宮内庁侍従からお話があった。だから全部宮内庁を通す。

——そういうチェックがあるんですね。

「このことはひとに言わないでください」と言われたの。ところが、本日の会議が終わった時に天皇皇后両陛下の記者会見がありました。「この後、どうなさるんですか」と聞かれまして、鶴見和子さんとの会見の件、「言いました」と。新聞記者には言ったというから、誰にも言わないでと言われたけれど、もう言っちゃったという話。

召人の話

それで皇后様からいろいろお話があったみたいで、二回ぐらい、岡野弘彦先生から『御歌会始』の召人にというお話があったの。

それは二回ともお断りしたんです。こっちの主治医の先生が、「東京へ行ってはだめ」って言ったから。「何が起こるかわかりません」と言われた。ドクターストップがかかっているの。そのことも今度、新しい女官長になったので話したら、その女官長は、前は女官だった人で、「たびたび式部官からそういうお話がありました」と言った。だからやはり皇后様から出ていた……。

前に皇后様から呼ばれたときは、どういうことを聞かれたかと言うと、私がカナダへ行って帰ってきたすぐ後だった。

それで津田塾の英語の先生（チャペル先生）がカナダ人だった。その先生と私が、たまたま私の住んでいたアパートが、その先生の住んでいらしたアパートの向かい側で、よくお会いした。だからその先生のご消息が伺いたいからというお話で最初は伺った。だからまったくプライベートな形で行った。

――今回はちょっとちがったんですね。

そう。だけどこの前は、天皇はごいっしょではなかった。その時も皇后様が「天皇にお会いになりませんか」とおっしゃったけれど、天皇はどこかにお出かけで、ちょうどお帰りになったところだったから、「いいえ」と。私、恐れ多くて、それでお会いしなかったの。今回はお二人ごいっしょということで、いろいろあったのではないかしら。

——最初にお聞きしていたときには、また皇后様おひとりかなと思ったんですね。

はい。私もそう思っていた。そうしたら「今度は天皇もごいっしょされます」と言われたから、こりゃ大変と思った。だから献上する物も何をお持ちしたらいいかわからないので、結局、あの巻、『曼荼羅』の最後の巻をお持ちしたの。そしてちゃんとサインして。それも何に包んでいくなんて大変だった。

——そうでしょうね。それで先生がお部屋に入られたときには、もう待っておられたんですか。

いえ、私が部屋へ入ってからお帰りになって、お出ましに……。

——その部屋はどういう部屋だったんですか。

玄関から入ってすぐの部屋でね。

——日本の家屋ですか。

いや、洋式です。そうでなかったらこれ（車椅子）で入れない。そして丸い小さいテーブルがあって、それで皇后様がこちらで天皇様がこちらで、本当に親しくお話ししたの。

昭和天皇と南方熊楠、水俣への関心、佐佐木信綱門下

――どういうお話から入ったのでしょうか。

私の方から、昭和天皇と南方熊楠の話をまず申し上げた。天皇陛下が田辺にいらしたときに熊楠が御進講した。田辺の植物について。その時、熊楠がすごく感動して歌を作った。その歌碑が今でも立っているのよ、神島《かしま》という島に。

一枝も心して吹け沖つ風わが天皇《すめらぎ》のめでまし〻森ぞ

それで今度、天皇はその後、熊楠が亡くなってからまた田辺に行幸があった。そのときに天皇がこういう歌を作られた。

雨にけぶる神島を見て紀伊の国の生みし南方熊楠を思ふ

天皇が御製に臣下の名前をお入れになるということは、大変めずらしいことなの。「南方熊楠を思ふ」。こちらは「わが天皇のめでまし〻森ぞ」と。

それで、私、これは何だろうと思って考えたときに、田辺に行った時、飛行機の中から神島を見て、そうだ、これは相聞歌だと思って。天皇と熊楠の相聞歌、お互いに学者として認めたのよ。そういうことを書いたことがある。その話を申し上げた。

そんな話をしているうちに、天皇が「水俣はどうですか」と言われたので、びっくりしたの。

——わりと早いうちにそういう話を……。

私が水俣の調査をしたということと、水俣に関心がおありになる。つまり、自然保護ということに関心がおありになるのよね、皇室は。それでそういうことを言われた。それで私はちょうど石牟礼道子さんの新作能「不知火」のＤＶＤを見ていたころだから、その感想を国立能楽堂に二十日も遅れて書き送った。新作能の「不知火」は、奉納公演として二〇〇四年八月二十八日に、それを患者さんと、患者さんの遺族たちが、ヘドロの海の埋め立て地の上で見ることになっている。そういうお話をしたのよ。

そして患者さんたちがあの運動を起こしたのは、なぜだったかというと、それはお金がほしいということではなくて、この海がまた生き返るようになって、魚たちが生き返って、われわれ漁夫たちが漁業できるような、あの豊穣の海に返ってほしいという、それが切実な願いであった。そのことを石牟礼さんがお能にした、という話を申し上げた。そういうことなのよ。それで次々に話が展開していって……。

——そういうふうに先生が水俣について話をされたときにはいかがでしたか。

それで私、とても感じがよかったのは、こちらに皇后様、こちらに陛下。そして私が何か言うと、お二人で顔を見合わせてうなずきあう。それがとても気持ちがいいのよ。つまり、お互いがとても心が響きあっているという感じが出ている。私、これは仲のいい夫婦だなと思った。私、一番最初にお会いした時に、陛下にこういうことを申し上げた。「陛下のお言葉は、私、いつでも大変関心をもって伺っております。七十歳の古希のお祝いの時のお言葉にとても感動しました」というお話をした。それはどういうことかというと、「七十年の生涯を振り返って、こういう結婚をしてきたというのが、一番しあわせなことでした。皇后は私の立場、私の務めをよく理解して、やさしく寄り添ってくれました」。そうおっしゃったのよ。「それを私は伺って、日本の男はそういうことを思っても、公衆の面前でこういうことを言うことはありません。陛下は本当にいい日本の男のお手本でいらっしゃいます」、そう言ったのよ。そして「お言葉を確実に私の心に刻むために、もし書いたものがおありになったらいただきたい」と言ったら、宮内庁からちゃんと送っていただきました、いろいろな時期のお言葉。

まずそれが最初の話。それから昭和天皇と熊楠の話。そうしているうちに和歌の話が出てきたので、皇后様が、「私の母は佐佐木信綱先生のお弟子で、『心の花』に出しております。そして私は後藤美代子先生に和歌の指導をしていただきました」。「あっ、そうですか。それでは美智子様、皇后様は、佐佐木信綱先生の孫弟子でいらっしゃいますね」と言ったら、「そうです。それで時どき『心の花』に出ると、とてもうれしゅうございました」。そんなことをおっしゃった。
それで和歌の話がずっと続いたの。それで私は「それを伺ってとてもうれしいので、佐佐木幸綱先生との対談をいたしました、その本を送らせていただきます」と言って、帰ってきたのちにお送りしたら、女官長を通してちゃんとお礼のお電話がございました。そういうことで、なかなかお歌もいいのよ、皇后様。だからやはりそういう教養がおありになる。

日本の伝統の革新

それから私がすごく感じたことは、陛下と皇后様は、日本の伝統ということをしっかり踏まえて、それを守りながらつねに新しく変えていく。たとえば、公衆の前で皇后と結婚したことが一番のしあわせだなんて、今までの男は言わないのよ。それをちゃんとはっきりおっしゃるというのは、これはやはり**伝統の革新**よ。踏まえて、それを新しい時代に合わせて変えていく。「そういうことを心がけていただいていることが大変うれしゅうございます。」私、天皇というのは、そういう役割を果たしていると思うの。象徴天皇というのは、そういう意味だと思う。伝統を守りながら、それを新しく作り変えていく、と。そういう役割を陛下と皇后様のご夫婦は果たしていらっしゃると思います。

京都御所という所縁《ゆかり》の場所でお目にかかれたことも、私は大変うれしいことです。そして退室する時におみやげをいただいたの。お菓子のおみやげだった。すべて白い布で、つまり白い箱だったのよ。女子学習院なんかで皇室の方がいらっしゃるときは、とら屋のお菓子と決まっていた。だけど、いただいたのは、俊輔にも「あなたこれ、分けてあげましょうか」と言って、何か言うかと思ったら、「僕は今の天皇と皇后を尊敬しているんだよ。だからもらうよ」と言って、送ってやったら「なるほど、これは無印良品だ」、なんて言ったんだけれど、とても質素なお菓子なのよ。本当に驚くほど質素なの。いかにも手作りのお菓子という……。だから召しあがりものの日々のご生活もずいぶん質素なんだなと思いました。

なにしろすごく感じがいいのよ。それから私が退室する時、玄関までお出ましになって、お見送りくださったのよ。びっくりしたの。私は大腿骨骨折をしてから、身体を前に曲げてはいけないの。だから最敬礼ができない。ずっと座ったままこういうふうに、丁寧にしかお辞儀はできない。だから本当は失礼なんですよ。向こうは敬礼をして、玄関までいらっしゃって、お見送りして、お辞儀してくださったのよ。

——お話ししているところの空間ですが、まさに……。

すごく近い空間よ。

——プライベートな空間……。

そう。

――女官とかは……。

誰もいない。お茶なんかを出す時だけ。この前、皇后にお会いした時も、女官長はいっしょではない。今度、女官長が代わったから、「今度の女官長でございます」と言って、ごあいさつはしてくださったけれど、そこに同席ではない。本当に感じがいいの。

皇后様お手づくりの絹綿を戴く

――天皇家というのは、まだまだ非常に距離があるように思いますけれども、美智子様は……。

人間的ね。それから退室するとき、お菓子だけではない、すごいいただきものをした。皇后様は、桑を育てて、蚕を飼っていらしたでしょう。そして絹糸を紡いで、紡いだ絹糸で真綿（絹綿）をお作りになって、それをいただいたの。今、町では真綿なんてものは売ってない。それをいただいた。すごい貴重品。だからお手ずからお作りになったものをくださった。すべて買ったものではなくて。おうちで召し上がるお菓子と、皇后様自身の育てた蚕で作られた真綿、外国にいらっしゃるときは、皇后様のお育てになった蚕の糸で織った絹織物、白絹をお持ちになるのね、おみやげに。それをいただいたから感動したわよ。

――そうですか。しかし、そういう今の皇后様のようなことは、天皇家に入られて急にということではなくて、下地みたいなものは、今の皇后様にあったのでしょうね。

お母様が偉かった。

——いわゆる開かれた皇室と言いますけれども、開かれる中身は問題ですね。それは西洋と同じようになるということではなくて、日本の伝統の中で庶民から嫁ぐというような形で開かれたのであって、だからちょっとむずかしいですね、皇太子妃は。

雅子様は苦労でしょうね。本当に皇后様はご苦労して順応していらしたのね。

——今、先生が言われたように、皇室そのものが非常に質素であるという、またそれは日本の伝統が質素である。それを美徳としてきている。そういうことがあまり知られていませんね。

だって、だいたい皇室というと、外国のお客様が来て晩餐会みたいな、ああいうお献立が出たりすると、わぁすごい、と思うでしょう。日常生活はそうではいらっしゃらないわね。ここの入居者で緞通《だんつう》（敷物用の厚い織物）を織る人がいて、皇室に、幔幕《まんまく》だとか緞通だとか、そういうものを納めていた人なのね。その人は昭和天皇が京都にいらっしゃると、よく呼ばれて行ったんですって。お食事などをいただいても質素なので驚いたというしね。昭和天皇はおまんじゅうが好きなんですって。だからおまんじゅうをお持ちするとよろこんで食べられたとか、そんな話をしていたけれど、やはりそんなふうだと思うのね。

「長く国人の行く先をお見守りください」と申し上げる

天皇は文化の伝統の継承者とすればいい。私、制度としては天皇制は反対よ。今のシステムは、やはり天皇制だと思う。だからそれは、私、いろいろ困ることが今まであったし、あるけれど、現在の天皇と皇后を見たとき、人間として尊敬できる、立派な方だというふうに考えます。それで私、最後に陛下に申し上げたのは、「どうぞこれから日本は大変なことになると、私は思っております。どうぞ陛下も皇后様もお体を大事になさって、長く国人の行く先をお見守りください」、そう申し上げた。本当にそう思っている。だから本当のことを言うと、お気の毒です。あんなに心のやさしい良い人たちが、これからどんな苦労をするかと思うとお気の毒です。

――今の国体が天皇制であるということは、最終的な責任は天皇にあると。

最終的な責任は負ってないんですよ。今は主権在民だから、最終的責任は民の方にあるんです。

――しかし、わかりにくいですね、今の体制は。

だって政治に関与しないということは憲法で決まっているんですもの。明治憲法とはちがうんです。主権在民なんです。だけど、憲法のとおりに今政治が行われているかどうか、そこは問題なんです。

——主権在民で天皇は政治的なところに関与しないということは、つまり民が天皇家ならびに天皇制を利用しているというふうに考える……。

そうですね。そういうことが政治家の中に多いと思った。だからお気の毒だと思います。象徴というのは、文化の伝統を守る人なんです。それに相応しい人たちなんです。

——しかし、政治と文化とか、経済と文化とか、これはやはり切り離せないのではないかと思うんです。

そうよ。

——どうしても文化は政治経済と切り離せないものだから、利用しますし……。そのへんのところは、天皇家の人たちはどう考えているのでしょうか。

それはわからないけれど、気の毒だと思う、利用されるのは。

——日本が本当に主権在民で、民が国家を成していればいいのですが、民がまだ自立していない現状においては難しい。

そう、そうなの。そこが問題なの。だからアメリカの国務省は、日本の戦後統治をするときに、そのことをうんと考えていたから、アンドリュー・ロス（『日本のジレンマ』一九四五年）のような批判が出た。天皇制を守ることによって日本の統治が収まったのよ。

――天皇制ということを抜きにしたら日本の秩序はないというふうにアメリカはわかっていたんですね。

そうですよ。

――文化的な象徴として天皇制を残したということなんでしょうか。

そうね、そう思いますね。

――そうしますと、昭和天皇もそうでしょうけれど、天皇家もそうとう複雑な気持ちだったでしょうね。どうするべきかは、蚊帳の外にあるわけですけれど、しかしやはり象徴ですから。

それは昭和天皇の場合と、今の天皇の場合は全然ちがうでしょう。昭和天皇は戦争をすることを決めたんだもの。大元帥ですよ。

――だけど先生、本当にそこまでの力があったのか、昭和天皇に。つまりあの時の陸軍が突っ走ったものを止められなかったのではないか。

止める力がなかった。止められないで、やれという方に断を下した。天皇は神聖にして犯すべからずなのよ。まちがいがないということにしてしまったからね。それはなくなったはずなのよ。

――そうすると天皇も皇后様も、今の政権にたいしては、非常な危惧をおもちでしょうね。

それはわかりません。そういうことを私、参酌しない。だから「行く末をお見守りください」

と。

——先生のお言葉にたいして、そのとき天皇皇后両陛下はどういう反応を……。

それは何もおっしゃいません。最後に申し上げたの。

「私は保守的な人間なんですよ」

——次期天皇は、もっと今の天皇陛下のとき以上に世の中が変わってきていますから。

だからもっと大変になりますよ。お気の毒ですよ。今後この象徴天皇制で行くべきだとは思いません。いずれ天皇制はなくなる方向へ行くでしょうね。しかし、そのためには政治家がまずちゃんとしなければね。今のようにお金を儲けたり、人をだましたり、だめですよね。

——しかし、それがまた非常にむずかしいことですよね、これから先というのは。そんなに簡単ではないと思いますよ。

教育の問題がありますから。私はね、人が見ているよりも、むしろうんと保守的な人間なんですよ（笑）。藤原さんはどう見ているか知らないけれど。

——いや、僕も保守的ですから。しょうがないですよ、人間というのは命を守ることがまず第一なのですから（笑）。

私、正直な善人の保守は好きですよ。悪人の保守は嫌いです。

——生きものというのは、命を守っていく、命の再生産だと私は思いますけれど……。

そうね。生命というものはおそらく保守でしょうね。だけど、人間は死なければだめですよね。いつまでも生きているようではだめ。

——いつかは死ぬんですけれども……。

殺すのはだめですけれど、寿命が切れたら死んだ方がいい。それでまた新しく甦ってくればいいんです。ぐるぐる回っていけばいいんですよ。永久に生きているなんて嫌ですよ（笑）。

——しかし、先生、両陛下に会われた後は非常にお疲れだったでしょうけれども、なんだか清々しいお気持ちだったでしょう?

そうですね。

（二〇〇四年九月十九日　京都ゆうゆうの里の自室にて）

（聞き手・**藤原良雄編集長**）

鶴見和子　追悼行事開催記録（二〇〇六―二〇一八）

■二〇〇六年十一月二十日　　於　東京會舘　ローズルーム

鶴見和子さんを偲ぶ会

総合司会＝迫田朋子

●**第一部　鶴見和子さんを語る**

〈オープニング〉「回生――鶴見和子の遺言」より（ＶＴＲ）

〈祈り〉柳瀬睦男

〈パネリスト〉加藤周一（メッセージ）／多田富雄／志村ふくみ／石牟礼道子（メッセージ）／中村桂子／川勝平太／ロナルド・ドーア（メッセージ）／西川千麗／佐佐木幸綱（メッセージ）／武者小路公秀／赤坂憲雄／松居竜五／西川潤／緒方貞子（メッセージ）／服部英二

〈スピーチ〉鶴見和子と後藤新平　藤原良雄

「鶴見和子文庫」について　西川祐子

●**第二部　鶴見和子さんを偲ぶ**

〈オープニング〉「鶴見和子・自撰朗詠 短歌百選」より（ＶＴＲ）

〈スピーチ〉三木睦子／ヨゼフ・ピタウ／高野悦子
〈献 杯〉金子兜太
〈スピーチ〉花柳乃布美・花柳恵太郎／澤井余志郎／綿貫礼子／澤地久枝／三輪公忠／岩村沢也／吉川勇一／見田宗介／大石芳野／大川弥生／林佳恵／黒田杏子
〈闘病報告〉内山章子
〈あいさつ〉鶴見俊輔

■二〇〇七年七月二十八日（土） 於・新宿中村屋本店 三階「レガル」

鶴見和子さん一周忌の集い

司会＝藤原良雄

〈献杯〉柳瀬睦男
〈スピーチ〉上田敏／佐佐木幸綱／大石芳野／加賀乙彦／羽田澄子／蠟山道雄／黒田杏子／西川祐子
〈一年間の報告〉内山章子
〈あいさつ〉鶴見俊輔

＊皇后陛下ご出席

■二〇〇八年七月二十六日（土） 於 山の上ホテル 本館一階「銀河」

鶴見和子さん 三回忌の集い

司会＝藤原良雄

〈献杯〉金子兜太

〈スピーチ〉多田富雄／辻井喬／高野悦子／中村桂子／赤坂憲雄／澤地久枝
〈あいさつ〉鶴見俊輔
〈ピアノ演奏〉金大偉　〈音声と映像〉鶴見和子さん最終講演（録音）と写真（映像）
〈ビデオ上映〉「生命のリズム」より

＊皇后陛下ご出席

■二〇〇九年七月三十一日（金）　於　山の上ホテル　別館「海」

鶴見和子さんと語る会――「山百合忌」への誘い

司会＝黒田杏子

●**第一部　〈シンポジウム〉内発的発展論と『山姥』**
赤坂憲雄＋中路正恒＋松島泰勝　（司会）黒田杏子　〈メッセージ〉金子兜太／鶴見俊輔

●**第二部　懇親会**
〈献杯〉武者小路公秀
〈ビデオ上映〉「回生」（テレビマンユニオン制作）より　解説＝坂元良江／長澤智美
〈ミニコンサート〉海勢頭豊

■二〇一〇年七月三十一日（土）　於　山の上ホテル　別館「海」

山百合忌――鶴見和子 没四年

司会＝黒田杏子

〈ショートスピーチ〉瀬戸内寂聴／西川千麗　〈献杯〉澤地久枝

〈講演〉松居竜五「最新刊『高山寺蔵 南方熊楠書翰』をめぐって」
加賀乙彦「鶴見和子のきもの日記」

於　山の上ホテル　別館「海」
司会＝黒田杏子

■二〇一一年七月三十一日（日）

山百合忌――鶴見和子 没五年

〈献杯〉園田天光光
〈講演〉上品和馬「『広報外交の先駆者・鶴見祐輔』（藤原書店）を出版して」
大石芳野「土に生きる――チェルノブイリそして東電フクシマの被害」
〈朗読〉麻生花帆（語り・小鼓・舞）／望月美沙輔（笛）
構成・演出＝笠井賢一

■二〇一二年七月三十一日（火）

於　山の上ホテル　別館「海」
司会＝黒田杏子

山百合忌――鶴見和子七回忌

〈ショートスピーチ〉宇野重昭／澤地久枝　〈献杯〉辻井喬
〈講演〉中村桂子「鶴見和子と南方熊楠をめぐって――生命誌と内発的発展論」
西舘好子「鶴見さんのエロスについて」
〈語りと舞〉「花の山姥――回生の花道から花の山姥へ」
麻生花帆（語り・小鼓・舞）／小湊昭尚（尺八）／本間貴士（箏）
演出＝笠井賢一

■二〇一三年七月三十一日（水）　於　山の上ホテル　本館一階「銀河」

山百合忌――鶴見和子 没七年

司会＝黒田杏子

〈ショートスピーチ〉中村桂子／川勝平太／石牟礼道子　**〈献杯〉**金子兜太

〈講演〉大石芳野「福島　土と生きる」

〈語りと舞〉「言葉果つるところ　歌舞が生まれる――鶴見和子・石牟礼道子の対話による語りと舞」

構成・演出＝笠井賢一

野村四郎（節付・作舞　観世流能楽師）／佐藤岳晶（作曲・地歌演奏）／安島瑶山（演奏）

／金子あい（語り）

＊皇后陛下ご出席

■二〇一四年七月三十一日（木）　於　山の上ホテル　本館一階「銀河」

山百合忌――鶴見和子 没八年

司会＝黒田杏子

〈ショートスピーチ〉上田敏　**〈献杯〉**金子兜太

〈講演〉ロナルド・ドーア／武者小路公秀／澤地久枝

〈語りと舞〉「遺言――鎮魂と再生への祈り」

構成・演出＝笠井賢一

野村四郎（節付・作舞　観世流能楽師）／佐藤岳晶（作曲・地歌演奏）／設楽瞬山（演奏）

／金子あい（語り）

＊皇后陛下ご出席

■二〇一五年七月三十一日（金）　於　山の上ホテル　一階「銀河」

山百合忌――鶴見和子 没九年

司会＝黒田杏子

〈ショートスピーチ〉服部英二　〈献杯〉金子兜太

〈講演〉松居竜五／赤坂憲雄

〈語りと舞〉「萃点――命の舞と踊　南方曼荼羅と内発的発展論」構成・演出＝笠井賢一

野村四郎（節付・作舞　観世流能楽師）／佐藤岳晶（作曲・地歌演奏）／設楽瞬山（尺八演奏）／麻生花帆（語り・踊・小鼓）

■二〇一六年七月二十四日（日）　於　山の上ホテル　一階「銀河」

山百合忌――鶴見和子 没十年

司会＝黒田杏子

〈献杯〉金子兜太

〈鼎談〉金子兜太＋永田和宏＋黒田杏子

〈語りと舞〉「無二の姉弟――生まれた儘の人 和子　生まれ変わった人 俊輔」構成・演出＝笠井賢一

野村四郎（監修・節付・謡／声の出演）／坪井美香（語り）／笠井賢一（語り）／山村楽千代（踊）／佐藤岳晶（作曲・地歌演奏）／設楽瞬山（尺八演奏）

＊皇后陛下ご出席

■二〇一七年七月三十一日（月）　於　山の上ホテル　一階「銀河」

山百合忌——鶴見和子さん没十一年

司会＝黒田杏子

〈ショートスピーチ〉松居竜五　**〈献杯〉**上田敏

〈講話〉松本侑壬子／芳賀徹

〈語りと舞〉「鶴見和子　臨終の記——『遺言』より」　構成・演出＝笠井賢一

野村四郎（節付・謡・舞）／金子あい（語り）／佐藤岳晶（作曲・三味線）／設楽瞬山（尺八）

＊皇后陛下ご出席

■二〇一八年七月三十一日（火）　於　山の上ホテル　一階「銀河」

山百合忌——鶴見和子さん生誕百年

司会＝黒田杏子

〈講話〉佐佐木幸綱「鶴見和子さんのこと」

杉本星子「今、鶴見和子から学ぶこと——「鶴見和子文庫」を引き継いで」

〈語りと舞〉「いのちの響き——『言葉果つるところ』より　石牟礼道子追悼」構成・演出＝笠井賢一

野村四郎（節付・謡・舞／観世流能楽師）／金子あい（語り）／佐藤岳晶（作曲・三味線）／設楽瞬山（尺八）

（敬称略）

柳瀬睦男氏（2006 年偲ぶ会）

シンポジウム（2006 年偲ぶ会）

上田敏氏（2007 年一周忌の集い）

佐佐木幸綱氏（2007 年一周忌の集い）

辻井喬氏（2008 年山百合忌）

左から黒田杏子、松島泰勝、中路正恒、赤坂憲雄の各氏（2009 年山百合忌）

加賀乙彦氏（2010 年山百合忌）

麻生花帆氏（2011 年山百合忌）

中村桂子氏（2012 年山百合忌）

大石芳野氏（2013 年山百合忌）

ロナルド・ドーア氏（2014 年山百合忌）

野村四郎氏（2015 年山百合忌）

左から黒田杏子、金子兜太、永田和宏氏（2016年山百合忌）

芳賀徹氏（2017年山百合忌）

遺言〈増補新版〉もくじ

Ⅲ　思想

Ⅳ　時論

遺言

斃《たお》れてのち元《はじ》まる

〈増補新版〉

序

皆様ご覧のとおり、わたくしは左片麻痺でございます。このように、身体不自由となりましたわたくしに、栄誉ある朝日賞を賜わりましたことを、深く感謝いたします。

わたくしが辿り着きました内発的発展論は、まだ完結しておりません。ひとつの社会のそれぞれの地域、地球上のそれぞれの社会に、それぞれ固有の文化がある。その異なる文化に根ざして、多様な発展の仕方が、地域にも、社会にもあるのはよいことだ、というのが内発的発展論の主旨でございます。

そうしますと、異なる文化が衝突したり、喧嘩したりすることになりますが、そこに終わらないで、深く交わることによって、生きとし生けるもの、昔生きていたものも、これから新しく生まれてくる生命《いのち》も、それぞれ異なるものは異なるままに、お互いに支えあってともに生きていくような新しい文化を創り出す道はないものか。そのための一つの方法として、曼荼羅の手法がある、ということを、わたくしは南方熊楠から学びました。

内発的発展論と南方の考えた曼荼羅の手法とを結びつけることによって、内発的発展論は、わたくしなりに完結する、と考えております。その目標に向かって、今日朝日賞をいただきました喜びを梃子《てこ》として、これからも生命《いのち》ある限り、歩み続けたいと念じます。

ありがとうございました。

鶴見和子

（二〇〇〇年一月二十七日、「朝日賞」受賞あいさつ）

I　遺言

生命《いのち》細くほそくなりゆく境涯にいよよ燃え立つ炎ひとすじ

姉・鶴見和子の病床日誌

（二〇〇六年五月三十一日―七月三十一日）

内山章子《あやこ》・記

五月三十一日（水）

背骨の圧迫骨折をする。

ねたきりの予兆なるかなベッドよりおきあがることできずなりたり

六月五日（月）

政《まつりごと》人《びと》いざ事問わん老人《おいびと》われ生きぬく道のありやなしやと

六月十二日（月）

わが生命右手より出でさらさらと筆に流れて歌とはなれり

有難し右手が残りものを云う声の大切すこやかにして

おどろおどろしきもの人の心の底に我が心にもありし日を思う

六月十七日（土） 発病

米寿の祝いの日に発病。診療所で診察を受け、ウイルス性の下痢であろうということで点滴を受け、祝いの宴には出席かなわず。

六月十九日（月） 京都ゆうゆうの里内の診療所に入る

この世をばさかりゆく時何が見え何が聞ゆかその刻を待つ

六月二十日（火）

「死にゆく人がどんな和歌を詠み、何を考え、何を思って死んでゆくのかを、貴方は客観的に記録しなさい。」という。

六月二十一日（水）

新しき今日の一日を生かされむ窓より朝日差し入るを見る

朝、病室にゆくと開口一番、「昨夜はもう死ぬかと思った。」という。

六月になり、文字を書けなくなり、手紙・印刷物を読むのも面倒、すべて億劫になり、机の上にうず高く積まれてあった。

私に自分の来し方をしきりに話し、「人間の一生は本当に面白い。」という。

夕方、歌人、河野裕子さんのお手紙を読んであげた。「鶴見和子さんは、私が会った人の中で、最も頭のいい人だと思いました。」と読むと、

「私、頭よくないの。仕事馬鹿、大馬鹿よ。アハハハハハハハ。」

と大きな声を立てて笑う。

「そう仕事馬鹿。大馬鹿よ。忙しい、忙しいって仕事し過ぎてお医者にもいかない。血圧降下剤半年以上も飲まないで脳出血で倒れて、それでも懲りずに、また忙しい、忙しい、疲れた、疲れたっていいながら仕事して、背骨の圧迫骨折。大馬鹿なの私。」

〈医師の所見〉

「ウイルス性細菌の検査結果は0で、西洋薬はきかないので漢方薬を二十日から使い始め、下痢はおさまって来ている。腫瘍マーカーは昨年は五で正常、今回は一二八・五です。肺には影はないので肺癌ではない。腸に癌が広がっているのではないか。いま現在、精密な検査の出来る状態ではない。今後、大出血、ひどい発熱や声が出なくなるなどの症状が出るかもしれない。

血圧の急な低下による心不全も起こり得る。会わせたい方があれば一日も早い方がよい。声を遺すためにテープレコーダーの病室への持ち込みも許可する。出来るなら親族にここにいてほしい状態で、気力で長引くか、急変が起こるか予断は許されない状態である。回復の見込みがない以上、延命治療と癌告知についての家族の意見を聞きたい。鶴見さんからは、回復の見込みのない場合は、延命治療はしてほしくないとの書状を三回頂いている。」といわれた。

一切の延命処置お断りと文書く窓辺花散る気配

（二〇〇五年四月十二日）

六月二十二日（木）

朝、空腹でお粥全部食べたという。今日は少し落ち着いて、一日短歌の日であった。それをまとめて『心の花』に歌稿を送る。二十二日は一時持ち直した。

きぞの夜死ぬかと思え目覚むれば朝の日は差すまだ生きてあり
朝な朝な生きていること確認し昼を生きつぐ
我が痛み我のみぞ知るどしゃ降りになりても晴間出でても曇りても我を去ることはなし
我は痛み痛みは我痛みあるから生きてると思えど痛みたえがたきかな

もののけになりゆく道の道すがらまだ生きているその方がまし

（「山姥ってもののけの一種なのよ」という。）

友子（妹・内山章子の長女）が見舞いに来たのを喜ぶ。

六月二十三日（金）

「早く部屋に帰りたい。部屋に帰るには食べないとね。下痢は止まったけど、まだお腹は少し痛い。」

「下痢は止まったし、お食事も三度きちんと食べていますと先生に申し上げて。」

「早く部屋に帰って、頭のはっきりしているうちに仕事したいの。言い遺したいことをきちんと言い遺したいの。」

「ここでは駄目なの。」

明日、黒田杏子氏の見えることを伝える。

一本の手を欠き一本の手をもて歌かき文を書き林檎すりおろし一本の手は我が宝

六月二十四日（土）

黒田杏子氏が来られ、一日姉の話を聞いて下さる。

一方、六月二十五日の京都の同志社大学寒梅館ハーディーホールのシンポジウム「いのちを纏《まと》う」に欠席せざるを得なくなり、メッセージが欲しいと藤原書店の刈屋琢さんが、ゆうゆうの里まで来られた。姉は「メッセージの件、努力してみます。」とお答えした。

夕食を頂き元気回復、そのメッセージは出来た。

『いのちを纏う』とは。

植物のいのち、染織した人のいのち、纏う人のいのちが交感する

植物繊維を使い、植物染料で染め手織りにしたものは、その植物のいのちとつくった人のいのちとがそれを纏う私のいのちと交流する。植物繊維、植物染料で手織りのものと交流しながら仕事をすると、考えがどんどん沸いてくる。化学繊維、化学染料ではこういうわけにはいかない。だから私は、仕事をするときには植物繊維、植物染料で手織りのきものを纏う。そうでないと、頭のなかは真っ白。いのちの交流が纏う者と纏うきものとの間にできるのが、その最もよいところである。自分が活性化するのである。このいのちの交流が、私の創造性の源なのである。

六月二十五日（日）

痛みとは我のみぞ知る我は痛み痛みは我片時も痛みは我を離れざるなり
天井に壁に光の微粒子飛び小さき白き花揺らぎをり
ねむたけれど眠れぬ夜の苦しさは痛みにたえてただうととと

症状が少し安定して来たので、ＣＴスキャンを撮りに国立南京都病院（京都府城陽市）にゆく。久しぶりの外出を喜んで、車の窓から見える眺めを楽しんだのが最後の外出。

六月二十六日（月）

久々に濃緑さみどり薄みどり五月の森の風景を見る
人間の最期の悲惨いかにして乗り越ゆるかと思いめぐらす
何にかに掴まっていないとこのまんま飛んでゆくかと不安になりぬ

昨日のシンポジウムの様子をしきりに気にしている。『京都新聞』の大きな記事を読んであげる。

〈六月二十五日のCTスキャン結果について主治医の説明〉

胸水があり、腹水も少し溜まっている。上行結腸癌で、既にリンパ節に転移しており、腸の大動脈近くに及んでいる。手術は不可能。回復の見込みは全くなし。癌告知についての家族の考えを聞きたい、といわれた。

六月二十七日（火）

自分で自分の体を動かすことが出来なくなりぬすべておまかせ
思いっきり行儀悪くして一椀の粥を食べてしまえり

朝、病室にゆくと、自分一人で朝食のお粥を全部食べたという。
黒田杏子氏が見えて、二回目の聞き取りをされ、兄（鶴見俊輔）にも会って頂いた。

六月二十八日（水）

主治医は、心不全がすすみ、心臓が弱っている、大腸にむくみがあるので下痢は止まっているが、明日からまた啓脾湯《けいひとう》（胃腸の働きをよくし消化を助け下痢を抑える）を使うといわれた。

姉は、「自分は、心臓病で死ぬと思っていた。癌ではありませんね。」と、先生に念をおしていた。

宇治の第二岡本総合病院の外来「おかもと総合クリニック」に行き、消化器内科部長の本井重博医師にセカンドオピニオンを聞きに行って欲しいといわれた。

兄夫妻と伺いにゆく。

病名は、主治医の診断と同じであった。「ただ、上行結腸のこの部分は比較的内腔が広いため、右側結腸は腸閉塞になりにくいので、今食欲があるのであれば、低残渣食《ざんさ》（繊維成分を抑え、消化管に負担をかけない食事）に切りかえて、本人のＱＯＬ（Quality of Life）を何よりも大切に見守ってゆくのがよいのではないか」という助言を頂き、今後の看病の基本方針を決めることが出来た。

七月一日（土）

山茱萸《さんしゆゆ》の枝はそよげり朝は強く昼は静かに

病室の移動。心電図のモニターが付き、床ずれ予防のベッドがあり、ナースステーションの隣りの部屋となる。窓から森が眺められ、緑に囲まれ、水音も聞こえる。山姥の病室としては日本に二つとない環境である。窓のすぐ外は狐や狸の通るけもの道だと先生がいわれた。草がよく倒されているのはその為であったのだ。姉は窓から山茱萸を眺め、空に浮かぶ雲をよく見ていた。風通しもまことによい。

七月二日（日）

「心臓が苦しい」という。低残渣食開始。

七月三日（月）

病状は下降状態。肺水腫の恐れが出て来た。発熱は大腸癌から。血圧高く、不安定。ただ背骨の圧迫骨折が直り、少しベッドを起こして食事の介助が出来るようになり、食べさせる方も本人も誤嚥《ごえん》の心配が少なくなる。

七月四日（火）

心音悪化。固定導尿管挿入。血尿が出るようになった。

七月五日（水）

「朝の光が見えて嬉しい。よくぞ生きている。」と呟く。

七月六日（木）

兄は「もう知的活動は出来ないだろう。生命維持で精一杯というところ。」という。

七月七日（金）

「まだ生きていた。」と呟く。

今日は七夕。昼食は七夕料理。鮎の塩焼き一尾、温泉卵一個。南瓜うらごし、お粥、西瓜。

二十分でどんどん頂いてしまった。

私が「よく召し上がりました。」といったら、

「貴方もよく出来ました。」ですって。

血尿続く。

七月八日（土）

ナースコール押せども鳴らずこの世とももつながり切れし思いこそすれ

余りナースコールを頻繁に押すので、ナースコールを取り上げられてしまった。

窓の前の草を刈って下さり、風通し、見晴らしともによくなり心地よい。風の訪れ、鳥の訪れもよく見える。子雀、しじみ蝶、蟻、鵯《ひよどり》、梅雨鳥等々。

このところ微熱と血尿続く。

七月九日（日）

早く死にたい早く死にたくない山茱萸の若葉は朝日の中をさ揺らぎてをり

と詠んで、「もうあんまりつらいから死にたい。」と呟く。

七月十日（月）

もう死にたい　まだ死なない　山茱萸《さんしゅゆ》の緑の青葉　朝の日に揺れているなり

「これは私のことなの。」

「今日はあんまり苦しかったから、今日は死に日かと思った。」

右の胸が痛いという。この日も血尿。
食事中に嘔吐。全体としてあまり食欲なし。盛んに咳をする。
「疲れた。ほんとに疲れたよ。」と呟く。

七月十二日（水）

ここで死ぬか部屋に帰って死ぬか主治医にさえも解らない人間の最期

七月十三日（木）

ここで死ぬか部屋に帰って死ぬか主治医にさえも私にさえもわからない
目覚むれば人の声するまだ生きてをり

「これが最後の歌になるか。」と呟く。
口から泡のようなものがひっきりなしに出てくるようになった日、肺水腫になったのか。胸水と腹水で苦しいのだと思う。吐き気もあるので、食事もあげられない。

七月十四日（金）

明け方血圧が上がり、心臓が苦しいといって、当直の先生に診て頂いた。胸水と腹水で苦しいのだ。点滴はまだ入っている。

「窓開けて。風を通して。」

と盛んにいう。

「先生、先程おいで下さいましたのに寝ておりまして失礼いたしました。今朝心臓が苦しかった時、当直の先生が、『これは心房細動で心室細動ではない。』といわれました。病院ではいつもそういわれます。」

と一人でしゃべっている。

先生がいらして、

「お汁粉もどうぞ。」

といわれると、

「お汁粉が欲しいの。『御倉屋《みくらや》の情《なさけ》の味は我がつまの情けの味に似たる味する。』とかなんとかいってとてもおいしいのよ。御倉屋、情けの味がするから、頼めばすぐ送ってくれる。」

といっているかと思うと眠っている。

七月十五日（土）

「ひとりでお手洗いに行きたい。」

「坐りたい。キチッと坐りたい。起きたい。」

確かな部分、誇り高い部分と、こわれてゆく部分の錯綜する姿を見守るのは、看取りの悲しさ。飲むのかと思うと、こちらが用意していなくても、吐き出してしまったり、うがいしてしまって、布団は水びたし。人はこうして老いてゆくのか。落差の大きいだけ悲しい。

七月十六日（日）

昨日からかったるそうになり、無反応になって、ああせい、こうせいといっていたころが懐かしい。

ただ体位をかえて、左側を下にしても今迄のように痛がらず、すやすや眠る。

自分のこと以外の関心はなくなり、手紙を読んでくれともいわなくなる。痰が多くなり、やたらうがいをする。

七月十八日（火）

うがいとともに茶色いものを嘔吐する。一時間してやっと嘔吐の発作おさまる。このところ便なく、摘便《てきべん》して頂く。先生は「こういうことは今後度々起こるでしょう。」といわれる。お腹がパンパンに張っていたのがおさまる。

七月十九日（水）

先生が、「ナトリウム不足で利尿剤がきかないので、塩分をとって下さい。お味噌汁などいかがですか。」といわれると、

「私はお味噌汁は嫌いです。」とそっけないお答えをする。やれやれ。

七月二十日（木）

〈主治医の所見〉

「今、脈がずっと百以上で、血液のデータもいくら治療しても改善が見られない。この状態がずっと続くとは考えにくい。何時心不全を起こしてもおかしくない状態で、急死もありうる。」

七月二十二日（土）

手、足、そこら中針をさしても、点滴の針が入らなくなってしまった。動脈硬化がすすみ、末梢血管が硬くて点滴の針がささらないのだと先生はいわれる。

「とろみ食」に変わる。全然食べず、うがいばかりする。血圧が下がる。酸素も四リットルに上げる。顔面蒼白、右手が震える。誤嚥が恐いので、口の中を消毒ガーゼでぬぐう程度にする。お茶も水も飲むことが不可能になる。当直医に禁食・禁飲を言い渡された。

「水を下さい。水、水を飲まないと声が出ない。水を下さい。普通の水。」

私はこの声を一生覚えていると思う。

七月二十四日（月）

口を消毒ガーゼでぬぐう。うがいしたいという。水をお匙であげると、

「水はお匙で飲むものではない。吸呑《すいのみ》みで飲む。」という。

「もっと水、水を沢山飲む。りんごジュース茶碗で飲む‼」という。

顔面蒼白、口は開けたまま。目はしっかり開くことが出来、意識はきちんとある。

〈主治医の所見〉

「今迄車椅子で動き廻っていたのに、寝たきりになって、体全体の機能低下があり、殊に嚥下機能が低下している。点滴が末梢血管から入らなくなっているので、高カロリー輸液に切りかえ、栄養バランスをとってゆくしかないが、それには家族の同意がほしい。今迄何方か経験おありですか。」ときかれたが、誰も思い浮かばなかった。「血管が非常に固くなっているので、

右脚の付け根から入れるが、入れられる保証はない。そうなると、頸静脈であるが、頸静脈からでは、今迄の点滴しか入らない。高カロリー輸液の場合は栄養バランスがとれ、利尿剤を使えるので、胸水を減らすことが出来る。今日の三時半か、四時頃、その手術をします。」といわれた。しかし、両方とも入らなかった。今迄の方法しかないことになった。

「明日レントゲンを撮れば胸水の状態も解る。心臓の心房細動はしばしば起こっている。それが何時心室細動になるか解らない。心不全を何時起こしてもおかしくない状態で、生命の保証はできない。何日迄大丈夫とはいえない。食事は好きな時に、好きなものを好きなだけあげて下さい。ただ、口の衛生管理だけは気をつけて頂きたい。」とのことであった。

そよそよと宇治高原の梅雨晴れの風に吹かれて最後の日々を妹と過ごす

（「私にしては静か過ぎるかな」と呟く。）

夕食後、気になって七時半過ぎにもう一度病室に行ってみた。

〈遺言〉

「もう終わりだと思うの。先生も終わりだとお思いになったと思う。京都にいてくれて本当に有難う。今迄恐いお姉さんで御免なさいね。お世話になりました。有難うございました。私の

旅立ちの着物は箪笥に入れてあります。お別れの写真も用意してあります。綺麗にして、綺麗にして旅立たせてね。」

「黒い紋付きもあるから、貴方に。」

夜、十時半、呼び出された。

「私はすべて私の気に入るようにしたいの。着るものすべて新しく着換えて寝支度したいの。」という。自宅で毎晩寝る前に介助の方に手伝って頂いていた時のようにしたいという。

「ここは病院だから、明日着換えさせて頂きましょうね。」となだめ、掌《てのひら》治療をして落ち着かせた。

七月二十五日(火)

朝、病室にゆくと、

「昨日の遺言はお笑いね。」と開口一番いう。

「私の計画通りに死ねなかったワ。」と呟く。

食事は好きなものを好きな時に、ほんの少しずつ上げて、ゲフゲフしないうちに止めるのがどうやらコツのようだ。

点滴の針は血管に入らなくなった。お腹に手を当ててほしいというので掌治療をする。

〈**先生の所見**〉

「レントゲンの写真でみると、一番悪い時より水は減ってきているので、お楽だと思う。お腹にはガスが溜まっているので後程抜きます。にこごりはよい食品だと思います。胡麻豆腐もどうぞ。」

午後、道子（妹・内山章子の次女）が来たので、私は一緒にゲストルームに帰り、一休みして三十分後に病室に戻った。

午後四時、「大量下血があった」と先生がいわれた。「大腸癌が破れたのだとしたら、止血は難しい。今夜あたり……。」

義姉に連絡し、入院中の兄に伝えてもらう。道子から友子へ連絡した。

看護師さんは、なんとか点滴を入れる所はないかと懸命に探して下さるが、どこも入らない。

「死ぬ方がいい。もう止めて。もう限界に来ました。止めて下さい。馬鹿馬鹿しい。もう終わりです。」と叫ぶ。

先生は、

「今どういう出血状態なのか解らないので、鎖骨下ＩＶＨカテーテル、静脈内高カロリー輸液点滴の処置をします。」といわれた。その手術中に兄夫妻到着。六時半。

久保先生が生活サービスの課長杉山氏に連絡して下さり、今後の事務打合せをする。

姉は、

「長い間、御世話さまになりました。有難うございました。これからも御指導のほどよろしくお願い致します。」と申し上げた。

午後七時、兄に、

「死ぬというのは面白い体験ね。こんなの初めてだワ。こんな経験するとは思わなかった。人生って面白いことが一杯あるのね。こんなに長く生きてもまだ知らないことがあるなんて面白い!!　驚いた!!」というと、兄は、

「人生は驚きだ!!」と答え、姉は、

「驚いた!!　面白い!!」といって、二人でゲラゲラ笑う。

人が生きるか死ぬかという時に、こんなに明るく笑っていることが出来るものだろうか。カテーテル挿入の処置について姉は、また、

「首の骨へし折られるかと思った!!」とも。

七月二十六日（水）

昨日あんなに「名言」を語ったのに、今日は打って変わって元気はなく、かったるそうで、口をきくのもしんどそうである。

すっかり重篤な病人のようになり、肩で息をし、尿の色は濃く、量は少ない。

先生から「水分をとると、お腹の癌を刺激するのであげないように。」との指示。

一日中、「頭あげて」「窓あけて」「頭の向きをかえて」「体位をかえて」と要求し続ける。

姉が自室にいた時介護して下さっていた、山下係長、大江さんがお別れに来て下さる。姉は一人一人の名前を呼び、大きく目を開いて丁寧にお礼を申し上げお別れをした。車で病院にCTスキャンを撮りに連れていって下さった松永さんも来て下さる。診療所の夜勤を含めて十五人の看護師さん一人一人にも名前を呼びお礼をのべた。

友子がそばにつくようになり、姉が、

「一番大事なのは……」というので耳をそば立てたら、

「ナースコールです。」といって手を広げ、握らせてほしいという。

兄は、「そうだよナ。一番頼りになるのは看護師さんだよナ。」という。

七月二十七日（木）

朝、友子に、

「昨日はついていてくれて有難う。」という。

友子の目をしっかり見て、

「私は半分死にました。死ぬのには水が必要なの。水が足りない。」

「ルルドの水をお腹にかけてほしいの。」という。

「死んだらラクになる。」と呟く。

この日は、気をつけながら、お茶、りんごジュース、手作りスープなど、ほんの少しずつあげた。

〈先生の所見〉

「下血は続いており、ここまで来たら長くはないでしょう。輸血などせず、余分な医療をせずにお送りしたいと思っております。」といわれた。

「お葬式いつ？　今日ではないの。」

「浄土の風が吹いている。」

「外へゆきたいの。」

「ヨーグルト食べたい。」

昨日から初めて「食べたい。」といった。欲しいというし、回復不能ならばと思い、小匙に少々、二、三杯あげる。

山梨から届いた樹で完熟した桃をお匙でつぶしてあげると、半個ほど、おいしそうに飲む。

夕食はうなぎのとろみ食。ほしいというので、ほんの少しあげると、

「このおうなお味薄いのね。」

ですって、味覚健在。

夕方、先生が見えると、

「先生、長い間有難うございました。私は一度死にました。今どこも痛くありません。先生のご都合を伺って葬式を致しますからよろしくお願い致します。」

「私の骨は私が神島の海に散骨致します。」

先生は無言で帰られた。

七月二十八日（金）

〈主治医診察〉

「自発呼吸はまだある。口をガーゼでしめす程度ならよろしい。」と指示され、診察して、マ

グネローデの位置をかえて下さったら、心電図のモニターが0から回復した。

兄に、「ありがとう」という。

「首の骨が痛い。」「酸素が足りない。」「苦しい。」「頭あげて。」を繰り返す。

〈先生の指示〉

「腹痛はお腹に溜まったガスが原因なので、体位を換えたり、お腹をさすったりなどして、ガスが出易いようにするよう。」

「いたーい、いたーい」と時々、大声を上げたりする。お腹に温めたタオルを載せて頂く。酸素濃度を測るために装着された指先のクリップを取ってほしいとしきりにいう。

午後五時四十分、付き添い用の仮眠ベッドが搬入され、今夜から友子が付いてくれることとなる。

先生は、「今夜当たり……。四時間したら坐薬を入れるよう指示しておきます。」といわれ、帰られた。

息苦しそう。

「月に電話して信号を送ってもらって。そうすれば生きられる。」

「あー、いやだー」と叫ぶ。

（素晴らしい言い方に思わずほほ笑んでしまう。――友子記）

どんなに騒いでも不思議と悲壮感はない。むしろ重篤でありながら、かくもパワフルでいられることに驚嘆する。

「何時お葬式にゆくの？　明日？」ときく。

時々酸素マスクをはずして「イターイッ」とわめく。

「三人!!」「決断の末」「アーッ」「今晩は大変だ。どうしよう。」「脚が痛い。」「すみませんけどね、死にそうですよ。」「貞子さーん。」「ああ、どうしたらいいか、解んない。」「二人とも死んじゃう。」「ここ開けてよ。」「ここあけといて。」「痛いんだよ。そこいつもあけといて。」「そこあけて。」「今日はもう駄目だ。」「そこあけて」「私もう生きること出来ない。」「そこあけて。」「すごい事起きる。」「そこ開けて。」「章子さーん、取って下さい。」と大騒ぎ。

七月二十九日（土）

「いたーいッ」

「あー、いたーいっ」

脚をさするのが一番有効のようだ。足温器を入れ足を温め、頭は氷枕でひやし、口が乾くようなので、ぬらしたガーゼでぬぐったり、霧吹きで一寸一吹き霧をかけてしめしてあげたり。

黒田杏子氏、見舞って下さる。

午後二時半、点滴、高カロリー輸液にかわる。

夜十一時を廻ると、

「いたーい」「いたーい」「どうにかして下さい。」「なんとかして下さい。」

大変な苦しみようである。ナースステーションに行くと、坐薬が効いてくるのに三十分はかかるという。

「ばーん、ばーんと響くの。消してしまいたい。一寸止めて、止めて、やめてください。」

大声で病気を叱りつけているように聞こえる。

当直医が見え、「血圧との関係で、昨日の半量使ったが、血圧を測って大丈夫そうならもう半量使います。必要であれば、昨日と同じ睡眠導入剤も使うが、呼吸が浅くなっているので慎重に使う必要がある。」といわれた。

「もう止めます。寝ます。すみません。」

七月二十七日から痛みに対しての姉の闘いが始まった。私の娘はそれを看取りながら、「真っ直ぐに生きたように、真っ直ぐに痛みと闘っているとの印象を受けた。」（二十九日）

その明け方、姉は、

「まだ死んでないみたいね。」という。

友子はこう記している。

「痛みと闘う伯母の伴走は初めての体験で伯母に悲壮感がなく、あまりに毅然としていて、ユーモラスなので、奇妙なことに爽快感すら残る。真夜中の腕相撲は楽しかったなどと感じられてしまうのは摩訶不思議だ。

病に倒れても決してくじけることなく、前向きに前向きに生きて来た姿勢が、どんな状況になっても貫かれていることに驚嘆する。

自分の死、葬儀をはっきり意識しながらも、痛みや病に負けるどころか、ひるみもしない。大きな声で文句をいい、叱りつける。騒ぎの後は、ともにいた人間の目を見て、『ありがとう、お疲れさま』といい、『疲れすぎて眠れない。』といって演説をぶち、英語をしゃべる。今日か明日かとハラハラしている者たちを腰を抜かさんばかりに驚かせ、時には笑わせもする。あくまでユーモラスで決してくじけない。これが伯母が病いを得て身につけた強さなのだと思う。この強さで、たとえ肉体に終わりは来たとしても、彼女は死を乗り越えて、自然に帰っていくのだろうと思った。病気には悲壮感はみじんもない。伯母の中では『生と死』が両立しているようにすら感じられる。」

二人の娘達は、姉の死の看取りをさせてもらった事をきっと大切にして、生きていってくれるのではなかろうか。姉の死の看取りは、私達家族への大きい贈り物である。

七月三十一日（月）

下血後の二十八、二十九、三十日、三日に及ぶ痛みとの闘いによく耐えて、三十一日の朝を迎えた。もう静かにターミナルマッサージをしてあげるしかない。パンパンに張った右大腿部を一生懸命、掌治療をしてゆくと軟らかくなる。お腹が痛いといえば、お腹に手を当てる。足先のチアノーゼも消える。

八時五十分、「あーやーこーさーん」といっているらしい。姉の手を握って、「章子いますよ。」というと、「あーあー、ありがとう。」「貞子さーん、ありがとう。」まわりにいる一人一人にありがとうといった。私の手を握り、「Thank you very much!」という。

「しあわせでした。しあわせでした。しあわせでした。ありがとう。」

「いやなこと終わりました。」

そして午後十二時二十三分、息をひきとった。

七月三十一日の記録は息をひきとる迄を細かく書いてある。

看護師さん方は、すぐに「旅立ちの衣」に着かえさせて下さり、姉の望み通り綺麗にお化粧して下さった。

八月一日、棺に納まった姉は、ゆうゆうの里の居住者の方々、職員の方々と献花によるお別れをして旅立っていった。

ありがとうございました。

II

最終講演

命

元気で飛び廻っていた頃は、命は抽象概念であった。脳出血で倒れ、左半身麻痺となった今は、時々刻々生かされていることに感謝している。

命は切実な祈りである。

すべての生きものの命を奪うのが戦争である。とりわけ核戦争は、命の根源である地球を破壊する。戦争遂行者にとってさえ、それは自滅への道に他ならない。

今、国会で審議されている「憲法改正」案は、九条を捨てて、自滅への道をつき進むたくらみではないのか。

今や命は切実な憂いである。

斃《たお》れてのち元《はじ》まる——命 耀《かがや》くとき

はじめに

老・病・死の季節の中で

皆さま、こんにちは。こんなにたくさん、お忙しいところをお集まりくださいまして、ありがとうございます。私は重度身体障害者で立ち上がれないので、座ったままでお話をさせていただきます。

後ろまで聞こえるでしょうか。大丈夫？　聞こえなかったら聞こえないって手をあげてよ。私は大学で慣れてますから、何かわからないことがあったら、「わからない」とか「そこはもう一度」とか「聞こえない」とか、手をあげてください。私が手をあげたのが見えるかどうかわからないけれど……（笑）、どうぞお願いいたします。

生・老・病・死というでしょう。生まれて老いて病気になって死ぬ、これは人間ならば誰にでも訪れる大事な季節でございます。私はいま、老・病・死という季節におります。皆さまはいまさかんに働いていらっしゃる季節です。この老・病・死というのは、暗い、悲しい、寂しいという印象がありますね。私もそう思っていました。しかしいまその時期にさしかかると、一所懸命よく生きようという気になったんです。それでこの最後の老・病・死という時期は、その人の人生にとってとってとっても大事なときだと思うんです。その日々をほんとによく生きることによって、よく死ぬことができる。そういうことなんです。私は、一九九五年十二月二十四日午後四時に自宅の居間でバタンと倒れたら、それっきり起き上がれない。その時から老・病・死がはじまったんです。そうしていまちょうど九年経ちました。

この九年間を私がどのように生きてきたかを、皆さまにご参考までにお話ししたいと思います。そして、生きるということはどういう意味か、死ぬということはどういう意味か、いま考えていることをお話しします。そうして最後に、私はもういつ消えてもおかしくない時期に達しておりますので、わが去りしのちの世に残す言葉――遺言みたいですが――をお話ししたいと思います。そこまで私の声が続けばありがたいと思っております。

短歌を杖に生還する

私は倒れました時、ちょうどうちに手伝いの人がいてくれまして、すぐに名前を呼んだらやってきて、主治医に電話をかけて、主治医を通して救急車を呼んでくれまして、すぐ救急病院に入りました。それで私が脳出血で倒れたということがその時わかりました。そしてすぐにベッドに寝て、一晩中点滴を受けて、動いちゃいけませんよと言われたんです。寝て、じっと動かないで、声も出さないで、水も飲めない。今日は水が飲めるからありがたいんですけれど、その時は一切水も飲めない。ただ横たわっていたんです。

そうしたらとても不思議なことが起こりました。夢を見るんです。一晩中夢を見るんです。夢を見るというのはあんまり不思議じゃありません。ところがその夢が言葉になって、短歌になって、体の奥底からあふれ出てくるんです。これはとても不思議だったんです。そしてそれを頭に一所懸命覚えさせたんです。これはもったいない、この歌はあとに残そう、そう思ったのかわかりませんけれど、一所懸命覚えさせたんです。そして翌日の朝、いま付添いにきてくれていますす私の妹の内山章子《あやこ》が見舞いに来たときに、大声でその覚えた歌を叫んだんです。で、書いといてよといったら、一所懸命書いてくれました。それがあとで、歌集『回生』となって出版をすることができました（私家版一九九六年、その後二〇〇一年藤原書店より公刊）。その歌をまずご覧ください。

一条《すじ》の糸をたどりて白髪の老婆降りゆく

底ひより新しき人の命　蜻蛉の命登りゆく輪廻転生《りんねてんしょう》の曼陀羅図《まんだらず》

これが最初に出てきた夢と言葉です。これはどういうことかと言いますと、私は十五歳の時に佐佐木信綱先生の竹柏園に入門いたしました。そして二十一歳の時に歌集『虹』を自費出版いたしました。それからアメリカに留学して哲学を学びました。そしてのちに、敗戦後、またアメリカに行って社会学を学びました。そして学問の道に入った。それだからもう歌なんか詠っている暇がない。たいへん愚かだったんです。愚かにもそう考えて、「歌の別れ」をいたしました。もう歌などは捨ててしまえ。そしてずっとやってきて、倒れた時に急におもしがポーンと飛んだようにマグマが噴き出してきたんです、歌が噴き出してきたんです。これは何かというと、人間ひとりひとりには、抑えても抑えても抑えきれないものが、心の底というか、体の底にあるんです。それが急に噴き出してきたんです。それで私は短歌を杖として生死の境を越えることができました。もしこの時、私が歌を詠まなかったら、いまこうして皆さま方にお話をするということはできなかったでしょう。言葉を失っていたでしょう。たとえ生きていても失語症になっていたと思います。私は歌がそれからとっても大事になって、毎日毎日、歌を詠んでおります。

半世紀死火山となりしを轟きて煙くゆらす歌の火の山

これが二番目に出てきた歌です。

Ⅰ 「回生」の歩み

それから救急病院を出まして、聖母病院でしばらく安静にして、病状が安定いたしましたので、少しリハビリをはじめた方がいいと言われて、東京都立大塚病院に行きました。そこで神経内科の先生にＭＲＩ（磁気音響映像装置）で頭の中を診ていただきました。そしてその映像を見ながら、先生が私に説明してくださいました。あなたは運動神経の深部の束ねるところが壊れました。これは現代の医学では治すことはできません。あなたは回復の見込みがないのです。しかし認識能力と言語能力は残っています。これは完全に残っています。ですからあなたは車椅子に座って、読んだり書いたり仕事はできるから、仕事をやりなさいと励ましてくださったの。ありがたいですね。それで私は納得したんです。回復しないということは、後ろへ戻れない……。後戻りできないならばどうしましょう。前へ進む以外にないんです。では新しい人生をきりひらいていこうと決心したんです。そうしたらどういう変化が起こったか。

自然との一体感

楡《にれ》若葉そよぐを見れば大いなる生命《いのち》のリズム我もさゆらぐ

私が病院の玄関から外へ出てお庭を見ていると、ちょうど五月でした。楡の若葉がそよいでいたら、私もいっしょになって、こういうふうに、車椅子に乗りながら、体が同じリズムで揺れていた。それは何かというと、病気になる前はこういうことはなかったんです。つまり自然と自分が同じリズムで動いているんだな、生きているんだなということを実感したんです。自分でこうやって、体をわざわざ動かしているんじゃないんです。いっしょになって動いちゃうんです。それは不思議な感覚でした。

逸早く気圧の配置感知する痺れし脚は我が気象台

ＮＨＫの天気予報よりも早いんです。台風が来るぞ、低気圧が来るぞというと、この足がひどくしびれて痛むんです。だからすぐわかるんです。時にひとが私のところに明日の天気はどうですかって聞くようなことがあったんです。ぼくは釣に行きたいんですけれど、明日はどうですかねなんて……。私はもう気象台になったのかと思うぐらい、自然と自分がいっしょに動いていることに気がついたんです。

感受性の貧しかりしを嘆くなり倒れし前の我が身我がこころ

忙しいという字は「忙」と書くでしょう。立心偏に亡（ない）という字です。つまり心を失っていたということです。毎日毎日が忙しいんです。いろんな仕事が押し寄せて忙しい。忙しさにかまけて、ものを感じるということがひどく鈍くなっていたと、病気になってはじめてわかったんです。

左半身は、頭のてっぺんから足の爪先まで全然しびれて動かないんです。

片身麻痺の我とはなりて水俣の痛苦をわずか身に引き受くる

一九七〇年代に私は水俣病の患者さんの聴き取り調査を致しました。水俣病の患者さんたちは、人間は自然の一部である、だから人間が自然を壊すことによって人間自身を壊すのだと言う。それは理屈ではわかりますよ、頭ではわかりました。しかし実感としてわからなかったんです。だから水俣病の患者さんと私との間にはすきま風が吹いていた。ところが自分が病気になったら、わずかですけれども、その水俣病の患者さんの痛苦がわかるようになった。これも私はとてもありがたいことだ、病気のお蔭だと思いました。

死者と生者

身の中《うち》に死者と生者が共に棲みささやきかわす魂《たま》ひそめきく

こっち（右半身）は生きているんです。ところがこっち（左半身）は死んでいるんです。だから生者と死者がこのひとつの体のうちに両方棲んでいるのです。そうすると双方が会話を交わしているように思える。それじゃあ、死者と生者とはどういうふうに違うかといいますと、社会学者のマックス・ウェーバーは、社会の階層（身分階層）は、権力、金力、名誉力、そういうものの大きい小さいによって身分が決まる。そうしますと、生きている人は多かれ少なかれ権力欲、金力欲、名誉欲があるものだといったんです。ところが私は、こっちは生きてますから、そういうものがいくらかあるでしょう。だけどこっちは死んでますからね、そんなものと関係がないんです。そうすると、死んだ方が感じることと、生きてる方が感じることが、同じ現象にたいしてずれてくるんです。それを自分のうちで交換してるんですね。そうすると、いままで生者だけの感覚で見ていた世の中が少しずつ違って見えてくる。いままで見えなかったものが少しずつ見えてくるんです。これもすばらしいことです。

自然から学ぶ

それから病状が安定しまして、それじゃあ、もうリハビリをはじめた方がいいということになって、七沢（厚木市）のリハビリ専門の、たいへんいい病院だと言われているところに入りました。ちょうど五月か六月ころでした。そして歩くお稽古をするためには、車椅子からまず立ち上がらなければなりません。ところがここから立ちがるのは大変なことなんです。こうやって、テーブルに手をついて立ち上がろうとしても、はじめはどうしても立ち上がれない。病院の玄関から外に出て眺めていたら、燕がたくさん飛んできました。燕が舞い上がる時の姿勢を見ていたら、ふっと思いついたんです。

舞い上がる燕の姿勢想いみる　立ち上がり訓練我まままならず

燕はどうやって舞い上がるかというと、頭をこうやるんですよ。まず低くして、潜るようにしてから上にあがる。それをやってみたんです。そうしたらすっと立ち上がれたんです。これは驚いたことだと思って、それから少しずつ杖をついて歩けるようになりました。いまどうして立ち上がれないか、どうして歩けないかといいますと、三年前に大腿骨骨折をして、手術をして、ここに金属を入れたために、いまはまだ歩くのがなかなかむずかしいんです。お稽古はしておりますけれども。いずれ看視付き自立歩行が前のようにできるようになると思いますけれども、いまはなかなかむずかしいんです。

その次の歌は、京都の「ゆうゆうの里」に移ってきてからのことで、ちょっと話が前後いたしますが……、

杉秀《ほ》ツ枝《え》山雀《やまがら》一羽止まりおり天に向いて身じろぎもせず

京都の「ゆうゆうの里」は高層ビルなんです。そしてその八階のベランダで歩くお稽古をしていた。そうすると、杉林があって、杉秀ツ枝というのはてっぺんの一番高いところの枝です、そこに小さな山雀が止まっているんです。天を仰いで、全然動かないの。それでいくら見ていても動かないの。おかしいな、あれ、どうしたんだろうと思っていたら、しばらくたって、すごい猛スピードでピューッと飛んでいった。

それでわかったんです。鳥はいつでも空を飛んでると思っていた。そうじゃない。飛ぶということはすごいエネルギーを消耗する。疲れちゃうからたまには枝に止まってじっとしている。そしてエネルギーをたくわえてピューッと飛んでいく。ああ、私はまちがってたなあ。いつでも仕事の〆切に追われる。いろんな仕事があって、仕事に追われて、夜遅くまで仕事をしていた。そうするとなかなかできない。もう疲れきっているから、頭もぼんやりしてるし、手もうまく動かないし、ちょうど英語の本を書いていた時で、外国の出版社との契約ですから、とてもきびしいんです。〆切を守らなきゃだめなの。それがなかなか進まない。それでだめだめだと思って、毎晩毎晩遅くまで働いていた。それでバタンと倒れたんですね。ああ、私は愚かだったな、山雀の方が利口だなと思いました。

人間でも鳥でも、働く時はうんと働いて、休む時はうんと休む。働きと休息とのうまいリズムをとっていかなきゃ人間は生きられない、ということがわかったの。そうしますと、燕に教えられたり、山雀に教えられたり、あるいはこうやって咲いている花に教えられたりします。人間は人間から教えられるだけじゃないのね。自然のものから教えられているの。

生物学者の今西錦司先生が、鴨川のほとりで、クサカゲロウって小さな虫の生態を観察して、棲みわけ理論という仮説を発想なさった。これはすごく大事なことなのよ。あるところに同じ種類の生物がたくさん集まると、食糧が足りなくなるから、けんかをはじめる。食糧を奪いあうの。だけど利口な虫たちは、群れをなしてほかのところに棲みわけするの。そうすればけんかする必要ないでしょう。人間もそのようにして棲みわけをすれば、戦争なんかしないですむんだよ、という理論なのね。

それで今西先生は、生き物はひとつのものからだんだんに枝分かれして、さまざまな種類の生き物になった。それだから人間は他の生き物から学ぶことができるんだよ、ということをおっしゃっているの。もとはひとつのものなんだよ。今西錦司さんはそういうふうにおっしゃったんですけれども、あとでお話しする南方熊楠は粘菌を生物の原初形態と考えたの。それから、生命誌研究館館長の中村桂子さんは、よく大腸菌の話をなさる。人間は大腸菌みたいな微生物から四十億年もかけて人間になったんだよ、ということをおっしゃる。それだから生き物はみんなもとはひとつのものなの。それがだんだん進化していろんなものになったから、私たちは必ず自然の生き物から学ぶことができる。ようく見ていれば学ぶことができる。自分が学ぶことのできる体になったということも、私は病のお蔭だと思っております。

人間一人ひとりが小さな宇宙

七沢のリハビリ専門の病院で、私は結局、歩けないという判定をされてしまいました。あそこに四カ月いて、もう仕方がないから退院して、伊豆高原のゆうゆうの里という有料老人ホームに入りました。そこで車椅子で生活をしていました。そうしたら京都にゆうゆうの里ができたので、京都に住んでます私の弟が私の世話をしてくれますので、伊豆高原にいるより京都の方が弟にとっても私にとっても都合がいい、ということで京都ゆうゆうの里に移りました。それが八年前のことです。

伊豆高原のゆうゆうの里は一戸建てみたいになっていました。一階なんです。つまり地面にくっついているんです。だから目線が低いんです。草花とか、木とか、庭にやってくる鳥とか、そういうものはよく見えますけれど、上の方が見えない。ところが今度は京都に移ってきましたら、わたしの部屋は七階です。高層ビルの七階の部屋でベランダが付いている。ベランダに車椅子で出ましたら驚きました。

斃《たお》れてのち元《はじ》まる宇宙 耀《かがよ》いてそこに浮游す塵泥《ちりひじ》我は

これは、京都ゆうゆうの里に着いた時の私の感懐です。パァッと部屋の前に青空がひらけているんです。そうして自分はほんとに微小な塵泥です。フワフワとそこに浮かんでいる、そういう感じがしました。これはとても不思議な感覚だったんです。自分は天に近くなった、宇宙のなかに浮いている、そういう感覚になったんです。それから、生きるということはどういうことか、死ぬということはどういうことか、ということを一所懸命考えるようになりました。

死ぬとは

おもむろに自然に近くなりゆくを老いとはいわじ涅槃とぞいわむ

これを言い換えてみますと、こういうことなんです。

大いなる生命体とう自然より生まれてそこへ還りゆく幸

これは今年（二〇〇四年）のお歌始の御題が「幸」だったので、ちょうどいいと思って「還りゆく幸」としたんです。「大いなる生命体とう」というのは「という」です。自然とはもっとも大きな生命体で、私たちは微小な生命体で、微小宇宙なんですね。自然は生命の根源です。そこから人間は生まれてくる。そうして死ぬということは、またそこへ還っていくということで、なんにも悲しいことじゃない。めでたいことです。そうして還っていったらどうなるかといったら、バラバラに分解して塵泥になって、そこへ散らばっていくでしょう。そうしたらまたいつかそれらが凝集して、何になるかわからないけれど、新しい命となって、この地球が存続するかぎりここへ還ってくるんです。だからちっとも恐ろしいことでも悲しいことでもない。そういうふうに考えられるようになりました。

生きるとは

我がうちの埋蔵資源発掘し新しき象《かたち》創りてゆかむ

さきほど、中村桂子さんのお話を紹介しましたが、人間は四十億年もかかって、大腸菌のような微生物から人間になったんですね。それは微生物から、虫になったり、鳥になったり、蝶になったり、花になったり、木になったり、動物になったり、いろんなものになって、最後に人間になったんです。だからいろんなものの遺伝子が私たちの中に入っているんですね。それだけじゃなくて、人間になってから、それぞれの人はそれぞれの祖先をもっているでしょう。そうすると先祖代々の人物のＤＮＡ（遺伝子）を私たちはもらってるわけ。それから、私は現在八十六歳です、八十六年も生きてきました。そのあいだにいろんなことを学習したり、経験したり、たくさんの蓄積があるわけです。そのまま死んじゃったらもったいないでしょう。だから、老いとか病気で静かな時間が与えられたときに、それをひとつひとつ丁寧に掘り出して、それに新しい象《かたち》をあたえていく、創造ですね。これは例えば、音楽家だったら新しい曲を作曲をするとか、絵描きだったら新しい絵を描くとか、書道家だったら新しい書体を創造するとか、染色家だったら新しい布を織って新しい型を染めるとか、ひとりひとり何かできるでしょう。そういう新しいものを創造していく、それが生きることの意味ではないか。

例えば、与謝野晶子は、

劫初《ごうしょ》より造りいとなむ殿堂にわれも黄金《こがね》の釘一つ打つ

これは私の父が与謝野さんから色紙をいただいて、表装して私の勉強部屋にかけてくれたから、いつでもそれを眺めていたの。私は与謝野さんみたいな才能はないから、銅の釘でもいいし、土の釘だっていいんですよ、何か釘一つ打っていく。それが人生を生きる意味だ、ということ。与謝野晶子は、自分は才能があるから、黄金の釘を一つ打っていくぞといって、ほんとに黄金の釘を打っていったの。ああ、だから自分は一所懸命、自分が持って生まれた力を掘り出して、みんなからもらってるんですから、それを掘り出して、何か新しい象《かたち》をつくりだしてこの世に残していく。それが微小宇宙である人間のひとりひとりの生きることの意味ではないか。足跡を残して地上を去るということです。その足跡の積み重ねが人間の歴史になるんですね。そういうことじゃないかなと考えて、毎日仕事をするということに最後の力を傾けております。

それから死ぬということはどういうことかというのは、さきほどお話しいたしましたように、自然のなかから生まれて、自然のなかに帰っていく。だけどいま人間はこの自然を破壊しようとしているんですよ。産業公害によって、水俣のようなケースがあります。それから戦争公害によって、地球を崩壊させようとしている。この地球が存続するかぎり、新しい生命はそこから生まれて、またそこへ還っていけるんです。だから自然というものをほんとに大事にしなければならないということ、これは最後にもっと具体的にお話ししたいと思います。

Ⅱ　遺すことば

私はもういつ消えてもおかしくない。そうすると、我が去りし後の世に遺すことば、今日はこういうたくさんの方々のお集まりでお話をする、おそらく最後の講演になると、今日ここへまかりいでました。ですから最後にこの世に遺すことばを、二つだけ申し上げたい。

一つはいまの九条です。九条を守ってください。私がいなくなった時に、九条をみんなで守って下さい。それが一つです。

憲法九条

日本列島戦略基地に組み込まれ修羅を招くや我が去りし後に

いま、米軍再編成、つまり大国が世界戦略を考えて、そのために日本をどこへ配置するかということで、日本列島が前線基地に組み込まれようとしています。そのためにまた、戦争に私たちが巻き込まれるかもしれない。だけど私はその時はもうこの世にいない。ああ、それならば、死んだ後は野となれ山となれ……、これは無責任でしょう。だからどうしようかということなんです。

九条はありても堰となさざるを　なくては奈落へ雪崩《なだ》れゆくらん

九条というのは何かっていいますと、いま「憲法改正」ということが言われてるでしょう。とくに九条、憲法九条はアメリカの押しつけだ、日本は戦争しないというようなことをいっているのは、アメリカの押しつけだから、これは変えなきゃいけないという議論がさかんですね。

これはアメリカの押しつけだろうか、ともう一度考えてみます。九条の祖型は何かというと、第一次世界大戦後の一九二八年に、アメリカの当時の国務長官ケロッグと、フランスの当時の外務大臣ブリヤンとが、パリで約束しました。第一次世界大戦を反省して、戦争はしない方がいい、人を殺し、自然を破壊するから、これをやめようじゃないか、戦争放棄の約束をしたんです。そのために「パリ不戦条約」とも呼ばれていますし、アメリカでは「ケロッグ・ブリヤン条約」、フランスでは「ブリヤン・ケロッグ条約」と呼ばれております。

アメリカだけの思想じゃないんです。人類の理想なんです。それを、日本は第二次世界大戦で、とくに中国、アジアに攻めていって、ひどいことをした。その反省にもとづいて、これを受け入れたのです。だから押しつけじゃないのです。しかもこれはアメリカの思想というよりは人類の理想です。それを、いまは九条があるのに海外派兵をするということを決めたでしょう。だからあっても歯止めにはならないけれども、もしなければ、どんどんどんどん外国から請われるままに、どこへでも日本から軍隊を出兵して戦争に参加する。そういうことになれば、日本はまた修羅場になっちゃいますね。戦争に巻き込まれてしまう。

南方熊楠とクストー

南方熊楠――明治時代の自然保護思想

その次は、これは具体的な話です。ちょっと込み入った話です。

山に潜《ひそ》み海へ還りし熊楠とクストーは共に地球守《も》り人

これはちょっと歌だけじゃわかりにくいと思います。それで熊楠とは何者か、クストーとは何者かを、ちょっと説明させていただきます。

南方熊楠（一八六七―一九四一）は微生物学者、微生物といっても、とくに粘菌の蒐集をして研究した人。粘菌だとか藻だとか、苔、これらは総称して隠花植物と言われています。そういう微生物の蒐集と研究をした人です。同時に比較民俗学者です。比較というのは、東西南北の国々の民俗を調べて比較する、そういうことをした人です。柳田は一国民俗学者ですが、南方は比較民俗学者というふうに、私は一応区別しております。

この人は大学を卒業していない、ちょっと入ってもすぐやめちゃうんです。大学を卒業しないで、ひとりでロンドンの大英博物館に八年通って、古今東西南北の生物学と民俗誌と文化人類学と宗教学、心理学、論理学等、さまざまな分野の本を数か国語で読んで、それをノートに写して、ひとり勉強をした。大学にいかないで大学者になった、とても不思議な人物です。私はこの人物に惚れ込んで、本を書いたことがあります。

この人は学問しただけじゃない。ちょうど明治の初年から早く日本は近代化しなくちゃならない、と。近代化するためには中央集権化、つまり中央政府の命令が全国にスーッと通るような中央政権化をしなければならない。そのためにはあまりたくさんの村があっては都合が悪い。それで市町村合併を明治の初年からはじめました。それから神社がたくさんあったでしょう、その神社を格付けしたんです。一番上が伊勢皇大神宮のような官幣大社ですね、官社。その次が県社（県が幣帛《へいはく》をお供えする）、それから郷社、村社、無格社（だれも幣帛を供えない、供える義務がない、小さな祠などをふくむ）。

そういう格付けして、その上で、床次竹《とこなみたけ》二郎《じろう》さんという人が、欧米の視察をして、その報告書に、欧米に行ってみると、キリスト教が非常にさかんに信仰されています。それはなぜかというと、立派な伽藍があるからです。だから日本も神社というものをもっと立派にしなきゃだめです、というまちがった報告書を出した。ああそうかというので、明治政府は、それまでたくさんあった村（自然村）を合併していった。そうすると、昔の村には一つの村にたいして一つの産土《うぶすな》神社があった。産土神社というのは、だいたい雑木林に囲まれていた。木の根は保水力がある。水を蓄える力がある。そこから田に水を引くことができる。それから高い木があると、そこに天から神様が降りてこられる。だから神社の周りの木は伐採してはいけないというタブーがあったから伐採しなかった。そのため雑木林が繁っていった。ところが合併していきますと、一つの村であっても二つ以上の産土社ができちゃうわけでしょう。それはもったいない、小さい社を壊して、大きい社にくっつけて、もっと大きくして、そのお金で立派な神社を造る。そうすれば信仰心が高まる。そういうまちがった考えのもとに、一九〇六年に神社合祀令を出してしまった。

それでどの神社を壊してどの神社を残すか、いくつ壊すか、それは地方の役人に任されたのです。だから地方によって、たくさん神社を壊したところと、少ししか壊さなかったところができた。一番たくさん壊したのは三重県です。その次に壊したのが和歌山県です。南方熊楠は和歌山県の人で、ちょうどその時、和歌山県田辺市に定住していました。

南方熊楠はそのころ、エコロジーという新しい学問が欧米で発祥している、それをちゃんと知っていました。日本ではじめて、エコロジーという学問にもとづいて、自然保護運動をはじめた人が南方熊楠です。田中正造と南方熊楠が並んで自然保護の運動を最初にした人ですけれども、南方熊楠はそういう学問的な理論にもとづいて運動を開始したのです。南方は一九〇九年ごろから、地元の新聞とか、『日本および日本人』という雑誌とか、雑誌や新聞に「南方意見書」というのを出して、神社合祀反対運動をはじめた。それから植物学者の松村任三という人に、反対する理由を縷々書いて手紙で送りました。これを見て柳田國男が「南方二書」という題名で、自分で印刷費を出して、印刷して、政界、経済界、その他の有力者に配りました。

南方がなんでそういうことに立ち上がったかというと、いまいう鎮守の森を守れということです。というのは、さきほどお話ししたように産土神社は雑木林に囲まれている。それを合併するときには、廃社にする神社は木を伐採します。そして材木を売れば儲かるでしょう。そのお金を残した比較的大きい社につけて、その社を立派にする。そういうことをやったのです。これは勅令です。一九〇六年に勅令を出したのです。「神社寺院仏堂合併跡地ノ譲与ニ関スル」勅令という。

南方はさきほど申し上げましたように、粘菌とか、苔類、藻類、そういうものを自分の専門領域としていましたでしょう。それを調べていくとどういうことがわかるかというと、高層〔非常に高い木〕、中層、中ぐらいの木、灌木、低い木、それからその下草、そういうものが全体として保全されなければ、こういう隠花植物は生育することができない。育たないということを自分の経験から知っていたためです。自然というものは全体的保全が必要だということを主張したのです。

それは植物生態学の立場からの見方です。南方熊楠は民俗学者でもありましたので、もっと違うことも考えたのです。例えば、木を伐採してしまうと、鳥が飛んでこない。木の実を食べるためにやってくる鳥がこない。ところが鳥というのは何をするかというと、畑の害虫を食べてくれます。ところが鳥がこないと畑の害虫が増殖する。農民はそのために駆虫剤を撒かなきゃならないから、費用がかさんで「農民困窮ス」と書いたのです。それから神社が海辺にある場合、そこに木が生えていると、木陰に魚が寄ってくるから、近海漁業が成り立つ。ところが木陰がなくなると魚が寄ってこないから、漁民は遠海漁業に出なきゃならない。遠海漁業は費用がかかる。ゆえに「漁民困窮ス」。

それから、産土神社は、村の寄合いの場所でした。そこで寄り合って村の政治を決めていた。政治って道路を造るとか、橋を造るとか、そういう村の仕事を村人が決めていくところなの。だからこれは村落自治の場でした。産土社がなくなればこの自治は崩れていく。農民は下駄履きで近くの産土に行って、お参りをしたり、お賽銭を投げたりしていました。ところが近くになくなっちゃうと行かなくなる。行けなくなる。だから宗教心が衰える。なにも神社が立派でなくても、近くにあって、信仰心があればそこへ行くから、いままで信心していたけれども、それがなくなっちゃう。このように南方は、自然生態学だけでなくて、社会生態学もふくめて、自然環境の保護が人間の暮らしを豊かにする、人間の生活を安全にする、という自然と人間との関係をちゃんと考えたのです。神社合祀令がでて、どんどん鎮守の森が伐採されちゃうと、こういういろんな困ったことが起こってきた。それを南方熊楠はつぶさに和歌山県で見ていて、それを具体的に、新聞とか雑誌とか手紙なんかで書いた。それから和歌山県出身の貴族院議員が神社合祀に反対する演説をするときは、その人に資料を送って演説に役立てさせたのです。

それから、あそこの神社に役人や利権屋が来て木を伐採するというと、南方はそこへ行って、体を張って阻止しようとするとか、いろんな運動をして、最後には合祀を勧めている県の官吏が演説する会場へ押しかけていって、自分が採集してきた植物を入れた袋を投げつける。これで家宅侵入罪で逮捕されて、十八日間、牢屋に入れられる。そうすると、南方の運動を支持している地域の住民、農民、漁民、生活者が押し寄せてきて、裁判所や警察に抗議をする。事件がいろいろ起こりました。理論だけではなくて、自然保護の実践も同時に行いました。

多様性の大事さを訴えたクストー

クストーについて。私は倒れる三か月前——一九九五年の九月——に東京の国連大学で、パリのユネスコ本部と東京の国連大学が共催で「文化と科学の対話」というテーマの国際会議がありました。パリのユネスコ本部に服部英二先生が首席報道官として在任していらしたんです。現在服部先生は退任して、麗澤大学の教授となっておられます。ユネスコ本部ではこの方が大変大事だと思っているので、パリのユネスコ本部の事務総長の顧問として、その役に残っていらっしゃる。その方が全体の会議の司会をなさいました。そして基調講演はジャック＝イヴ・クストー、フランス人です。日本からは大江健三郎さん、この二人が基調講演者でした。私はシンポジウムで、南方熊楠に関する論文を出して報告をいたしました。わたしはクストーの演説を聴いて、感動しました。

クストーという人物を説明しますと、海洋探検家です。とくに海の底に潜ったり海の底の生物を、三十年間、四十年間、世界のいろいろな地域で調べ上げました。その結果、第二次世界大戦後、海の底の生物の種が減っていることに気づいたのです。例えば鳥でも、トキなんかはもう日本にいなくなったでしょう。鴇《とき》色なんていっても、だれもわからない。私の小さい時は、鴇色の着物といえばすぐわかった。トキがいたから。だけどいまの人に鴇色の着物と言ってもわからない、ピンクと言わなきゃならない。ほんとにおかしくなってきた。それは、そのもとのものがいなくなったから。そういう生物の種類、種が少なくなった地域の環境はもろい。生き物が生きていきにくい場所になる。地球上に生物の種類が少なくなると、地球が壊れていくということを警告したのです。

クストーはそれだけじゃない。文明についても同じことがいえるといったのです。文明の種類が少なくなると、文明は崩壊する。例えば、アメリカ文明はいま栄えていると思ってるでしょう。それからイスラム文明は敵だと思われているでしょう。そうすると敵を滅ぼしてしまう。自分の文明が一番いいから、これを世界中に広げてやるとなると、攻撃主体の文明自体の自殺行為なんです。そのことを非常に強く警告しました。クストーは実際に調べて、いろんな少数民族の文化が壊されていく、そういう少数民族が追われていく。例えば、アメリカ・インディアンにしろ、カナダ・インディアンにしろ、追い払われていく。インディアンの文化がキリスト教文明によって支配されていく。そういうこともつぶさに調べて、文明も生物と同じである、いろんな文明が共に生きる、生物にしても、文明にしても、多様なものが共に生きる場合には生き残る可能性が大きいと主張しました。私はそのことがひどく印象に残っています。

クストーは何を実践したか。南方の実践は神社合祀反対運動で、貴族院で神社合祀無益の議決が出たときに実現しました。クストーは何をしたかというと、一九七二年に地球サミットがありました。そこへ行って、未来世代に対する現代世代――われわれですね――の責任、未来世代の権利宣言を国連憲章の中に入れてくれ、そういう運動をはじめました。そしてクストーが死んだのが一九九七年です。ずいぶん長生きしたんです。ちょうど死んだ年、一九九七年にこれが国連で採択されました。「未来世代の権利宣言」です。「子どもの権利宣言」は、もうすでに通っているんですけれども……。子どもというのはもうすでに生まれているでしょう。未来世代というのは、これから生まれてくる子どもたちのために、地球を生きやすい場所として保つことが、現代世代であるわれわれの責任である。そういうことが国連で採択されました。この二人とも、学者だけじゃない。学者であると同時に実践家であったことが非常に大事だと思います。

おわりに――未来に向けた曼荼羅の思想

最近、種智院大学――これは宇治にある真言宗の大学です――の学長の頼富本宏先生、この方は曼荼羅の専門家で、たくさん本を書いておられます。この先生のご本を読みました。『密教とマンダラ』(NHK出版)という本です。曼荼羅の思想というのは古代思想です。古代インドに発祥した。わたしはインドに行って驚いたんです。オーランガバッドという所に洞窟がいっぱいあるんです。そのオーランガバッドの洞窟というのは、これは仏教の人が修行した洞窟、これはバラモン教の人が修行した洞窟、これは拝火教(ゾロアスター教)の人が修行した洞窟というふうに、いろんな宗教の修行者が、軒を並べてというとおかしいけれど、洞窟には軒がないけれど、穴を並べていっしょに修行してた。こんなめずらしい所はインド以外にはないでしょう。つまり、諸宗教の共生ということを昔から実践していたのがインドなんです。曼荼羅思想というのは、古代インドに生まれて、そして密教とともに日本に伝来したんです。最初にこれを日本に伝えた方は、弘法大師(空海)です。それからその後が伝教大師(最澄)です。そういうお坊さんたちが日本に持ってきて、日本に広く根づいている思想です。

ところが曼荼羅というと、ハハハッて笑う人が多いんです。そんなのは昔の話で、迷信だとか、いろんなことをいう。ところが、わたし、ほんとに驚いたのは、頼富先生のご本を読むと、クストーが国連大学で一九九五年に言ったこととまったく同じことを言っていらっしゃるんです。曼荼羅というものは、ひとつの空間に複数のものが存在する、そのことを曼荼羅という。もしもひとつの空間に単一のものしか存在していなかったら、それは曼荼羅ではない。同じでしょう。生物の種類が多いほど地球は安泰である。文明は安泰であるということと、複数の思想、価値観、考え方、生き方、なんでもいいんです。私の言葉でいうと、異なるものが異なるままに共に生きる道を探究する、それが曼荼羅の思想だと思うんです。

エコロジーというのは、近代科学の中でも先端科学です。非常に新しい科学です。それが到達した仮説と古代思想とがまったく一致するということに驚いたんです。だから私たちは、日本のなかの思想にこういう普遍的な考え方があって、古代に芽生えたけれども、近代の科学によって証明されている、それらの思想が一致するということに、もっと自信をもちたいと思います。曼荼羅の思想は、相手が気に入らないから殺しちゃう、排除しちゃうというんじゃないんです。いくら相手が気に入らない、私と違う意見をもっている、違う思想をもっている、それでも話しあい、つきあうことによって補いあうことができる、助けあうことができる、そういうゆったりした思想なんです。ところがいま、世界中を支配しているのは、自分がもっている文明がもっともいいのだ。これと違うものは排除する、殺しちゃう、破壊しちゃうという思想です。そうすればその文明自身も弱くなる。そういう教訓なんです。

私は、わが去りしのちの世に残す言葉として、九条を守ってください、曼荼羅のもっている知恵をよく考えてください。この二つのことを申し上げて、終わりたいと思います。どうもありがとうございました。（拍手）

Ⅲ　思想

微小《びしょう》宇宙我《われ》大宇宙とひびきあい奏でる調べ日日新しき

弱者の立場から日本を開く

ます。

「回生」から「花道」へ

「斃れてのち、熄《や》む」というけれど、わたしは、人間は「斃れてのち、はじまる」と思っています。

わたしは一九九五年十二月二十四日に脳出血で倒れました。しかし、幸いにして命をとりとめ、左片麻痺になったけれども、運動神経は壊滅状態でしたが、言語能力と認識能力は完全に残りました。倒れてからいっときも意識を失うことがなく、その晩からことばが短歌のかたちで湧き出してきました。病院に入院中の歌をまとめて、歌集『回生』として自費出版しました。しかし、そのときはまだ車椅子の生活で、歩くことはできませんでした。

ところが、一九九七年元旦に、日本のリハビリテーションのくさわけの上田敏《さとし》先生から、速達をいただきました。「一度、診察してあげたい」と申し出てくださったのです。これは天の恵みでした。わたしはすぐにお電話をして、「ご指定の病院にうかがいます」と申し上げました。

上田先生は、茨城県守谷町の会田記念病院をご指定くださいました。

一月十五日に入院しました。そのとき会田記念病院は、冬枯れた田んぼの真ん中に立つ、古い小さな病院でした。そこでわたしは、

回生の道場とせむ冬枯れし田んぼにたてる小《ち》さき病院

と詠みました。そして上田先生にお話ししたら、上田先生は反論されました。

「わたしは、道場ということばは嫌いです。リハビリテーションはスパルタ教育ではないのです」と。

そこでわたしはすぐに反省して、

回生の花道とせむ冬枯れし田んぼにたてる小《ち》さき病院

と詠みなおしました。

というのは、花道というのは、「出」が大事です。と同時に、最後の「引っ込み」が大事です。そういう意味なんです。「回生」をここからはじめる。その花道は車椅子で出るわけにはい

きません。歩いて出なければなりません。「ここから歩いて回生の一歩をはじめる」という意味と、「最後まで美しく歩みとおしたい、生きぬきたい」、そういう想いを込めて、『花道』と名づけて、できれば『回生』以後の第三歌集を出したいと思っています。

「病気」という文化

一九九七年は、わたしにとって回生――本当の意味の「回生」元年になりました。そこで、それ以前と以後との違いを考えてみると、人間は倒れてのちにはじまりがある、決して倒れてそのままで熄《や》むのではない、ということを今しきりに考えています。それは何かというと、人間にとって「歩く」ということは、生きることの基本的な力になる、したがって、もしその潜在能力が少しでも残っているならば、どうしても「歩く」ことが生きるために必要になります。わたしは、一九九五年に倒れたけれど、一九九七年に歩きはじめて、本当の意味での「回生」がはじまったのです。

何が違ったかというと、倒れる前と倒れたのち、倒れてのちに歩けない状態と、歩きはじめてからとの違い、これは比較社会学でいえば、比較することが非常におもしろい、異なる文化だと思います。人間が病気になるということは一つの文化だと思います。それから、人間が歩けない場合と歩く場合では、文化が違うんですね。ですから、これは比較社会学の非常におもしろい領域になるのではないかと思います。

倒れる前と倒れたのちの文化の違いは、ものの見え方が違うということなんです。倒れたあとまだ歩けないときには、わたしは自分が死んだと思っていました。自分のなかには、半分死んで、半分生きている、死者と生者がわたしのなかにともに生きている、そういう状態でわたしには、ひとつの新しい展開があったと思います。

健康なときは、健常者の思い上がりで生きてきました。つねに競争相手を意識して仕事をする、つねに他者によって定められた時間——というのは〆切仕事です——、〆切のさし迫った仕事に追われている、そしてマックス・ウェーバーのいう「金力・名声・権力」をめざした競争を、多かれ少なかれやっていたと思います。これを自分は批判しながら、やはりそういう状況のなかに生きていたと思います。

そのときは、ものがはっきり見えなかったんだと思います。こういう歌をそのころ作りました。

感受性の貧しかりしを嘆くなり倒れし前の我が身我がこころ

自分の心も身体の感覚もすべて麻痺していたんだと思う。ところが、倒れて、半分死んで半分生きているという状態になったときに、非常に自然の事物が自分にとって近いものになりましたし、自然の事物を非常に鋭敏に感じ取ることができるようになった。それが『回生』の歌なんです。

歩きはじめてから

ところが、そのときは歩けなかったんですけれど、杖をついてでも歩く、杖をついて看視つきで歩くようになりましたら、こんどは「活性化」が起こったんです。つまり、全身に血がめぐる、酸素がゆきわたる、そういう感じがからだのなかにみなぎってくることによって、頭もはっきりしてきたんです。意識を失ったことはないけれど、今までよりも、頭の働き、ひらめきが、ちょくちょく出てくるようになったんです。いろんな思いつきが、ぽっぽこ出てくるようになったんです。

そうしたらなんだか自分が、非常に新しい世界に入ったような気持ちがしています。そして、いままで考えていたこと——たとえば、わたしが中心に考えていたことは「内発的発展論」、それから南方熊楠についてどのように考えるか、そういった今までしてきた仕事について、どうしてもここから先が越えられない、どういうふうにここを越えていったらいいか、と思い悩んでいたところが、急にある日突然、あるいは寝ている間にある晩突然に、ぱっと開けてくる。というような状態が、昼間、もう足が一歩も出ないほどに歩いて、もうくたびれ抜いて寝た日には、そういうことが起こってくるんです。

ですからわたしは、やはり『回生』の時期と、『回生』以後、つまり歩きはじめてからは、——倒れる前と倒れたのちは、基本的な展開だったんですけども——それがもう一度、さらにひらけてきた、というふうにいまは考えています。

ですから、杖をついて、よたよた歩きで、まだ誰かに看視していただかなければ恐い、という状況ですけれども、まがりなりにも「歩く」ということの状況を続けていきたいと思っています。

考えてみると「内発的発展論」というのは、倒れる前は理論として、理屈として考えていたと思います。しかし、今は本当に自分のなかにある内発性、それをどうやって展開させていくか——内発性っていうのは、一度出てきたらそれで終わりっていうものじゃないんですね。それをどのように展開していくか、その可能性を伸ばしていくか、それが上田先生のおっしゃる「積極的リハビリテーション・プログラム」というものと、まったく理論的に、思想的に一致するものだといま考えています。ですから、内発的発展論はリハビリテーションにも役に立つものだし、それから自分で内発的発展論を実感として体得している、というふうに考えています。

ですから、わたしがいま考えていることは、倒れる前にやってきたことが、いま新しい意味をもってわたしのなかに甦っている、わたしを支えている、この展開をいまわたしが不断の努力によって進めていくことができる、そういうふうに考えています。

内発的発展論の「内発性」ということの意味を、いま実感として、わたしの身の内に感じ取っている。そしてこれを、社会発展の理論として、それから人間の発展の理論として――人間の発展の理論であると同時に社会発展の理論である、そういう意味をもっているのが内発的発展論だと思うんですけれども――、これを死ぬまで、気を確かにもって、できるところまで展開していきたい、そういうふうに考えています。

弱者の立場から日本を開く

弱者の立場、死んだものの立場からみた日本がどう見えるか、そしてそのことによって日本を開いていきたい。そういうふうに考えています。

いままで死んだ人は、ものが言えていない。だから死者の立場から日本を開いていくっていうことは、戦後の日本にとって非常に大事なことなんです。

戦争の犠牲になって死んだ、日本人だけじゃない、アジアの多くの人びと、アジア以外でも多くの人びとを日本は殺したんだから。その「殺されたもの」の目からみた日本はどうなのか、「殺されたもの」の立場から日本を開いていく、それが戦後の一番大きい問題だったのに、それをまだちゃんとしていないのよ、日本は。

わたしは死んだの、一度。死んだけれども、不思議なことに――幸いなことにことばが残った。死んだものがことばを残すってことはね、これは恵みよ、天恵よ。だからこの天からの授かりものを利用して、死者の目から、それから重度身体障害者という一番の弱者の立場から、その弱者の内発性をもって、どのようにいまの日本が見えるか、どのように世界が見えるか、それを考えながら日本を開いていく。そういう内発的発展論というのがあると思う。一番その原動力となるのが、アニミズムだと思っています。

わたしは、今までは強者だったの。そして特権階級だと思っていた。だからしょっちゅう、罪の意識をもっていた。だけどいまはもっていないのよ。わたしが生きているっていうことは、何かの意味があるんじゃないかっていま考えている。死んだものがことばをもっている、重度身体障害者っていう非常に弱いものが大きな声を出せる、これは特権といえば特権よ。だけど特権階級の特権じゃない。特権は失ったの。その立場から発言して、そして日本を開いていく。

それがわたしの「斃れてのち、元《はじ》まる」ということの意味なんです。

我がうちの埋蔵資源発掘し新しき象《かたち》創りてゆかむ

私の回生——シンポジウム「生命のリズム」から

今日は皆様たくさんお集まり下さいまして、ありがとうございます。樋口先生、いいお話をありがとうございました。別府《べふ》先生、この方はアメリカ人ですけれども、大変上手い日本語で introduction ありがとうございます。ところがね、別府さんに抗議します。と言うのは、別府さんは先ず〝今日の心得〟という演説を控室でなさいました。その時に、今日は誰も先生と呼ばないこと。みなさん、「——さん」ですよと言ったのに、自分からその規則をお破りになりました。一度「——先生」と言ったら千円払うのよ、と言ってね。私数えてみたら、もう何万円も別府さんに払ってもらわなきゃならないのです（笑）。これ、どうじゃ（笑）。それでは話を始めます。（拍手）

先ず私の回生ということで、「回生」の定義をさせていただきます。これは社会学なんですよ。社会学は必ず、definition of terms をやらなくちゃならない。だからこれから定義をいたします。「回生とは、一旦死んで命甦る。それから魂を活性化する。そしてその活性化された魂によって、新しい人生を切り開く。」回生は回復ではないのです。元へ戻れないのです。私の体は元に戻らないのです。だから前に向かって進むより、もう致し方ないんですよ、と言うことです。

南方熊楠は「人の交わりには季節がある。」と言いました。いい言葉だと思います。私は、回生には季節がある――英語で申しますと、four seasons でございますよ、別府さん。枯れた枝から新芽が吹き出す。甦りの春です。それから活動の夏に向います。そして首尾よく活動が行われれば、稔りの秋を迎えます。そして再び冬枯れていくのです。これが本当の意味での回生だと思います。そうでないと、せっかく命を吹き出しても、芽が吹いても、夏にあわないと立ち枯れてしまいます。それではつまりません。

回生には新しい出会いがあります。私の回生で一番大事な、一番幸運な出会いはここにおられます。これは致し方ございません。お許し下さい。上田敏《さとし》先生です（笑）。これはね、ドクターですから、お医者さんは先生なんですよ。あとの人は「先生」いけないんですよ。でもお医者さんは先生なのよ。だからドクターという意味での、上田敏先生でございます。これが一番大事な出会いでした。それから回生では、それまでの人生でしてきたことが、新しい意味を持ってすべて役に立ちます。私はその中で、とりわけ歌と踊りと着物の効用、これをお話ししたいと思います。

一九九五年十二月二十四日は、私の命日でございます。倒れまして、直ぐに救急病院に運ばれました。そしてその晩、不思議なことが私に起こりました。病院のベッドに寝ておりますと、急にですよ、突き上げるように体の中から歌が湧き上がってきたんです。そうして夢とうつつの境をさまよいながら、もうその晩中、一晩中歌を創っていたんです。そういう状態は、それからずっと今日に至るまで続いています。そこで作った歌が（スライド投影）、お願いいたします。

半世紀死火山となりしを轟きて煙くゆらす歌の火の山

この意味は後で説明いたします。

そして救急病院を出ましてから、転々と様々な病院を転院いたしました。大体一年間。最後にいたのは、あるリハビリテーション専門の病院でございます。そこに六カ月いまして、こういう判定を受けたんです。「あなたは、歩けません。」「せん」ですよ。「す」じゃない。「歩けません。いくらやっても駄目です。」と言われたんです。そういう太鼓判を押してもらいまして、仕方がないから、退院して伊豆高原の〈ゆうゆうの里〉に行って、車椅子の生活を始めました。

そうしましたら、一九九七年一月元旦。忘れもしません。上田敏先生から速達をいただきました。一度診てあげようと。日本のリハビリテーションの草分けのお医者様である上田先生から、そういうお声をかけていただきましたので、私は喜び勇んで先生のご指定の会田記念病院――茨城県の小さな田舎の病院です――そこへ伺いました。そして上田敏先生と、大川弥生先生のご診察を受けました。そうしましたら、即座に先生が「あなたは歩く潜在能力があります。」と仰ったんです。「ません」と、「ます」は反対ですね。だから、「ません」と「ます」の二つの烙印を私は押されて、私は「ます」のほうに飛びついたんです。

その翌日から、上田先生と大川先生がご指導下さいまして、ＰＴ（理学療法士）とＯＴ（作業療法士）の、これも今までになかったことなんですけれども、チームなんです。それが一緒のチームを組んで、私のリハビリテーションを始めて下さいました。これは上田先生の目標指向的・積極的リハビリテーション・プログラムです。これは後で、先生詳しく説明して下さい。そして四カ月その病院で、私はそれまではリハビリテーションは訓練と呼んでいたんですけれども、会田記念病院でのリハビリテーションは、歩くお稽古というふうに位置づけるようになりました。

そうして、一旦〈ゆうゆうの里〉伊豆高原に帰りまして、そして今から一年半前に、京都〈ゆうゆうの里〉に移りました。それ以来一日も欠かさず、このウォーカーケインというこの重いケイン。この杖でね、そしてみなさんに足をお見せできませんけれども、装具をつけて歩くお稽古を、一日も欠かさずやっております。その中で、今までしてきたことの中で、歌と踊りと着物が大変役に立っています。

この歌と踊りと着物の効用について、ちょっとお話させていただきます。まず歌は、私が生死の境を飛び越える杖の役割をしたんです。最初の晩に。そうして飛び越えた後に、止まったんじゃないんです。ずーっと今日まで続いているんです。これはね、始めに言葉ありと申しますけども、まず言葉を失わなかったのが私の幸せだけど、その言葉を強化するために、毎日言葉で自分の状態を表わして表現する。そういうことをずーっとしていたことが、私の頭とところのリハビリに大変役に立ったということです。

どうして「半世紀死火山となりしを……」というのかと言いますと、私は十五歳の時に、佐佐木信綱先生の門に入門いたしまして、二十一歳の時に『虹』という歌集を自費出版いたしました。それからアメリカに留学して哲学をやり、社会学をやっているうちに、全く散文的になったんです。頭が。それで歌はすっかり枯れてしまって、全然歌をつくらなかったんです。それが倒れた時に、急に噴き出してきた。そして私の命を救ってくれた。一体これは何だろう。それは後で詳しく歌の力というのを、道浦さんに話していただこうと思います。それがずーっと続いているということ、それが大変私の助けになっているということ。

それから踊りですけれども、私は西川さんと違って、本当にへっぽこ踊りなんです。ところが、これがまた非常に大事だったんです。と言うのは、私が倒れる前は、自然と人間との共生なんて言ってね、理屈を言っていたんです。ところがそんなもんじゃないの。倒れてはじめてわかったのは。萎えたる足は我が気象台なんです。高気圧と低気圧。台風が来る。もうＮＨＫの天気予報より、もっと早くわかるんです。この足が全部感知しちゃう。気圧の配置感知する。逸早く、気圧の配置感知する、萎えたる足は我が気象台なんです。そのくらい体が自然の条件と連動しているんです。そして鳥の声も、花の色も、木のたたずまいも、もう生きている時よりずっと新鮮に鋭く感じられて、私は本当に一緒に生きているという感じを持つようになったんです。

それで、その足が、足の状態は毎日違うんです。自然条件によって。そうしますと、今日は一体何で歩いてやろうかなと、毎日作戦を練るんですよ。台風の時は、能の「弱法師《よろぼし》」です。よろよろと橋掛りを出てくるんです。ところが高気圧で晴れている時は、『新曲浦島』。こうして堂々と波の上に乗っているような、荘重な歩みで入ります。もっと凄い高気圧になったら、『越後獅子』で、イヤア　チンチンチ　トチチリチンていうふうな、そういう調子になりたいと思っているんですけれども、まだなっていません。大体普通の時には、『賤《しづ》の苧環《をだまき》』の静御前が、心に頼朝の権力に対する抵抗の志を秘めて、何だこいつめと思いながら、しずしずと出てくるあの花道の出の歩き方。（これが）大体今の私の体の条件です。そうしますと人が、私が毎日同じように歩いているでしょう。「あんたよく飽きないで歩いているねー」って言うんですよ。みなさん。ところがね、飽きているどころじゃないの。今日と明日と昨日と違うのよ。それで全然歩けないときは、板付きの山姥です。よしやしびきの山巡り、なんてやっているわけ。だから、毎日違うの。

私はリハビリテーションと踊りというのは、すごい親近性があると思っているんです。と言うのは、稽古、稽古、又、稽古なんです。同じことやってるんじゃない。毎日違う。そして出来ないと思ってたことが、やっているうちにぱっとできて、自分の型が出来るんです。それこそ創造なんです。だから稽古、稽古、又、稽古で毎日楽しく私は一本足の舞を舞っております。

今度は、そうすると何が起こるかというと、人間は歩く動物です。二本の足で歩くから人間なんですね。だから歩かないで、こうやって座ってこうしてたら、全然ぼけちゃうんです。私ね、どうやってぼけないですむかということを、毎日研究しているんです。そうしますと、毎日歩いていると魂が活性化してくるの。生き生きしてくるの。それでその目標指向的・積極的リハビリテーション・プログラムという上田敏先生の、このリハビリテーションの歩く稽古のお陰をもちまして、私は『鶴見和子曼荼羅』という著作集、日本語版で全九巻を、今年の一月に完結することができました。これはここにいらっしゃる藤原書店の社長の藤原良雄さん、及び編集者の皆様方のお力のお蔭なんですけれども、これが出来るようになったのは、自分の魂が活性化されたことなんです。それはリハビリテーションの歩く稽古のお蔭なんです。

それじゃあ、着物はどう結びつくの、と思うでしょう。これね、今の私の着物なんです。着物というものは、エアコンをしょって歩いているようなものです。ここにいっぱい空気が入っているんです。洋服は、きちんと体にくっついちゃっているでしょう。あれ不自由なんです。囚人が着るストレート・ジャケットみたいで、私はとても不自由だと思うの。着物はすごく自由なの。自分の体の調子、姿勢によって、着物——直線断ちの形無きもの——に、形を与えているんです。そうすると自分がしゃんとしていなければ、どんなに高い着物を着ても美しくない。もう私はこんなになっているけれども、それでもどうにかして着ていくと、何となく少しでも良く見せようと思って、きちんとこうしているわけ。そうすると、身も心もピンとするの。それが一つの効用です。

もう一つは自由。洋服を着て原稿を書いていると、頭が白くなっちゃう。何もわからなくなっちゃう。だけど着物を着ていると、こうしてゆとりがあるでしょう。だから思想も自由になるのよ。自由に書けるようになる。今この右手は腱鞘炎ですから、筆ペンで、大きな字で原稿用紙に書いています。もう一つは、今は自分で帯び締めることは出来ませんから、こういうふうに、昔の着物を二部式に分けて、自分で自由に着られるようにしています。つまり直線断ちのために、どのようにも化けられるの、この着物は。自分の状況に応じて、形を作り替えていくことができる。経済的でもあり、また昔の元気であった時の自分の魂が、この中にこもっていますから。これを着て何をした。どこの会議に行った。これは確か、北京に講演に行った時の着物です。そういうふうに、思い出が付いているから、又、元気になるの。というふうにいろいろと効用がございます。それでは、一応これで私の話を終えます。（拍手）

（一九九九年四月三十日　於・京大会館）

静の足跡を辿って

今、非暴力の抵抗を

杖つきて花道歩む静《しずか》われ昔を今になすよしもがな

一九九一年六月二十三日、東京国立小劇場において、故二代目花柳徳太郎師主催の柳桜会で、わたしは「賤《しづ》の苧環《をだまき》」を踊った。それより四年六カ月後に、わたしは脳出血で倒れ左片麻痺となった。そのためこれが最後の舞台となる。

あの時静を踊っておいてよかったと、日々思いつつ、リハビリのため監視つき自立歩行の稽《けい》古《こ》を重ねていたが、一年半前に大腿骨骨折の手術をして、それさえ叶わなくなった。静への思いは深まるばかりである。

静にそれほど深い思い入れをするには理由がある。静は、日本における非暴力抵抗の最初の手本だと考えるからである。

わたしの知る限り、非暴力抵抗の元祖として、インドのマハトマ・ガンジー、アメリカのヘンリー・デイヴィッド・ソローをあげることができる。この二人はいずれも男性であり、十九、二十世紀の人である。静は女性であり、これより早く十二世紀の人である。九・一一のテロの報復として、イラク戦争が始まったとき、わたしはつぎのような感懐をもった。

暴力に暴力をもて報いるほか知恵なきものか我ら人類

イラク戦争が始まって一年になるが、暴力の応酬は激しくなるばかりである。非暴力抵抗は現在の社会において、どのような意味を持ち得るか。静の足跡を辿《たど》って、考えてみたい。静については、いろいろ説があるが、わたしは『義経記』(日本古典文学大系、岩波書店)に拠ることにする。

義経は一一八五年三月壇ノ浦で平家を滅ぼした。その時梶原景時《かげとき》は、戦勝報告とともに、義経は謀反の志があると頼朝に密告した。以後梶原景季《かげすえ》・景時父子は義経の動静を探り、その叛《はん》意《い》を頼朝に訴えつづけた。頼朝の奏請により、義経追討の院宣が下る。頼朝は義経追討のため鎌倉を出発する。

義経は難を逃れるため都落ちして、静を伴い吉野の山奥に身を潜めるが、翌年一月に静を都へ帰す決心をする。この時、静はすでに義経の子を宿していた。

一月十六日の夜吉野山中に降り積む雪を踏み迷い、翌朝金峰山寺蔵王堂《きんぷせんじざおう》の前で念誦《ねんじゅ》していたところを見つけられ、寺務所に連れてゆかれる。上級の僧が、静を一日休ませた上で馬に乗せ、人をつけて京都の母、磯の禅師《いそぜんじ》の家に送りとどけた。

六波羅探題が、静が義経の子をみごもっており、来月は出産の予定であることを鎌倉に早馬で知らせる。鎌倉の使者堀藤次《ほりのとうじ》は静を鎌倉へ連れてゆく。磯の禅師はこれに伴う。

静が門前に到着するや、頼朝は梶原景時を呼んで「静の腹を裂き、胎児をとり出して殺せ」と命じる。梶原は「産まれた子が男子であれば殺し、女子であれば鎌倉に置けばよい。ひとまずそれまで梶原の家を産所として静を預かろう」と応える。

ところが静は「梶原の名をきいただけでも辛いのだから、ましてその家になどゆきたくない」と断わる。そこで藤次の家を産所にすることを、静は納得する。藤次は京男で、その妻は詩歌音楽をたしなむ京女であることを、静は知っていたからである。

惨忍《ざんにん》で無骨な関東の侍文化と、優雅で教養のある京の手弱女《たおやめ》文化との対比が、『義経記』にはいたるところに滲み出ていておもしろい。

「賤の苧環」の心、世界に

藤次の家で産まれたのは男子であった。知らせをきいて頼朝は、家来に馬を与えて、産まれたばかりの子を、由比ケ浜から海に投げ捨てさせた。磯の禅師は浜の材木の間から赤子の骸《むくろ》を探しあて、藤次と共に弔い、勝長寿院の後ろに葬った。これも藤次の計らいであったと記されている。

これだけの惨忍な仕打ちをした上で、頼朝は、静が「日本一の舞い手」ときいて、どうしても静に舞わせようと、景時を使者にたてるが、静は返事もしない。

工藤祐経《すけつね》の女房で京女の詩歌音楽のたしなみのあるものをつかわすと、静はよろこんで迎え入れ、藤次の妻ともども歌ったり舞ったりして打ちとけた。そこで翌朝四時に鶴岡八幡宮に参詣し、八時に形どおりの舞を奉納することを約束した。

一一八八年四月、静が舞うというので、八幡宮近くの若宮はたいへんな人だかりであった。頼朝をさんざん待たせてじらした揚げ句、午前十時ごろやっと静が現れた。静は敵の前での舞だから、思うことを思いきって歌おうと心に決めて、

しづやしづ賤のをだまき繰り返し昔を今になすよしもがな
吉野山嶺《みね》の白雪踏み分けて入《い》りにし人の跡ぞ恋しき

と歌ったとき、頼朝は御簾《みす》をざっと下ろして激怒した。

静はこれを見て、

あわれおほけなく覚えし人の跡絶えにけり

と歌い返すと、頼朝は御簾を高々と上げたという。

頼朝の妻北条政子からさまざまの引き出ものを賜って、静は藤次の女房ともども家へ帰った。この時静は十六歳であった。

その後、母と共に京都へ帰り、十九歳で剃髪して、天龍寺の麓に庵を結び、二十歳で往生したと伝えられる。

疑いをかけられた弟を先制攻撃し、産まれたばかりのその子を殺した時の権力者頼朝の暴力に対して、静は、知力と芸力と勇気とをもって、その胸を打ったのである。

静の振る舞いは千年の都京都の文化、伝統と深くつながっている。この非暴力抵抗の伝統を、今わたしたちは受け継いで、世界に向けて発信できないものだろうか。

きもの文化と自前の思想

きものは〝変容自在〟

俳人の黒田杏子《もも》さんがはじめてわたしを訪れてくださったとき、わたしの今暮らしている宇治の老人ホームの若い職員が「あの方は自由人の服装ですね」と評した。

その時の黒田さんは、いつものおかっぱの髪に、柳宗悦の民芸運動の流れを汲む若い染織家の駒田佐久子さん作の、ざっくりした白地木綿に藍でひょうたんを大胆に描いた布を、大塚末子さん考案の二部式きものに仕立てたものをさらりと着ていらした。

きものは直線裁ちだから、着る人の姿勢と思想と暮らしぶりによって、変容自在である。解けば一枚の布に戻るので、どのように仕立て直しもできる。

五月一日に、滋賀県立近代美術館で、志村ふくみさんの「紬《つむぎ》織り」の展覧会を拝見した。わたしが車椅子で会場をゆっくりめぐっている間、志村さんは作品についてお話をしてくださった。

この美術館には、志村作品が六十点余り収蔵されている。その多くは、初期から最近のものまで、志村作品の愛好者でコレクターの女性、霊名マリアさまからわたされたとうかがった。マリアさまは美術に造詣が深く、すぐれた眼識をもって、志村さんが精魂こめた作品の中からとりわけよいものを選びぬかれた。それらすべてが、志村さんの故郷のこの美術館に収められた。

箪笥《たんす》はからっぽになり、志村さんの前にあらわれたときは、川端康成氏の形見の薩摩絣《がすり》を着ておられた由。これぞきもの三昧《ざんまい》の極意。苦労して集めた宝ものを、自らのきこなしの創意工夫をもって楽しんだあげく、公共財として一般の人々に開放してくださったのだ。そしてご自身は、働きやすく美しい紺《こん》絣という機能美の原点に立ち戻られたのである。

わたしは帰ってすぐ、志村さんと、お嬢さままで染織家の志村洋子さんとの共著『たまゆらの道』（世界文化社、二〇〇一年）を読む。前半は日本の中の服装の美を尋ねる旅だった。伊勢神宮の神衣《かんみそ》から始まり、高野山・比叡山の法衣《ほうえ》、奥州平泉の毛越寺《もうつうじ》の「延年の舞」、安芸宮島の厳島神社の水上の舞台での友枝昭世師の「井筒」と「松風」のひとさし、山口の野田神社での毛利家の能衣装《いしょう》、そしてさいごに正倉院御物。

いずれも染め手、織り手の立場からの生き生きした描写である。

世界を繋ぐきもの文化

志村さんは日本の美の源流を遡《さかのぼ》って、イラン、トルコへと旅を続ける。本の後半は、その道行である。

イランのエスファハーンの美術館で、古代王朝時代のペルシャ錦（ザリ・バフィ）を、チャドルをまとった女性館長が、志村さんのためにわざわざ地下室から持ち出して披露された。志村さんは長年の念願であった正倉院の錦の源流をここにさぐりあてたのである。そして、この錦を「漂う気韻」と名付けた。

わたしは、元気な頃締めていた帯で、今は袖なしの陣羽織に仕立て直した朱金襴《きんらん》の百合唐草紋様《もよう》の、その遠つ祖《おや》の故郷が古代ペルシャであることにおどろき、古代日本が中近東の文化をとりいれていたことに感動した。

トルコでは、イスタンブールのカーリエ修道院でのフレスコ画の六聖人との対面が圧巻である。志村洋子さんは、自作の「緑の寺」の裾を長く曳《ひ》き、その上に白地にうす紫で正方形の枡《ます》形の中に十字絣を織り出した「聖人Ⅱ」をさらりとはおって、六聖人を仰ぎ見ている。その後ろ姿の写真が、この本の最後を飾る。

羽織の背縫《せぬい》の直線が一本筋が通って、着手の姿のいきおいを凛然《りんぜん》とあらわしている。ひとりの日本の女性が背筋をぴんと立てて、異国の六聖人と向き合っていた。まことに堂々としている。日本の女も男もきものを着ていれば、世界中どこへいっても、千万人といえどもわれゆかんという気概をもつことができる。

正面を向いて立っている六聖人の典礼服は、十字絣と市松紋様である。志村ふくみさんによると、それぞれ一本のよことたての線を交差させた十字こそ、あらゆる紋様の原点であり、普遍的なものである、という。

わたしたちの父母や祖父母が普段着に着ていた十字絣や紋絣の原点がここにあったのである。わたしたちの祖先は、なんと自由自在に外来の意匠や技法をとりいれて、日本の風土や暮らしに適応した日本の用の美を創り出してきたのだろう。

志村さんの旅は、神道、佛教、イスラム教、キリスト教、そして民俗宗教としてのアニミズム（精霊崇拝）に相わたっている。とすれば、日本のきもの文化は、エキュメニカル（諸宗教の対話と共生）の精神の結実ではないか。

このきもの文化を未来へむかって受けつぎ、さらに未発見の海外の衣文化とむすび、繋《つなぎ》あわせて、時代にふさわしい新しい衣装の形を創り出してゆきたいものだ。

さらにいえば、男も女も、きものを着て国際会議や海外の講演会に出ていってはどうだろう。そして自前の思想をはっきり述べ、相手の考えと堂々とたたかいあわせて、新しく相互の理解に達することができるならば、そこに平和と創造の道がひらけるのではないだろうか。

1989年11月創立　1990年4月創刊

月刊

機

2018
7
No. 316

発行所　株式会社 **藤原書店**©
〒一六二-〇〇四一　東京都新宿区早稲田鶴巻町五二三
電話　〇三・五二七二・〇三〇一（代）
ＦＡＸ　〇三・五二七二・〇四五〇
◎本冊子表示の価格は消費税抜きの価格です。

編集兼発行人
藤原良雄
頒価 100円

鶴見和子さん生誕百年。生前の未公開インタビューを初公開！

「天皇皇后謁見」秘話

——インタビュー　二〇〇四年九月——

鶴見和子

▲鶴見和子（1918-2006）

本年は、近代化論を乗り越える「内発的発展論」を提唱すると共に、南方熊楠の思想を読み解いた国際的社会学者、鶴見和子氏の生誕百年である。最後のメッセージを集成した遺著『遺言』（二〇〇七年）に、二〇〇四年、京都御所で天皇、皇后両陛下との謁見の回想記と、生前最後の『いのちを纏う』出版記念シンポジウム（志村ふくみ・川勝平太・西川千麗）の記録を収録した百頁拡大の増補版を刊行する。天皇陛下のご退位を目前に、鶴見和子さんの言葉を嚙みしめたいと思う。

編集部

● 七月号 目次 ●

南方熊楠、そして水俣への関心

——どういうお話から入ったのでしょうか。

私の方から、昭和天皇と南方熊楠の話をまず申し上げた。天皇陛下が田辺にいらしたときに熊楠が御進講した。田辺の植物について。その時、熊楠がすごく感動して歌を作った。その歌碑が今でも立っているのよ、神島《かしま》という島に。

一枝も心して吹け沖つ風わが天皇《すめらぎ》のめでましゝ森ぞ

それで今度、天皇はその後、熊楠が亡くなってからまた田辺に行幸があった。そのときに天皇がこういう歌を作られた。

雨にけぶる神島を見て紀伊の国の生みし南方熊楠を思ふ

天皇が御製に臣下の名前をお入れになるということは、大変めずらしいことなの。「南方熊楠を思ふ」。こちらは「わが天皇のめでましゝ森ぞ」と。

それで、私、これは何だろうと思って考えたときに、田辺に行った時、飛行機の中から神島を見て、そうだ、これは相聞歌だと思って。天皇と熊楠の相聞歌、お互いに学者として認めたのよ。そういうことを書いたことがある。その話を申し上げた。

そんな話をしているうちに、天皇が「水俣はどうですか」と言われたので、びっくりしたの。

——わりと早いうちにそういう話を……。

私が水俣の調査をしたということと、水俣に関心がおありになる。つまり、自然保護ということに関心がおありになるのよね、皇室は。それでそういうことを言われた。それで私はちょうど石牟礼道子さんの新作能「不知火」のＤＶＤを見ていたころだから、その感想を国立能楽堂に二十日も遅れて書き送った。新作能の「不知火」は、奉納公演として二〇〇四年八月二十八日に、それを患者さんと、患者さんの遺族たちが、ヘドロの海の埋め立て地の上で見ることになっている。そういうお話をしたのよ。

そして患者さんたちがあの運動を起こしたのは、なぜだったかというと、それはお金がほしいということではなくて、この海がまた生き返るようになって、魚たちが生き返って、われわれ漁夫たちが漁業できるような、あの豊穣の海に返ってほしいという、それが切実な願いであった。そのことを石牟礼さんがお能にした、という話を申し上げた。そういうことなのよ。それで次々に話が展開していって……。

——そういうふうに先生が水俣について話をされたときにはいかがでしたか。

それで私、とても感じがよかったのは、

こちらに皇后様、こちらに陛下。そして私が何か言うと、お二人で顔を見合わせてうなずきあう。それがとても気持ちがいいのよ。つまり、お互いがとても心が響きあっているという感じが出ている。私、これは仲のいい夫婦だなと思った。

私、一番最初にお会いした時に、陛下にこういうことを申し上げた。「陛下のお言葉は、私、いつでも大変関心をもって伺っております。七十歳の古希のお祝いの時のお言葉にとても感動しました」というお話をした。それはどういうことかというと、「七十年の生涯を振り返って、こういう結婚をしてきたというのが、一番しあわせなことでした。皇后は私の立場、私の務めをよく理解して、やさしく寄り添ってくれました」。そうおっしゃったのよ。「それを私は伺って、日本の男はそういうことを思っても、公衆の面前でこういうことを言うことはありません。陛下は本当にいい日本の男のお手本でいらっしゃいます」、そう言ったのよ。そして「お言葉を確実に私の心に刻むために、もし書いたものがおありになったらいただきたい」と言ったら、宮内庁からちゃんと送っていただきました、いろいろな時期のお言葉。

▲1966年、プリンストン大学に留学中

佐佐木信綱門下として

まずそれが最初の話。それから昭和天皇と熊楠の話。そうしているうちに和歌の話が出てきたので、皇后様が、「私の母は佐佐木信綱先生のお弟子で、『心の花』に出しております。そして私は後藤美代子先生に和歌の指導をしていただきました」。「あっ、そうですか。それでは美智子様、皇后様は、佐佐木信綱先生の孫弟子でいらっしゃいますね」と言ったら、「そうです。それで時どき『心の花』に出ると、とてもうれしゅうございました」。そんなことをおっしゃった。

それで和歌の話がずっと続いたの。それで私は「それを伺ってとてもうれしいので、佐佐木幸綱先生との対談をいたしました、その本を送らせていただきます」と言って、帰ってきたのちにお送りしたら、女官長を通してちゃんとお礼のお電話がございました。そういうことで、なかなかお歌もいいのよ、皇后様。だからやはりそういう教養がおありになる。

日本の伝統の革新

それから私がすごく感じたことは、陛下と皇后様は、日本の伝統ということをしっかり踏まえて、それを守りながらつねに新しく変えていく。たとえば、公衆の前で皇后と結婚したことが一番のしあわせだなんて、今までの男は言わないのよ。それをちゃんとはっきりおっしゃるというのは、これはやはり**伝統の革新**よ。踏まえて、それを新しい時代に合わせて変えていく。「そういうことを心がけていただいていることが大変うれしゅうございます。」私、天皇というのは、そういう役割を果たしていると思うの。象徴天皇というのは、そういう意味だと思う。伝統を守りながら、それを新しく作り変えていく、と。そういう役割を陛下と皇后様のご夫婦は果たしていらっしゃると思います。

京都御所という所縁《ゆかり》の場所でお目にかかれたことも、私は大変うれしいことです。そして退室する時におみやげをいただいたの。お菓子のおみやげだった。すべて白い布で、つまり白い箱だったのよ。女子学習院なんかで皇室の方がいらっしゃるときは、とら屋のお菓子と決まっていた。だけど、いただいたのは、俊輔にも「あなたこれ、分けてあげましょうか」と言って、何か言うかと思ったら、「僕は今の天皇と皇后を尊敬しているんだよ。だからもらうよ」と言って、送ってやったら「なるほど、これは無印良品だ」、なんて言ったんだけれど、とても質素なお菓子なのよ。本当に驚くほど質素なの。いかにも手作りのお菓子という……。だから召しあがりものの日々のご生活もずいぶん質素なんだなと思いました。

なにしろすごく感じがいいのよ。それから私が退室する時、玄関までお出ましになって、お見送りくださったのよ。びっくりしたの。私は大腿骨骨折をしてから、身体を前に曲げてはいけないの。だから最敬礼ができない。ずっと座ったまままこういうふうに、丁寧にしかお辞儀はできない。だから本当は失礼なんですよ。向こうは敬礼をして、玄関までいらっしゃって、お見送りして、お辞儀してくださったのよ。

聞き手＝藤原良雄編集長

（構成・編集部　全文は『遺言』〈増補新版〉に掲載）

（二〇〇四年九月一九日　於・京都宇治）

（つるみ・かずこ）

鶴見和子の仕事

■コレクション 鶴見和子曼荼羅（全９巻）

Ⅰ 基の巻〔鶴見和子の仕事・入門〕……解説・武者小路公秀 4800円
Ⅱ 人の巻〔日本人のライフ・ヒストリー〕……解説・澤地久枝 6800円
Ⅲ 知の巻〔社会変動と個人〕……解説・見田宗介 6800円
Ⅳ 土の巻〔柳田国男論〕……解説・赤坂憲雄 4800円
Ⅴ 水の巻〔南方熊楠のコスモロジー〕……解説・宮田 登 4800円
Ⅵ 魂《こころ》の巻〔水俣・アニミズム・エコロジー〕……解説・中村桂子 4800円
Ⅶ 華の巻〔わが生き相《すがた》〕……解説・岡部伊都子 6800円
Ⅷ 歌の巻〔「虹」から「回生」へ〕……解説・佐佐木幸綱 4800円
Ⅸ 環の巻〔内発的発展論によるパラダイム転換〕 解説・川勝平太 6800円

■鶴見和子　対談集・往復書簡集

石牟礼道子　言葉果つるところ……2200円
中村桂子　四十億年の私の「生命《いのち》」〈新版〉
〔生命誌と内発的発展論〕……2200円
佐佐木幸綱　「われ」の発見……2200円
上田 敏　患者学のすすめ〈新版〉……2400円
〔“人間らしく生きる権利”を回復する新しいリハビリテーション〕
多田富雄　邂逅〈往復書簡〉……2200円
西川千麗・花柳寿々紫　おどりは人生……3200円
武者小路公秀　複数の東洋／複数の西洋〔世界の知を結ぶ〕
……2800円
頼富本宏　曼荼羅の思想……2200円
服部英二　「対話」の文化〔言語・宗教・文明〕……2400円
志村ふくみ　いのちを纏《まと》う〔色・織・きものの思想〕……2800円
金子兜太　米寿快談〔俳句・短歌・いのち〕…… 2800円
川勝平太　「内発的発展」とは何か〈新版〉
〔新しい学問に向けて〕……2200円
大石芳野　魂との出会い〔写真家と社会学者の対話〕……3000円
赤坂憲雄　地域からつくる〔内発的発展論と東北学〕……2500円
松居竜五編　南方熊楠の謎〔鶴見和子との対話〕……2800円

■鶴見和子の歌集

歌集 回 生 2800円　歌集 花 道 2800円　歌集 山 姥 4600円

今、世界的に注目される作家の邦訳最新作！

一つの季節
――『エロシマ』日本語訳刊行に寄せて――

ダニー・ラフェリエール

ノスタルジーへと溶けてしまうのを拒む記憶というものがある。本書を書き始めたのは、いまから三十五年前のことだ。はじめ、『ニグロと疲れないでセックスする方法』（邦訳藤原書店刊）の一部として、その中に挟みこまれる予定だった。いよいよの段になって、私の編集者は切り離して出版した方がいいと言い出した。「このテキストは長くはないがね、独特の季節が漂っている。一冊の独り立ちした本になるよ」。「季節」という語はたしかにあたっている。なかなか霧散しない香りがいつまでも棚引いているのだ。

私には、あの年の夏の光が立ち戻ってくる。あの感興を再び言葉に乗せて浮上させようというのであれば、芭蕉に俳句を詠んでくれるように頼むしかないのかもしれない。私は、これまで書いてきた本については、どれもその細部をつぶさに思い描ける。しかし、本書だけは体のどこかに閉じ込められたままだ。愛したことはあるけれど、その雰囲気しか思い出せないような人に似ているとでも言おうか。あの頃のことで私に残っているのは、強烈な喜悦の感情であり、なぜそんな気持ちに包まれていたのか、不思議なくらいである。しかし、長い針でうなじを突き刺された感覚に勝るとも劣らない、存在の苦痛に満ちた幸福感が消えることなく居すわっている。私は、潜りこんだ床《とこ》から出てはいけないと分かっていた。にもかかわらず、起きて床を抜け出してしまうという過ちを犯した。爾来、形にならない何かがくっきりと、私のあきらめ顔の目に映っている。もし私が書き続けるなら、あの、たっぷり七十二時間は続いた、数々の感覚の雨滴を再現させることができるのかもしれない。いまの私に分かっているのは、もし再び本を書くのであれば、それはどんな思い出にもならない本、書いている間に無数の感覚が立ち昇ってきて、本が本以外のなにものでもない、そんな本になるだろうということである。

（立花英裕訳）

（Dany Laferrière／作家・詩人）

『エロシマ』翻訳にあたって

立花英裕

『ニグロ…』から独立した本

本書『エロシマ』は一九八七年に出版されている。センセーショナルな成功を収めた『ニグロと疲れないでセックスする方法』から二年後のことである。小説『ニグロ…』は、社会の下層から抜け出たいと願う作家志望の黒人が小説を書き上げていく物語だった。その黒人作家＝主人公が書きつつある作品がまさに本書であり、小説『ニグロ…』の中に組み込まれる予定だったのである。しかし、編集者の判断でそれが断念され、少し時間を置いて、別の独立した本として刊行された。独立して刊行される時に手を加えられたのかどうかについては、著者はなにも述べていない。

広島（ヒロシマ）を想起させる「エロシマ」という不思議なタイトルがついた本書は、余計な解説などつけないで、読者諸賢にそのまま読んでいただきたいし、おそらく著者もそれを望んでいる。

他方で、訳者としては、訳についての若干の説明と、本書の背景を記しておきたい気持ちが押さえられないのも事実である。ダニー・ラフェリエールの作品世界を日本に繋ぐためにも、うまく繋げられるかどうかは別にして、多少の解説はあった方がよいのかもしれない。

「アメリカ的自伝」とは？

冒頭でも述べたように、ダニー・ラフェリエールは、『ニグロと疲れないでセックスする方法』（一九八五年）で一躍脚光を浴びて登場した作家であり、その後、一連の自伝的な小説を連続的に書き上げ、国際的にもっとも著名なフランス語表現作家の一人になっている。彼は、自作の全体を「アメリカ的自伝」と名づけているが、それは、フランス語で書いていながらもアメリカの作家であることを、作品全体を通して語っているからなのだろう。もっとも、ここで言う「アメリカ的」とはアメリカ合衆国を意味するのではなく、合衆国も含まれるが、南北アメリカ両大陸が作り出している広大な空間に生きる者の人生を指す言葉として用いられている。彼の生まれ故郷ハイチもアメリカであれば、彼が作家としての地位を得たカナダ・モントリオールもアメリカなのである。

彼は当初から「アメリカ的自伝」という、はっきりした構想を抱いて書いていたのではないようだ。むしろ、小説を一冊出した後は沈黙するつもりさえあったようである。しかし、処女作の成功によってテレビ局から声がかかり、人生が大きく変わってしまうことになる。引き受けた仕事は天気予報だったが、何事にも心を尽くす彼は街路に出て天気予報をし、番組のスタイルを一新してしまう。

そのユーモアに満ちた話し振りは大変な人気を博したようだ。八九年には、ラジオ・カナダの教養番組「六人組」に常連として出演し、辛口の批評も厭わない、自由闊達で多方面に亘る文化論を展開して、時には恐れられる存在にさえなったらしい。この年には、映画化された『ニグロ…』が封切られている。

こうして、ダニー・ラフェリエールは、カナダ国内のフランス語圏ケベック州では誰一人知らない人のいない有名人になる。しかし、彼はマスコミでの活動に次第に限界を感じたようで、一度モントリオールでの生活を切り上げ、マイアミに居を移して、家族と共に暮らす決心をする。「アメリカ的自伝」の構想が明確な形をとり、本格的な執筆活動が開始されるのは、マイアミにおいてである。その後、約十年間、彼はひたすらハイチでの幼年時代から亡命にいたるまでを中心にした小説群の執筆に専念する。

このような作家としての経歴を振り返った後に、あらためて一九八五年から九〇年にかけてを見ると、マスコミ界での多忙な日々にもかかわらず作家としての道を必死に模索していたことが窺われる。ラフェリエール自身に言わせれば、小説『ニグロ…』も『エロシマ』も「アメリカ的自伝」の一部をなしているのだが、この二作品がマイアミ時代の作品群とは性格を異にしている理由が、作家としての姿勢の変化にあることが納得されるのである。

物語展開ではなく時間性の魅力

作家活動の初期に書かれた『エロシマ』について、訳者としての感想を述べておこう。まず目につくのは、著者の筆が、登場人物たちの会話描写において研ぎ澄まされていることである。会話の微妙な趣《おもむき》によって、本書の小説的な時間が展開しているのである。これは、小説『ニグロ…』にも共通しているが、そこでは、黒人と白人女性との対話に小説的工夫があったのに対して、ここでは黒人と日本人女性との言葉のやり取りから微妙な空気の揺れが醸されている。もちろん、バスキアやナイポールが登場する章のように、日本人が出てこない章もあるが、冒頭の「カーマ・スートラ動物園」に登場する日本人女性たちによって本作品の主な時間的感性が全体に染み込み、それが日本人の登場しない章にも浸透して、複数の時空が縒り合わされている。**ラフェリエール的小説世界は、物語展開の面白さの追求ではなく、むしろ物語的脈絡を切断する様々なシーンの併置によって構成されているのである。そこに流れている繊細な感受性と目立たない知的戦略にこそ、ラフェリエールの小説の魅力があると言えよう。**

▲D・ラフェリエール
（1953-　）

そこにおいて**重要な仕掛け**になっているのが、**俳句である**ことは言うまでもない。少し大袈裟に言えば、俳句は随所に援用されることによって会話の時間的統一性を間接的に制御しながら、西洋的な小説世界とは異なる虚構性を開いている。もちろんのこと、それは日本文学の模倣というようなものではない。ハイチから政治亡命し、モントリオールという多文化的な国際都市で作家としての世界観を練り上げてきたラフェリエールだからこそ実現できる、古典的なヨーロッパ文学とも日本文学とも異なる独特な小説空間なのである。

（構成・編集部）

（たちばな・ひでひろ／フランス語文学・文化）

鶴見祐輔の次女であり、鶴見和子と俊輔の妹である著者の九十年の半生

看取りの人生

――後藤新平の「自治三訣」を生きて――

内山章子

鶴見家の人びと

私が生まれたとき、父、鶴見祐輔はちょうど衆議院議員に初当選した年で、私は激動の時代の政治家の家に生まれた。母、愛子は後藤新平の長女で、私の幼いときに過ごした家も後藤邸の敷地のなかにあったが、後藤新平は私が一歳足らずのときに亡くなっているので、記憶には無い。

姉の和子は十歳違い、兄の俊輔も六歳違いと歳が離れていて、特に姉とはいっしょに遊ぶことは無かった。私が十歳を過ぎるころには、姉も兄もアメリカに留学していて、それはこの時代には珍しいことだった。

その家で次女として育った私は、家族なのに、どこか「違う人たち」と暮らしているようだった。

父母は明治生まれ、姉と兄は大正生まれ、とそれぞれ日本近代化に特長のある時代を背景に、一人一人ひたぶるに自らの求めるものに従って生きた。

私と弟は昭和生まれで、大正デモクラシーの時代とは全く異なる時代背景のもと、戦争が始まり、その中で教育を受けた。特に弟は、父母のもとを離れ、学童疎開を経験している。

兄・鶴見俊輔、姉・鶴見和子

兄と父の葛藤は、父が脳梗塞で倒れ、言語を失い、体も不自由になってからも続いた。父は、医師の指示に従い、看護して下さる方々や日常の生活を支えて下さる方々との、父特有の知恵とユーモアによるコミュニケーションを巧みに保った。十四年半もの長い療養生活を父が明るく過ごした見事さに、兄は「父とのケンカは俺の負けだ」と言った。私も父を看取ることで多くを学んだ。人として最高の姿を子供たちに残した父であった。

姉が七十七歳で脳出血による左半身麻痺になり、それから十年半の療養生活を送らねばならなくなった時、兄と私は、姉を支えることになる。学問一筋にひたぶるに生きた姉は、自分の家庭をもたな

かったので、兄夫婦が懸命に姉の療養生活を支えた。発病後二年で、入居先の「ゆうゆうの里」の生活にも慣れ、また仕事をする日が戻って来てからは、姉は、死ぬその日まで自分でその記録をつけ続けられると信じていた。それが死の一月半前、背骨の骨折のため自分の手で記録することができなくなった。心ならずもその仕事は私の手に渡さざるを得なくなり、私は姉の指示に従って記録した。

▲左から兄・俊輔、母・愛子、膝の上に弟・直輔、父・祐輔、膝の上に著者、姉・和子（1936年）

　今考えると、「看取り」を書き記すことは、リベラルな家の「黒子」として育った自分の、導かれた運命だったのではないかと思う。

　姉を看取ったときは、これで、姉に惜しみない愛情を注いだ父に会わせる顔ができたと思えたが、この記録は決して家族に見てもらえるようには書けなかった。けれども書き上げるまで生きていられたことをありがたく思う。母から叩きこまれた後藤新平の自治三訣、「人のお世話にならぬよう　人のお世話をするよう　そしてむくいを求めぬよう」は、「人のお世話にならぬように人のお世話をするよう　そしてむくいを求めぬよう」という意味だと悟った。

（構成・編集部）

（うちやま・あやこ）

連載 金時鐘氏との出会い 5

チャプチュうまいんやで

野崎六助

金芝河に死刑が宣告された時代

「ローカン食堂、まだやってまっかいな」――おそらく、詩人と交わした最初の会話がそれだった、と記憶している。労働会館（ローカン）食堂は、四条河原町高島屋裏にあったが、わたしは、近辺に住んでいただけで、その「歴史」については、まったく知らない。コップ一杯八〇円の梅割り焼酎をカウンター席で舐め、三杯で足がもつれるという定説をくつがえそうと意気がって四杯目に挑んでいた二〇代半ばの礼儀知らずだった。

無理を押して、京都まで来ていただいたことが二度ほどあるが、その最初で、最後であっても不思議はない強引な依頼に応えていただいた時である。

韓国は朴正熙が維新体制を標榜していた時代だった。朴は、先日罷免された大統領の父親で、日本の士官学校で学んだ軍人だが、その数年後に、部下に射殺される。独裁後期の朴体制は、詩人金芝河に死刑を宣告し、その余波が日本にもおよんできた。金芝河、今は遠くに行ってしまった人だが、痛みなしにはこの名を記せないことに気づく。

われわれは（きわめて少人数のグループだったが）、ささやかに自分たちの現場から、問いを立てていった。つづめていえば「文学にとって死刑とは何か」となる。金芝河の翻訳詩集をガリ版でつくって頒布するなどもしたが、講演会のプランももちあがった。経過をいえば、最初に依頼をもちかけたのは、故鶴見俊輔氏だった。鶴見氏にはうまく断られてしまい、その代わりというわけでもないが、紹介していただいたのが、金時鐘の名前だった。そして、こちらは喪うものなど何もない強気さで依頼し、「金芝河の詩を語る」講演会が実現したのだった。知り合いの女性シュールレアリストに金芝河詩の朗読をやってもらい、これを前座として講演していただいた。

場所は、荒神口の教会。ここを借りて、教室に使っていた時期だった。事務局も機能していたし、大阪文学学校の分校として、まだ京都文学学校は存在していた。この時期は、「自主講座運動」の前期で、最盛期といえたかもしれない。今は誰ひとり語ろうともしない「歴史」だが、その時期に、「大阪文学学校理事会体制打倒！」のスローガンが出されていた。打倒することが可能だったかどうかは別として、逃れようのない現場に身をおいて、わたしは文学に囚われてしまった。思い出すと、じっさいに「打倒！」してやるべきだった破廉恥な輩の顔が目に浮かび、腹立たしくなるが……。

……ともあれ。講演はとどこおりなく実現し、前述の会話となったわけだ。当日、他のグループが妨害に現われる（?）といった話も耳に入ってきたが、ウワサだけで終わった。（他のグループといっても、民族排外主義集団のことではない。）

詩人の苦悶の表情

かれこれ二十年以上前になる。アングラ役者の桜井大造に連れられて、詩人の講演を聴いたことがある。場所は早稲田の近辺だった。講演の内容よりも、小松川事件に関する会場からの質問を、わたしに突然ふられて冷や汗をかいたことばかり記憶に残っている始末だ。というより、その質問を受けたさいの、詩人の苦悶の表情が印象深かったのだ。

二次会の席は盛会だった。「これ、うまいんやで。持って帰んなはれ」と、詩人がお土産に包んでくれたチャプチュ（春雨炒め）が重たかった。うまさだけでなく、韓国春雨の野太いのたくりぶりに、『猪飼野詩集』の哄笑がこもっているようでもあった。　（全文は第一巻月報所収）

（のざき・ろくすけ／作家、文芸評論家）

短期集中連載　石牟礼道子さんを偲ぶ　5

石牟礼さんのこと

坂本直充

苦悩するいのちとの共鳴

私は一九五四年に水俣に生まれ、水俣病事件を生み出した地域社会の中で生きてきました。石牟礼さんは水俣にあって、文学者であると同時に、現実の患者支援の大いなる実践者でありました。事件を引き起こしたチッソの強い経済的影響下にあった地域社会において、孤立していた患者に対する支援の行動を起こしていかれました。

一九六八年に患者支援の組織として水俣病市民会議が結成されましたが、その結成メンバーに石牟礼さん夫婦も参加されています。夫で中学校の教師をされていた石牟礼弘先生は、被害地域の学校を中心に勤務され、患者支援に生涯関わり続けられました。退職されてから、よく市内の喫茶店でお見掛けすることがありました。道子さんに電話をかけられた折、たまに「ほい、なおみっちゃん」と言って、私に電話を渡され、私が緊張して話をしていると、隣で笑って聞いておられました。気さくでやさしくて、決して表に出ようとされない方でした。患者支援の運動においては、道子さんのよき理解者であり同志であったと思います。

同苦という言葉がありますが、石牟礼道子さんは患者への単なる支援にとどまらず、患者に寄り添い、患者の苦しみをわが苦しみとされていたからこそ、患者の声を聞き書きとしてではなく、苦悩するいのちとの共鳴によって生み出された根源的なメッセージとして表現されたと思います。このように全存在をかけて取り組まれた水俣病事件の文学的表現は、水俣に住む私たち一人ひとりに対して、その人間としての存在の意味を問うものとなっていました。

私が『苦海浄土』を最初に読んだのは大学生の時でした。あなたはどう生きるのですか。あなたは水俣病事件とどう向き合うのですか。心がひりひりと痛みました。読み進むのに時間がかかりました。他の本とは違って、常に現実の水俣病事件を心に想起させ続ける問いかけの書でありました。私自身、問いかけられた者として、詩というものによって水俣を表現したいと思うようになったのです。

石牟礼さんの歩いた大いなる道

石牟礼さんといつ初めてお会いしたかは定かに覚えておりませんが、三〇数年前だったと思います。私は一九八〇年に二十五歳で水俣市役所に入りましたが、水俣病のことが知りたくて水俣病センター相思社等に行き、さまざまな方に話を聞きにいった折にお会いしたと思います。市役所にも『苦海浄土』に「水俣市役所衛生課吏員、蓬氏」として描かれた方や、水俣病市民会議の事務局長をされていた松本勉さんをはじめ、石牟礼さんと交流のある方々がまだ在職されていましたので、いろいろとお話を聞くことができました。

▲坂本直充氏
（1954-　）

石牟礼さんは『苦海浄土』の中の杢太郎少年をはじめ、胎児性水俣病患者の行く末をいつも心にかけておられました。古くからの友人である語り部の杉本栄子さんが理事長を務められた「ほっとはうす」という胎児性水俣病患者の方が通う施設を訪れたり、自分が行けないときには夫の弘先生にメッセージを託したりしながら、交流を続けておられました。

また、その著書や支援運動によって、多くの青年や学者をはじめ、さまざまな分野の人々が水俣病事件と出会う契機をつくられましたが、それは石牟礼さんでなければ担うことのできないことであったと思います。

最後に、私の詩集『光り海』を出すにあたり、前文を寄せて頂いたことは本当に感謝しています。二年半ほど前にお伺いして、水俣の古い地図を見ながら水俣のことを語り合い、楽しいひとときを持たせてもらいました。足がお悪いのに部屋の外までお見送りいただき、そのやさしさが心にしみました。

もう石牟礼さんはいないのです。大きな存在を失いました。

石牟礼さんの歩いた道は、誰も歩いたことのない大いなるものであったと感じています。

（さかもと・なおみつ／詩人）

短期集中連載　金子兜太さんを偲ぶ　4

「八鬼夜行歌仙　戦さあるなの巻」

永田和宏

歌仙の発句にこめた熱い思い

金子兜太さんとはずいぶんお会いする機会をいただいた。個人的に思い出すことどもも多い。そう言えば、どこかに「トイレ友だち」という題でエッセイを書いたこともあった。

なぜかトイレでよく出会う友人というのがあるもので、私の場合は、山中伸弥さんと金子兜太さんがそれにあたる。山中さんは京都大学にいたときの部屋が隣だったこともあり、いろいろ駄弁りながらトイレで連れションということがよくあった。金子さんを友人というのは畏れ多いが、朝日新聞で選歌をしていると、歌壇は四階、俳壇は地階のはずなのだが、「ぼくはこのトイレが好きでねえ」と、なぜか四階のトイレで一緒になったものだ。

そんないくつかの思い出話を書いてもいいのだが、この雑誌のこの場はもう少し真面目な場と認識しているので、ちょっと別の話題を書くことにする。

去年（平成二十九年）一〇月、朝日歌壇、朝日俳壇の選者八人が歌仙を巻いたことがあった。時間的にその場で句を作ることがむずかしく、あらかじめ作っておいた句について、それぞれがその句に込めた思いを語り合うという催しであった。

歌仙は金子兜太の発句から始まった。

戦さあるなと起きて花野を歩くなり

発句は挨拶句とも言われるように、連衆やその場に集う人々への挨拶の句でもある。脇が付けやすいように作るのが普通だが、金子さんの発句は挨拶というよりは、いきなりこの歌仙の主題を直球で提示したかたちである。脇は発句と同じ季、同じような発想で付けることを要求される。捌《さば》きの長谷川櫂からは、私に脇を付けろと指示がまわっている。これには困った。

雁渡るあゝいつか来た道

発句が「花野」と秋の季語から始まっているから、当然「季」は秋だが、生半可な挨拶では弾き飛ばされること必定の発句である。「戦さあるな」という金子兜太の熱い思いに応えるかたちで、いまの日本は「いつか来た道」に近い危うさを「あゝ」歩んでいることよ、と付けたのであった。

歌仙は「八鬼夜行歌仙　戦さあるなの巻」と名付けられたが、金子兜太が発句に込めた思いは、三六句の展開のなかで何度も変奏として顕《た》ちあらわれることになった。

俳人としてのブレない芯

この発句から、私たちは直ちに「アベ政治を許さない」という、あの太字のプラカードを思い出すだろう。澤地久枝さんの依頼に応えるかたちで金子兜太が揮毫したものである。二〇一五年の安全保障関連法案などへの反対行動において全国いたるところで見られた字である。金子さんの発句には、挨拶句などというルールより、自分がいまいちばん危惧していることを詠むことこそが自分には一大事なのだという、ブレない芯が岩頭のように露出している。

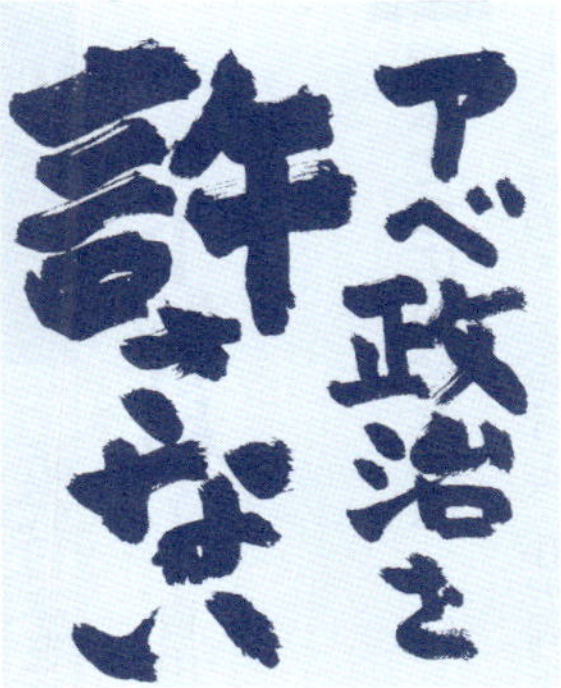

この芯の直線性が俳人金子兜太の本質であった。「知的野生」などと言いつつ、講演などでも下ネタがふんだんに飛び出し、「去年今年男根ゆれて精おぼろ」などといわゆる「摩羅句」も数多い金子兜太であったが、その芯にあるものは、まぎれもなく、

水脈《みお》の果《はて》炎天の墓碑を置きて去る

であった。昭和二十一年、捕虜一年余を終えて、トラック島からの最後の復員船で帰還する際の歌である。「炎天の墓碑」を置き去りにして帰る自分。置き去りにされた「普通の」人々への鎮魂。以後の代表作、

湾曲し火傷し爆心地のマラソン

原爆許すまじ蟹かつかつと瓦礫あゆむ

など、金子兜太の反戦の思いはすべて「炎天の墓碑」に発していると言えるだろう。最後の機会となるはずだった八月の「八鬼夜行歌仙」には、遂に出ることができなかった金子さんであったが、それ故にいっそう「戦さあるな」のメッセージはわれわれに強く残り続けるのである。

（ながた・かずひろ／歌人、細胞生物学者）

リレー連載　近代日本を作った100人　52

木下韡村《きのしたいそん》

——自由闊達な塾から多くの人材を輩出

井上智重

熊本での広い交友関係

木下韡村のことを思うと、藤沢周平の世界が浮かんでくる。

父は肥後国菊池郡今村の庄屋で、村の子たちに読み書きを教えている。母は商家の出である。長男の韡村（宇太郎）は学問ができ、百姓の身分ながら、熊本藩校時習館に通い、名字帯刀を許される。天保六年（一八三五）、藩主細川斉護《なりもり》の世子、慶前《よしちか》の教育掛に選ばれ、江戸詰となる。国元にはすでに妻子がいた。江戸詰重役は溝口蔵人。世子のお付き清成八十郎は剣術の達人。さらに窪田治右衛門という武家もいる。窪田は熊本城下の江口道場の息子だが、大百姓の娘と出郷、武家株を買い、関東代官の羽倉外記《はぐらげき》の配下となっていた。窪田の父は家老の溝口家の陪臣だが、もともと日田代官の吏員の家に生まれ、姉の子が川路聖謨《としあきら》である。つまり窪田と川路は従兄弟であり、韡村が上屋敷に行くと、窪田がいた。そこに時習館居寮長を追われた横井小楠（平四郎）が江戸遊学にやってくる。

松本健一も指摘しているように藤沢周平の武家ものでは塾や道場が大きな意味を持っている。次男、三男はそこで頭角をあらわし、一家を成すか、婿養子に行かないと、やっかい叔父として生涯を兄の家で送るしかなかった。横井小楠も次男で、学問は出来るが、頭が切れすぎ、酒癖も悪く、婿養子の声がかからず、家督を相続したのは兄の死後だ。

江戸に出てきた小楠は水戸藩の藤田東湖の忘年会の席で酒失事件を起こす。財布から金をこぼすほど酔っ払い、悪いことに武家を殴っている。すぐに発覚し、帰国を命じられるが、韡村に取り成してほしい、と手紙で頼む。「親友ではないか」と。しかし韡村にはどうしようもない。小楠は手紙で「そなたが告げ口したのだろう」と言い出し、「絶交だ」と一方的に宣言している。

韡村は佐藤一斎の門下に入り、同郷出身の儒学者松崎慊堂《こうどう》のもとに出入りし、安井息軒、塩谷《しおのや》宕陰《とういん》（いずれも儒学者）、それに羽倉簡堂（儒学者、代官）、佐久間象山らと交流した。ことに息軒、宕陰とはいつもつるみ、隅田川に舟を出し、花火見物をしたのはよかったが、舟が沈没、四日間かけ刀や脇差を探したという話が日記に出てくる。韡村の日記には藩邸の様子や幕府の動向、異国船の出没はもちろん、海外事情もことこまかく記している。黒船が浦賀に現れたときは現地に出かけている。筆まめで、よく手紙も書いている。実学派といわれる荻昌国、元田永孚、下津休也などとも手紙を交わし、父が重篤となり、熊本に帰ったとき、絶交したはずの小楠が訪ねて来て、夜遅くまで話し込んでいる。

塾から多彩な人物を輩出

嘉永元年(一八四八)四月、世子の慶前が二十三歳で死去、韡村は悲嘆に暮れるが、時習館訓導を命じられ、私塾韡村書屋を開き、後進を育てるという別な人生が始まる。

安政六年(一八五九)十月、長岡藩の河井継之助が西国遊学の途中、備中松山藩の山田方谷に手紙を託され、韡村を訪ねている。方谷は大百姓出身で、学問で才能をみとめられ、藩の参政に上りつめた儒者だが、息子の教育を韡村に託したいという内容だった。畳や障子は傷み、衣服など万事質素。時習館に勤めているが、「三等目の役」で、「何、もう子供の世話でも致す様なる事」と話す。「その人温和、丁寧真率、さらに儒者らしくなく、始めて会いたる人の様にこれなく、如何にも実学らしき人なり。何となく慕わしき人なり」。塾の方から読書の声が聞こえて来て、よほど読める人もいる様子。寮は三棟あり、家塾でこんなに大規模なのは初めて見たと河井は記している。

小楠門下の安場保和、嘉悦氏房も学び、家老の長岡監物は次男の米田虎男(侍従長)や陪臣の井上毅(文部大臣)を入塾させ、医家の古荘嘉門(一高校長、国会議員)、天草人の竹添進一郎(外交官、東大教授)、息子の木下広次(京大初代学長)、自由民権の宮崎八郎、有馬源内、時代は下るが、北里柴三郎と、わが国の近代化に尽くした多彩な人物が出ている。自由闊達な雰囲気がみなぎっていたのだろう。維新へと国を突き動かした背景には、農村に知性ある人物が台頭してきたこともあろう。

(いのうえ・ともしげ／くまもと文学・歴史館前館長、ノンフィクション作家)

▲木下韡村(1805-1867)
名は業廣、字は子勤、号は韡村、犀潭、澹翁。通称宇太郎のち真太郎。時習館居寮長後、四年間江戸に遊学。天保六年(1835)、細川斉護の伴読となり、中小姓格に。蔵米百石。藩主の参勤交代に随行し、六回に及ぶ。その間、世子慶前の教育も。嘉永二年時習館訓導となる。幕府から昌平黌教授に請われたが、断る。韡村の弟助之は玉名の伊倉木下家の養子となり、その孫が木下順二。

連載 今、世界は（第V期）3

メドベージェフ氏の効用

木村汎

　五月七日、第四期目の政権を開始したプーチン大統領は、ドミートリイ・メドベージェフ首相を再任した。同首相は、政権反対派のナヴァーリヌイ氏らによって不正蓄財、超豪華別送の新築などの疑惑で批判され、今や評判が芳しくない政治家である。加えて、現ロシアが直面中の経済的停滞を打開するためには、是非とも交替させて然るべき人物だろう。にもかかわらず、プーチン氏はメドベージェフ氏の続投を決した。

　なぜだろうか？　メドベージェフ氏がプーチン氏の言いなりになる忠実無比の部下だからである。実際、これまで彼はプーチン氏に次のような貢献をおこなってきた。

　第一。己が名義上大統領に就いていた時期にロシア憲法を改正し、次に大統領に戻る予定の人物、すなわちプーチン氏が一期四年でなく六年間大統領の地位に留まれるよう任期を延長した。

　第二。敢えて北方領土の国後島などを度々訪問した。このような悪玉役を買って出て、日本に対しプーチン氏の善玉ぶりを際立たせた。プーチン氏は、以下のように主張しうる。メドベージェフ氏のようにハト派に見える政治家ですら、日本への領土返還には強く反対する。したがって、柔道を愛する親日家の自分が提案する二島返還は、ロシアがなしうるギリギリ精一杯の妥協である、と。

　第三。メドベージェフ氏は、己の任期が終了するや些かも躊躇することなくプーチン氏に大統領ポストを返上した。

　プーチン氏は、メドベージェフの忠誠ぶりを高く評価するばかりではない。今後同氏に次のような貢献を期待している。

　もしプーチン第四期政権にたいする国民の支持率が落ちる場合、メドベージェフ首相を「スケープ・ゴート（生けにえ）」に仕立て上げ、自分は責任を回避する。そのような事態が発生しない場合でも、プーチン氏は二〇二四年に大統領ポストを辞任せねばならない。その場合、メドベージェフ氏を傀儡大統領に祭り上げ己が院政を敷くことをもくろんでいる。

（きむら・ひろし／北海道大学名誉教授）

■〈連載〉沖縄からの声［第Ⅳ期］4

沖縄・琉球の精神文化 3

ヤヘー神と龍宮神

ミュージシャン　海勢頭《うみせど》 豊《ゆたか》

六月二三日は、沖縄戦で亡くなった人たちを追悼する慰霊の日であった。今年も糸満市摩文仁《まぶに》の平和祈念公園では、沖縄全戦没者追悼式が行われた。園内にある平和の礎《いしじ》には、国籍を問わず二四万余の戦没者の名が刻まれている。その平和の礎と沖縄県平和祈念資料館は、昨年六月一二日に他界された大田昌秀さんが、県知事時代に完成させた平和行政の実績であった。

そして、もう一つ忘れてならないのが、永遠に灯り続けることを願った平和の火である。この平和の火は、広島と長崎、そして、一九四五年三月二六日、米軍が最初に上陸した阿嘉島で、島の神女によって採火された火と合わせたものであった。風光明媚な慶良間諸島座間味村の阿嘉島だが、久高《くだか》島や伊《い》平屋《へや》島と同じく、神の島と呼ばれてきた。戦時中も、神女たちの力が強かったようで、皇軍の意向に背き、忠魂碑の建立を拒んだという。そのお陰か、座間味島や渡嘉敷島で起きた集団強制死は発生しなかったが、朝鮮人軍夫七名が日本兵に虐殺されるという、別の悲劇が起きていた。また、七名の朝鮮人慰安婦がいたことも調査で分かった。

そこで、ここ一〇年間、毎年阿嘉島に渡り、韓国の友人たちと一緒に「アリラン平和音楽祭」や「合同慰霊祭」を行ってきた。一度は、金時鐘《キムシジョン》先生と藤原良雄さんもご一緒したことを思い出す。今では、観光客で賑わう阿嘉島だが、この島が何故神の島と呼ばれるのか、驚くべきことが分かってきた。島のノロや神女によって執り行なわれる六月ウマチーや海御願《うみうがん》、そして、ノロ殿内《どんち》での島願いの祭りが、龍宮神への感謝と、平和・安全・豊穣の願いであることは言うまでもないが、何より、かつてこの島では、「ヤヘー神」*が真実の神と信じられ、祭が演出されていたことである。

ところが、戦前、学校教育が普及し、知識人が島の指導者として現れたことで、迷信追放と生活改善運動が急速に高まり、それが渡嘉敷島から座間味島に波及し、とうとう神は消滅してしまう。しかし、阿嘉島にだけは、その後も神は来訪し、しばらく祭が行なわれたという。

*古代から沖縄以南の諸島の人々が信仰していた宇宙創造の神（ヒャー神）の名から来ている。

Le Monde

■連載・『ル・モンド』から世界を読む［第Ⅱ期］23

研究大国　中国

加藤晴久

　四月号で「スパイ大国 中国」を取り上げた。他国の企業機密を盗むことは自国の科学研究の進歩に貢献するから、まったく無関係ではないが、いまや中国はアメリカに次ぐ研究大国なのである。

「二国の経済力・軍事力・外交力・文化力は科学技術にその源泉がある」との観点から、フランスの科学技術観測所（OST）が四月に出した報告書「フランス科学の国際的位置二〇〇〇〜二〇一五」が、世界の主要な学術誌に発表された論文数をもとに、二一世紀初頭の一五年間の各国の科学研究の推移をたどっている。なによりも顕著な事実は中国の「ブルドーザーのような」目覚ましい進出。

　中国の武器の第一は投資。二〇一四年時点で国内総生産の二・〇五%を研究開発費に充てている（フランスは〇・八%）。第二は研究者数の急激な増大。そして、特に米国、またその他の国々で活躍する多くの中国人、また中国系の研究者。彼らのお蔭で国際的共同研究が推進されている。かくて、一九八〇年には、世界の科学論文総数の一%に過ぎなかったのが、二〇〇〇年には八位、二〇〇六年にはアメリカに次ぐ二位の座を占めるにいたった（論文総数の一六%）。研究論文のインパクトと引用回数ではやや劣るが、論文総数の多さが寄与して、引用される論文数でもアメリカに次いで二位を確保。

　論文数だけでない。「中国の研究機関は、遺伝学から宇宙物理学まで、最先端の研究領域すべてに参画している」。研究分野別の論文数のランキングで基礎工学は、二〇一一年、基礎生物学を越えて、医学、化学に次いで三位に浮上したが、これは中国で基礎工学が躍進しているためである。数学の論文数でも中国はアメリカに次いで二位である。

　この一五年間でもうひとつ顕著な現象は、インド、イラン、ブラジル、韓国、スペイン、イタリアの台頭と、日本の凋落。ずっと二位だった日本は二〇〇六年に中国に、二〇一〇年に英国に、二〇一一年にドイツに抜かれて五位に転落した。「巨額の投資にもかかわらず」。四月七日付『ル・モンド』の記事を紹介した。

（かとう・はるひさ／東京大学名誉教授）

■連載・花満径　28

大伴家持と征役詩

中西　進

それにしても、大伴家持は中国古代の征役詩を知っていたのだろうか。知らないままに聖武天皇も大伴一族の言立てを引いて、詔を発したのだろうか。

しかし天皇はもちろん、当時の役人ならほとんどの人が『詩経』を読んでいただろう。事実『詩経』や『論語』など周代の学術は、当時日本の官僚のお手本だった。

その中でとくに家持は武門の嫡男であるばかりか、実際に『万葉集』巻十九の巻末記を『詩経』の征役詩たる「出車《すいしゃ》」を引用しながら書いている。巻十九の冒頭の歌も同じ『詩経』の国風詩「桃夭」の詩にもとづいて作られている。

そればかりでない。上掲の「出車」の一つ前に並んでいる「采薇《さいび》」も征役詩だが、これまた六連の詩の内、前半の三連は出征する夫と残される妻の問答から成り立っている。たとえば第一連は、次のごとくである。

(妻)　薇《わらび》を採《と》ろう　薇がもう固く
　なってしまう　すぐ帰れすぐ帰
　れ　歳が晩《く》れないうちに

(夫)　王命は止む時がないから安住する
　ところもない　悲しみを抱きな
　がら征《ゆ》きて帰ることもできない

もともと各地方官が集めた防人歌の中の一部、武蔵の国の兵士の歌に、夫との妻との問答があるのは、家持がこれに倣ったからではないか。全体として、防人歌の大半は一人一人の歌だが、東歌は作られた後に一首ずつの短歌として整形されたらしいことが知られている。

そもそも『詩経』「小雅」の歌は歌舞された曲の詞だといわれる。『万葉集』にも、同じような段階がしのばれる旅立ちの折の歌がある。

このように、家持も地方官たちも『詩経』の征役詩をよく知っていればこそ、夫婦唱和の歌も防人歌へとり入れ、より多く、防人の歌を相聞歌で埋めたのではないか。

そうであってこそ、家持が管理した防人歌が『万葉集』に突如顔を出す不自然さも納得がいくし、そのすべても聖武天皇の知るところだったと思われる。

(なかにし・すすむ／国際日本文化研究センター名誉教授)

〈連載〉生きているを見つめ、生きるを考える ㊵

若者を生かす難しさ

――シュワンを例に――

中村桂子

先回紹介した神経膠細胞（グリア）の一つである、末梢神経にあるシュワン細胞の発見者T・シュワン（一八一〇―五二）が興味深い。

短期間に連続して大きな発見をしているのである。まず一八三六年、二十六歳の時に豚の胃液から、肉を溶かすはたらきをもち熱で失活する物質を発見、「消化」を意味するギリシャ語ペプトスに因んで「ペプシン」と名づけた。今では常温の生体内で化学反応が進むために不可欠な酵素の存在はよく知られているが、そのきっかけとなった研究といえる。

二十七歳の時には、アルコール発酵が酵母によって起きることを見つけている。パストゥールがこれを主張し、ドイツの著名な有機化学者リービッヒの「生きものなど無関係」という考えと闘ったという話はよく知られている。それより早くシュワンは同じ結論に達しており、同じドイツ人であるためにパストゥール以上にこっぴどくやっつけられ学界で冷たく扱われたらしい。

しかし、その中でもシュワンの才能は展開する。一八三九年には生物はすべて細胞を基本単位としているという細胞説を提唱した。その前年、シュライデンが植物についての細胞説を出しており、彼と話し合ったシュワンは脊索細胞を顕微鏡で観察し、動物も細胞が単位であると確信したのだという。そして、先回のシュワン細胞の発見である。

二十代の若者が酵素、発酵、細胞、神経という現代生物学の基礎で重要な発見を次々と行なったことに驚く。しかもそこから「代謝」という言葉も生み出している。ところが、当時の学界の権威たちに認められず、今も業績の割にその名は知られていない。科学も世俗から離れたものではないということかもしれない。

すべての生きものは細胞から成り、その活動を支える代謝の鍵となるのが酵素である。発酵も酵素のはたらきで進められている。シュワンは、生きているとはどういうことだろうという基本を考えていた人であり、その思いは神経のはたらきにまで及んでいたのである。

（なかむら・けいこ／JT生命誌研究館館長）

連載

国宝『医心方』からみる　16

ドクダミの効罪

槇　佐知子

どくだみや真昼の闇に白十字　茅舎《ぼうしゃ》

十薬の匂ひにおのれひき据える　多佳子

梅雨の露地の垣の下に、ドクダミが咲いている。ドクダミ科多年草のドクダミは、ハート型の濃緑色の葉の間から伸びた茎の上に純白の花と見まがう十字の苞《ほう》をひらき、中心の柱状の花序に黄色い小花をびっしりと咲かせている。もしも強烈な臭気さえなければ、観賞用の花としてもてはやされるだろう。

ドクダミとは毒止めの意で、江戸時代からの名称という。地方によってジゴクソバ（武蔵）、ドク草（上野《こうづけ》）、シビトバナ（駿河沼津）、ドクナベ（越前）などの名があった。

民間薬として古くから広く知られ、解熱・解毒・利尿・胃腸薬に煎じて内服したり、葉を揉んで傷や化膿症の手当てに用いられて来た。私の母も肌のきれいな子を生みたいと、妊娠中に煎じて飲んだという。

多様な効能があることから「十薬」とも呼ばれる。日本独自の薬草とする説もあったが、中国では「蕺《じゅう》」と書き、古代から薬用にされていた。

それだけでなく『医心方』巻三十「食養篇」の五菜部には、四五位に採録され、和名を之不支《しふき》としている。

▽たくさん食べると息切れがする　（本草）

▽身体によくない。肺気を閉ざす　（陶弘景）

と、効能ではなく害を説き、同書にはないが孟詵も長期の食用を戒めている。

貝原益軒は『大和本草《やまとほんぞう》』（一七〇三）で、「駿州甲州の山中の村民はドクダミの根を飯の上に置き、蒸して食べた」と記す。食用としてはあまり良くないが、薬としては秀れているのであろう。

『中葯大辞典』は魚腥草《ぎょせいそう》の一名を蕺とし、六月から九月に採取した全草を乾燥して煎じたり、新鮮なものを搗《つ》いた汁などを内服・外用薬として、抗菌・抗病毒・免疫力増強の作用を認めている。その対象は肺癰《はいよう》吐膿、肺熱喘咳《ぜんがい》、癰腫《ようしゅ》瘡毒、痔瘡、熱痢、水腫、帯下《こしけ》、疥癬などの主治である。

中国では長江以南に分布しているという。

（まき・さちこ／古典医学研究家）

六月新刊

公共と交易の視座から新しい国家像を提示!

評伝 横井小楠

未来を紡ぐ人 1809–1869

小島英記

「おれは、今までに恐ろしいものを二人みた。それは横井小楠と西郷南洲だ」（勝海舟）

「日本に仁義の大道を起こさねばならない。強国になるのではない。強国があれば必ず弱国が生まれ、侵略するからだ。この道を明らかにして世界の世話焼きにならねばならぬ」（横井小楠）

四六上製 三三六頁 二八〇〇円

西洋史を貫くプラトニック・ラヴ幻想

処女崇拝の系譜

A・コルバン

山田登世子・小倉孝誠訳

現実的存在としての女性に対して、聖性を担わされてきた「夢の乙女」たち。「娼婦」「男らしさ」の歴史を鮮やかに描いてきたコルバンが、神話や文学作品に象徴的に現れる「乙女」たちの姿をあとづけ、「乙女」たちに託された男性の幻想の系譜を炙り出す。

カラー口絵8頁

四六変上製 二二四頁 二二〇〇円

21世紀日本の社会科学は、"市民社会論"再検討から

市民社会と民主主義

レギュラシオン・アプローチから

山田鋭夫・植村博恭・原田裕治・藤田菜々子

民主主義が衰退し、社会経済的な不平等が拡大している今、戦後日本における"市民社会"の実現に向けて、内田義彦、都留重人らとその継承者が経済学、社会科学においてどのような価値を提示したかを探る。

A5上製 三九二頁 五五〇〇円

初の本格的評伝

竹下しづの女

理性と母性の俳人 1887–1951

坂本宮尾

「「女人高邁芝青きゆゑ蟹は紅く」（しづの女）——それまでの女流俳句の通念を見事に打ち破った勁利な美質に、私はおどろき、たちどころにしづの女俳句のファンになったものだ」（金子兜太）。職業婦人の先駆けであり、金子兜太、瀬田貞二らを輩出した「成層圏」誌の指導者であった生涯をたどり、難解で知られる俳句を丁寧に鑑賞。

口絵カラー4頁

四六上製 四〇〇頁 三六〇〇円

読者の声

「海道東征」とは何か■

▼この一大交声曲は、私は今だにほぼ全曲覚えて居る。

北原白秋と信時潔の名コンビによるこの曲をもう一度歌いたい。

（東京　那須信彦　86歳）

百歳の遺言■

▼大田堯先生、中村桂子さん共々お元気な写真と対話、文章に励まされました。どうぞおからだお大切に。

『田中正造全集』（岩波書店刊）の正造の言葉（日記・書簡・論稿）と、お二人の対話が、みごとに一致することに驚いています。正造の明治三十五年から大正二年（没年）に至る非戦・無戦・世界軍備全廃の平和論にも合致します。「教育」と「　」付にしたことが、とりわけ意味深く、情報は、文化財、教材より、さらにトータルで大きい、とも学びました。先生、群馬の人々も各々生きつづけています。

（群馬　NPO法人 田中正造記念館（理事）松本美津枝　82歳）

▼大田堯さんの学習権の考え方は大へん魅力的です。

父が読んだ後は、教員をしている息子にプレゼントしようと思っています。（北海道　井須史朗　67歳）

▼どうしたら健康で、認知症にもならず暮らせるかの類の本も色々買いましたが、それはそれとして、もう少し深く、生きていることの意味を考えたいと思っていました。読了後、自分が受けてきた教育のこと、そして子供（三人）を育ててきた親として、はっとさせられることが多々ありました。お二人が大切と考えられていることが、私にも理解できたことはとても嬉しいことでありますが、残念でもあります。もう人生の終り近くにいることとも言えますが、そのことも、一昔前のようにではなく未だ一〇年二〇年あるかもしれないと思い、自分をふるい立たせなくてはなりません。自分の中の「～をやりたい」という欲求を今まで我欲と思い罪悪視していましたが、思い切って生きていくことと致します。感謝しつつ。（埼玉　髙橋宣子　82歳）

資本主義と死の欲動■

▼感想、非常に難解であった。

経済理論と精神分析、互いに相容れないものと感じていたことが、フロイトとケインズのつながりを興味深く感じ取れた。

（長野　団体職員　吉原瑞穂）

完本　春の城■

▼『春の城』は『苦海浄土』とともに私にとってただならぬご本となりました。原城で死んだ先祖たちが乗り移ったと道子さんは言われました。私は、その道子さんとつながっていると思いました。南と北とにこんなに離れているというのに――辺境に生きた先祖を持つ、というつながりです。人生がそっくり変わったという感動の中にいます。

（青森　伊藤二子　92歳）

無常の使い■

▼「苦海浄土」は四読していたが、その他の作品に進んでいかなかった。作者の没後、記事の中にこの本があることを知って、拝読。美しく、静謐《ひつ》な魂と言葉が随所にあり、あの世とこの世があることを冷静に受け止められた。人の死は哀しく切ないが、怖いものではないと感じた。

（大阪　府立高校再任用教諭　小原邦一　61歳）

苦海浄土　全三部■

▼市の図書館で二度、三度、借りて読了。どうしても、時折触れたい、忘れないで心に留めて、他者のため

に祈りたい、こんな本でした。もっと深く、人間を、未来を、考えなければいけないと、そう思わせてくれた本です。この気持ちを忘れないために購入しました。宝物ありがとう存じます。

（福島　主婦　**佐藤朋子**　58歳）

▼まだ半分くらいしか読んでいませんが、すばらしいですね。私は佐賀の出身で熊本の方言はよく分かるので、よさがわかるのかもしれません。

農耕以前のホモサピエンスが幸せだった頃の魂が、悲しみを昇華してくれるのかもしれません。

（東京　会社員　**井手健博**　55歳）

米軍医が見た占領下京都の六〇〇日■

▼分厚くて、何だか難しそうと勝手に決めていたのですが、実際に読み始めたら面白くてあっという間に終わってしまいました。掲載されていた写真は、自分自身が持つ小さい頃の写真に通じるものがあるせいか、とても懐しい気持になりました。主に紹介されたのは、物心つかない頃の京都の状況ですが、私が育った神戸ともさほどの違いはなかったでしょう。ああ、こんな時代に育ったのだと感慨深いものがありました。亡くなった母にもっと色々なことを訊いておくべきだったと、この本を読んで後悔しました。

（東京　主婦　**保科慧子**　70歳）

出雲を原郷とする人たち■

▼富山では、移住者を〝旅の人〟と呼ぶ（古い言い方ですが）。関東から移り住んだ私は、旅の人。古代の〝旅の人〟の足跡をたどる、この本は、日本海側を旅する感覚で読めて、面白い。

越中国の頁では、まさに私が住み、毎日通っているエリアが、出雲族が開拓したと書かれていて、驚くと共に、興奮した。一昨日、熊野神社に行ってみたが、立山連峰が美しく、ここに神社が建てられたのに納得。四号古墳も、写真より整備が進んでいます。岡本先生に、現地で話が聴きたい！　是非、富山に、また来て下さい、とお伝え下さい。

（富山　NPO団体職員　**鎌形由紀**　59歳）

岡田英弘著作集（全8巻）**■**

▼高等学校の世界史の学習指導要領では、「東アジアの歴史」として扱うべきところ、未だに「中国の歴史」という編をおく教科書があります。これは、メソポタミアの歴史を扱う際に「イラクの歴史」と称するのと同じことです。岡田さんの歴史観がもっともっと教育に反映されることを望んでいます。

（京都　元高等学校教員（理科）
（現在大学非常勤講師、教科書編纂委員）　**斉藤正治**　65歳）

自由貿易という幻想■

▼自由主義経済の旗手、米国の大統領が保護貿易を唱え、今も「成功」している共産主義国家中国の国家元首がその拡大市場経済圏「一帯一路」への参加を各国へ呼びかけるという一昔前には想像すらできなかった時代となった。前者は、世界最強の軍事力を背景とするドル決済によるグローバル経済の行き詰まりを象徴し、後者は、米国に一六〇年以上遅れた「西部開拓」を今やアフリカ大陸にまで押し進めている姿と言えなくもない。両国は政治体制のちがいにもかかわらず、統治上の事情から再分配政策を後回しにするがために、「国民の反乱」を防ぐ上で高度な監視システムと多数の刑務所群をもつ強大な警察権力と継続的な経済成長を必要とする点において共通している。日本はどのような社会に向かうのか、七年前に購入した本書を読みながら心配になってくる。

（東京　科学技術文献抄録員（新技術情報（株））　**児島慎一**　58歳）

機 no.313■

▼黄泉に旅立った（しかもあいついで）二人、それは石牟礼道子と金子

兜太。率直に言って、私は歌も俳句もしらない非才だが、折にふれてその二人の「発言」を目にしてきたつもりである。その発言は常におのがじし専門分野をこえる、いわばひとりの人間としての今の日本の現実のあらゆる負の否定現象を凝視し、告発することだったと思う。歌も俳句もしらない私は、その中から多くを学んだことを今さらながらふりかえりつつ哀悼をささげるものである。

『機』三二三号表紙と「出版随想」の二つの文章を貫き通底する基調とも、そのことはひびきあっていることを強く感じいったしだいである。

（香川　**西東一夫**　82歳）

石牟礼道子さまへ■

▼前略　石牟礼道子様の死をお悼み申し上げます。

あのお美しくてお強かった道子様、数々の業績をこの世に残され、二月十日、天に召されて行かれたそうで淋しく思うばかりです。私こと道子様の御著書の膨大さにダイジェスト的な読み方しか出来ませんが、ご趣旨は民衆の琴線に触れてやまないことでしょう。

心から深くご冥福をお祈り致します。　かしこ

（山口　**伊豆ヤス子**）

※みなさまのご感想・お便りをお待ちしています。お気軽に小社「読者の声」係まで、お送り下さい。掲載の方には粗品を進呈いたします。

書評日誌（四・二九〜五・二七）

㊟ 書評　㊕ 紹介　㊔ 関連記事　Ⓣ テレビ　㋑ インタビュー

四・二九　㊟河北新報「敗走と捕虜のサルトル」（「文学青年の姿リアルに」／陣野俊史）

四・二九〜　㊕共同配信「もう「ゴミの島」と言わせない」

四月号　㊟オキナワグラフ「もう「ゴミの島」と言わせない」（「産廃90万トン撤去実現までの不屈の闘い」）

五・一　㊕産経新聞［いま、なぜ金時鐘か（大阪）］（「メモ」）

㊟望星「詩の根源へ」（「『魔法の言葉』を取り戻せ」／佐藤康智）

五・二　㊟聖教新聞「詩の根源へ」（「文学のありよう模索する論稿」）

㊕週刊東洋経済「もう「ゴミの島」と言わせない」

五・三　㊟毎日新聞「胡適」（「思想と行動を丹念に跡づけた基本文献」／加藤陽子）

五・七　㊕読売新聞［後藤新平賞］

五・八　㊔現代女性文化研究所ニュース［伊都子忌］（「国会は揺れている」／岡田孝子）／［石牟礼道子］（「編集後記」／岡田孝子）

五・九　㊔毎日新聞「金時鐘コレクション」（「詩人・金時鐘さん選集　配本開始」／「業苦と慈悲　魂の軌跡」／「在日朝鮮人運動で葬られた『日本風土記Ⅱ』一部復元」／有本忠浩）

五・二〇　㊕毎日新聞「百歳の遺言」

五・二二　㊟公明新聞「プーチン——外交的考察」（「多様な側面を持つロシア理解」／下斗米伸夫）

五・二四　㊔中国新聞「風魂」（「パンフルートの魅力つづる一冊」／「廿日市の岩田さん　40年の歩み」／山瀬隆弘）

㊔朝日新聞「敗走と捕虜のサルトル」（「福岡伸一の動的平衡」／「サルトルが呼びかけたもの」／福岡伸一）

五・二五　㊕ちぇっくCHECK「鄭喜成詩選集　詩を探し求めて」

五・二六　㊕東京新聞（夕刊）［後藤新平賞］

五・二七　㊟毎日新聞「明治の光・内村鑑三」（「存在は一つの社会的事件」／村上陽一郎）

八月新刊予定

＊タイトルは仮題

「私たちも同じ船に乗っている」

トモダチ作戦の慟哭

空母ロナルド・レーガン被ばくの真実

山田國廣

緊急出版!!

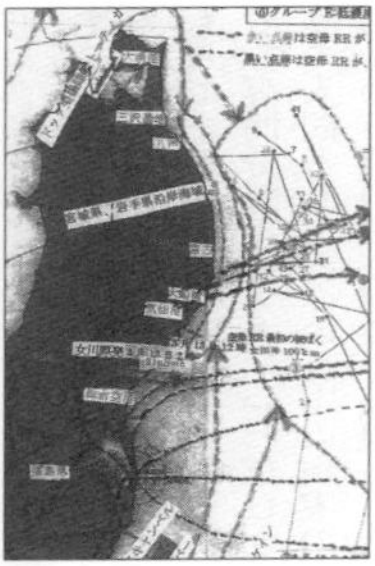

二〇一一年東日本大震災で、米軍"トモダチ作戦"メンバーは、原発から180㎞の距離にいたにも拘らず福島第一原発事故の放射能プルームを通過し、裁判原告中の死者九名、将来の健康補償五千億円の訴訟に発展した。同じプルームは陸にも同様の被害をもたらした筈だ。広範囲・全臓器への影響を綿密な証拠を示して明かす。

だから、核と人類は共存できない

医師が診た核の傷

現場から告発する原爆と原発

広岩近広（毎日新聞特別編集委員）

広島・平和公園にある「原爆の子」の像

一九四五年八月六日広島、八月九日長崎。原爆症という人類未知の症状に挑戦し、占領軍に活動を阻まれ、自らも同じ症状に苦しみながらも、その特徴と治療、非人道性について証明し、裏付けした、十一名の現場の医師たちの渾身の告発。多重がん、遺伝子への不可逆的損傷……同じ症状は、チェルノブイリ、フクシマ等原発の現場でも問題化されている。

鮮烈に時代を切り取るモード論を集成

モードの誘惑

山田登世子

一昨年、惜しまれつつ急逝したフランス文学者、山田登世子（1946-2016）。文学はもちろん、文化、芸術、衣装、風俗といったテーマに鮮やかに切り込んできた著者の膨大な単行本未収録原稿から、「モード」「ブランド」に関わる論考を精選。モードを一過性の流行現象に押しとどめることなく、人間の心性の表れとして捉え、歴史理解にフィードバックする、著者ならではの視点が発揮された名文集。

三回忌記念出版

最高裁長官も務めた国際法学者の全貌

横田喜三郎 1896-1993

現実主義的平和論の軌跡

片桐庸夫

戦前から戦後、独自の安全保障論を唱えた国際法学者、横田喜三郎（1896-1993）。満洲事変批判の論客ながら、戦後は天皇制批判から天皇肯定に転じ、「毀誉褒貶」を浴びた横田を生涯貫いた思想とは？

長らく待たれていた新版、遂に刊行

近親性交とそのタブー〈新版〉

文化人類学と自然人類学のあらたな地平

川田順造 編

世界的水準における初の学際的インセスト・タブー論。長らく絶版だった本書を、川田順造氏による「新版への序」を付し新版として刊行。

7月の新刊

タイトルは仮題、定価は予価。

遺言 増補新版 *
斃れてのち元まる
鶴見和子
四六上製 三三六頁 二八〇〇円 口絵1頁

エロシマ *
D・ラフェリエール 立花英裕訳
四六上製 二〇〇頁 一八〇〇円

看取りの人生 *
後藤新平の「自治三訣」を生きて
内山章子
四六上製 二四〇頁 一八〇〇円

藤原映像ライブラリー
石牟礼道子と出逢う * DVD
町田康・田中優子ほか
一三二分 二八〇〇円

金時鐘コレクション(全12巻) [第4回配本]
7 在日二世にむけて *
「さらされるものと、さらすものと」ほか 文集I
〈解説〉四方田犬彦 〈解題〉細見和之
〈月報〉大槻睦子/鄭仁/高亨天/音谷健郎
四六変上製 四五六頁 三二〇〇円 口絵4頁

8月以降の予定書

トモダチ作戦の慟哭 *
空母ロナルド・レーガン被ばくの真実
山田國廣

モードの誘惑 *
山田登世子

医師が診た核の傷 *
現場から告発する原爆と原発
広岩近広

新版 **近親性交とそのタブー** *
文化人類学と自然人類学のあらたな地平
川田順造編

横田喜三郎 *1896-1993*
現実主義的平和論の軌跡
片桐庸夫

芸の力
能狂言 終わりなき道
野村四郎・山本東次郎
笠井賢一編

好評既刊書

評伝 横井小楠 *1809-1869* *
未来を紡ぐ人
小島英記
四六上製 三三六頁 二八〇〇円

処女崇拝の系譜 *
A・コルバン
山田登世子・小倉孝誠訳
四六変上製 二二四頁 二二〇〇円 カラー口絵8頁

竹下しづの女 *
理性と母性の俳人 1887-1951
坂本宮尾
四六上製 四〇〇頁 三六〇〇円 カラー口絵4頁

市民社会と民主主義 *
レギュラシオン・アプローチから
山田鋭夫・植村博恭・原田裕治・藤田菜々子
A5上製 三九二頁 五五〇〇円

金時鐘コレクション(全12巻) [第3回配本]
1 日本における詩作の原点 *
詩集『地平線』ほか未刊詩篇、エッセイ
〈解説〉佐川亜紀 〈解題〉浅見洋子
〈月報〉野崎六助/高田文月/小池昌代/守中高明
四六変上製 四四〇頁 三二〇〇円 口絵4頁

からだが生きる瞬間
竹内敏晴と語りあった四日間
竹内敏晴ほか著
稲垣正浩・三井悦子編
四六上製 三二〇頁 三〇〇〇円

*の商品は今号に紹介記事を掲載しております。併せてご覧戴ければ幸いです。

書店様へ

▼6/20の配本直後から**アラン・コルバン最新刊『処女崇拝の系譜』**が早速各店追加ご注文いただいております。貴店ではいかがですか? 歴史はもちろん、文学評論やサブカル、一般読みものなど各ジャンルで大きくご展開ください。刊行にあわせ本書内で言及された古典や関連書籍を中心に「夢の乙女たち Les filles de rêve」フェアリストもご用意しております。▼同じく先月刊行の**小島英記『評伝 横井小楠』**も配本直後から各店より追加ご注文続々! 「明治一五〇年」や「西郷どん」など、前作『**小説 横井小楠**』と共にこちらも様々ご展開いただいております。ご展開の再度のご確認を。▼6/23(土)より一週間ポレポレ東中野(東京)で連日大好評に終わりました**石牟礼道子さん追悼企画『花の億土へ』**再上映、8/11(土・祝)からはシアターセブン・第七藝術劇場(大阪)の2館で『**海霊の宮**』『**しゅうりりえんえん**』と合わせ初の3作品上映が予定! パブリシティ乞うご期待。いまだ補充ご注文やお問合せの続いております『**苦海浄土 全三部**』や『**完本 春の城**』など関連在庫ご確認を。(営業部)

出版随想

▼このところの異常気象は、人間の手に負えなくなっている。豪雨、河川の氾濫、大地震、津波……。近代が作り上げてきた物を瞬間に破壊する。子どもの時に観た怪獣映画のように。自然が怒ったときの破壊力は凄まじい。阪神淡路大震災後に見たビルが横倒しになって道路を占領している光景、東日本大震災の後で見た真二つに折れた鉄橋、津波で無くなってしまった小学校の校舎……。まったく目を覆う光景であった。この校舎に居た子どもたちのいのちを思うと胸が詰まる。

▼この二月に亡くなられた石牟礼道子に、「祈るべき天とおもえど天の病む」という代表的な句がある。

一九七三年頃の作品である。自然と共に生きた詩人石牟礼道子は、自然の荒廃に非常に敏感であった。しかし、これは石牟礼道子だけではあるまい。この時代に生きた日本人なら誰もが、敏感であったはずだ。しかし、敗戦後の焼け野原から復興を期した先人達は、豊かなアメリカの町を目標に、「アメリカ化」することを真剣に探っていった。

▼戦後復興と自然破壊。この何ともいえない二律背反するようなことが、車の両輪の如く進んでいった帰結が現在である。しかも、このスピードが尋常なものでなかった。人が立ち停まって考える余裕すら持つことができない程驀地に進んだ。約半世紀して、金融バブルが崩壊し、これからまっとうな社会に戻るかと思うや、阪神淡路大震災、東京でのオウム地下鉄サリン事件と続く。その後六年してニューヨークでの「同時多発テロ」。孤立化を深めていたアメリカはこれで息を吹き返し、西欧諸国や周辺の同情を買い、アフガン、イラクへ喜々として侵入していった。これらの国の破壊状況はいうまでもない。今はシリア。多くの難民が、国境を越えて異国へ旅立とうとしている。われわれ日本人は、いや人間は、どこに向かおうとしているのか。静かに平和に暮らせる場所は地球上からなくなってしまったのだろうか。

▼〝アイヌの母神〟宇梶静江は、今静かに語る。「わたしたちアイヌは、自然からの恵みを自分たちの分だけ戴く生活をしてきました。毎日が、カムイに祈る日々でした。カムイに感謝して、自然の中で生きることがわたしたちの日常だったので、所有したり略奪することは、わたしたちの生活の中でとても考えられないことでした。……今政府に訴えたいことは、わたしたちの生活の中から奪った一本の河川を返して欲しい。一本の河川があれば、わたしたちアイヌはサケを育てて生きてゆける」と。　（亮）

諸文明の対話の思想、曼荼羅

南方熊楠の曼荼羅論

南方熊楠《みなかたくまぐす》（一八六七―一九四一）は、和歌山に生まれ、前半生をアメリカに足掛け六年、イギリスに八年暮らし、帰国して和歌山県那智勝浦に隠栖《いんせい》したのち、田辺に定住した。大学予備門（東京帝国大学の前身）を中退したのちは生涯大学に行かなかった（行っても卒業しなかった）。幼時より読書に没頭し、ロンドンでは大英博物館で古今東西南北の書を読み、抜き書きして、独学で大学者になった人物である。

その学問領域は、微生物学（特に粘菌の蒐集と研究）や民俗学をはじめとして、哲学、歴史学、心理学、社会学、民俗誌、比較宗教論、科学論などに相渉《わた》る。一言でいえば、地球志向の比較学である。

わたしが特に興味を持っているのは、「南方マンダラ」とも呼ばれる熊楠の曼荼羅である。これは、彼が学問の方法論を展開するために、もっとも信頼すべき相手として選んだ高野山真言宗管長で、当時最高の学僧、土宜法竜《ときほうりゅう》（一八三四―一九二三）に宛《あて》た書簡の中で述べたものである。それには絵図がついている。この絵図を仏教学者でインド哲学者の中村元先生に生前お見せしたら、「南方曼荼羅でございますね」と即座にいわれた。それが命名の由来である。

熊楠は、真言密教の曼荼羅を、科学の方法論のモデルとして読み替えたのである。

熊楠がロンドンに居たころの十九世紀の科学は、ニュートン力学が支配的パラダイムであった。それは因果律――必然性――の発見を究極の目標としていた。これに対し熊楠は、因果律は必然性を明らかにする性質があるが、自然現象も社会現象も必然性だけでは捉えられないと考えた。必然性と偶然性との両面から捉えるのでなければ真実はわからない。

仏教は因縁を説く。因は因果律――必然性――であって、縁は偶然性である。したがって科学の方法論としては、仏教のほうがニュートン力学を超えていると喝破したのである。

十九世紀末から二十世紀にかけて、熱力学の分野でマックスウェルとボルツマンが気体分子の運動に関する理論を発表し、統計力学の勃興に大きく貢献した。この理論は偶然の要因を含む確率の概念を用いている。

さらに一九二五年から三〇年にかけて、量子物理学がディラック、ハイゼンベルグ、フォン・ノイマン、ウィグナーらの物理学者によって形成されると、偶然性が科学の方法論上重要であることが明確になった。

熊楠が、偶然性を科学の方法論に欠くことのできない要因と認識したのは、科学史の上でもかなり早かったといえる。

異なるものが異なるままに

学問におけるパラダイム転換の新しい風は、中心地からでなく、辺境から吹くのであろうか。アメリカのニューイングランドの片田舎にいた科学哲学者パース（一八三九―一九一四）は、一八九二年、「必然性再考」という論文を『モニスト』誌に発表した。偶然性と必然性の両方を重視した南方熊楠の曼荼羅論（科学論）に先んじて偶然性の問題を論じている。

両者の間には、何のかかわりもない。共通するのは、パースはアメリカのニューイングランド、熊楠は日本の紀伊那智という、当時の学問から見ると、まったくの辺境に住んでいたという点だけだ。

熊楠による学問の方法論「南方曼荼羅」を、図にあらわしたのが、直線と曲線から成り立つこの絵図である。熊楠が土宜法竜に宛《あて》た一九〇三年七月十八日付の書簡に書かれている。核の周りを動く電子の軌跡のような線と、そこにクロスする直線。熊楠は、すべての現象が一カ所に集まることはないが、いくつかの自然原理が必然性と偶然性の両面からクロスしあって、多くの物事を一度に知ることのできる点「萃点《すいてん》」が存在すると考えた。

わたしは、南方のこの曼荼羅論を、真言僧の土宜法竜がどのように評価したか知りたいと思っているが、法竜から熊楠に宛た書簡はまだ見つかっていない。

そこで、法竜が創立した種智院大学の学長で、曼荼羅の専門家の頼富本宏先生にお会いする機会を得て、うかがってみた。頼富先生は「もともと曼荼羅は、聖界の諸尊の関係をあらわしたもので、熊楠は、聖界の結界を解いて、俗界の現世に通じるものとして曼荼羅を説いた」といわれた。そして熊楠は「閉ざされた曼荼羅から開かれた曼荼羅へ」展開した、と表現された。専門家の立場から見れば熊楠の論は逸脱だ、と言われはしないかとおそれていたのだが、この指摘はまことにありがたいことであった。

そこでわたしは、少し勇み足になるとは思うのだが、この曼荼羅論をさらにひろげて、現在の国際関係に当てはめてみたい。

アメリカ大統領ブッシュ氏によるとイラク戦争の論理は、味方でないものはすべて敵であって、敵は武力によって排除すべきなり、という二者択一の考え方である。

これに対して、曼荼羅の論理は、異なるものは異なるままに互いに補いあい助けあって、共に生きる道を探究する論理である。

そのもっとも端的な表現は、仏教の真言曼荼羅の中心には大日如来が在り、それをめぐってさまざまな如来や菩薩が配置されているばかりでなく、周辺に「天部」を設けて、そこにさまざまな土俗の神々をもふくんでいる点にある。

キリスト教では、それ以前のギリシャ・ローマの神々は流刑になった。ヨーロッパの詩人ハインリッヒ・ハイネは、そのことを『流刑の神々（神々の流竄《るざん》）』に著した。

古代インドに発祥し、密教とともに日本に伝来したこの曼荼羅の思想を、今、南方熊楠が生きていたら、これこそ諸宗教・諸文明の交流・対話の思想であり、未来に向かって人類が地球上に生き残るための平和共生への道すじだと、高らかに主張するのではないだろうか。

水俣の回生

水俣の回生、能で祈る

患者らと死者らが集い共に観《み》る回生の祈り「不知火《しらぬい》」の能

去る二〇〇四年八月二十八日、作家石牟礼道子さんの新作能「不知火」が、水俣病による多数の死者を出した水俣のヘドロの海の埋め立て地で、梅若六郎師（シテ）らによる奉納公演として催された。「不知火」の初演は、二〇〇二年七月に東京の国立能楽堂であった。わたしは現在、重度身体障害者で、京都府内以遠はおもむくことができない。水俣での奉納に深い思いを抱きながら、いたし方なく、初演のＤＶＤを見た。

そして、奉納の能は藤原良雄さんが送ってくださったビデオで鑑賞させてもらった。この公演でまず驚くべきことは、勧進元が地元の漁師さんたちだったことだ。ご自身も水俣病患者である緒方正人さんが代表を務め、地元の人たちの一年半の必死の努力によって奉納公演が実現したのである。

その能舞台は、チッソ水俣工場の排水口からたれ流された水銀によって汚染された魚たちがドラム缶に詰められ、埋められた場所で、狂い死にした猫たちも、鳥たちも、そして悶死した人間たちの魂も、ここに埋められている。「不知火」は二十八日の午後六時すぎ、夕陽が真向かいの恋路島《こきじま》を照らす荘厳な光景を背に、患者さんたちと遺族と、全国から集まったおよそ千三百人の人々を前に始まった。

人間のたれ流した毒によって、生命の根源である海は滅びた。竜神の娘であって海底の宮の斎女《さいじょ》であるしらぬいは息もたえだえになって、海底から渚《なぎさ》へあがってくる。竜神の息子常若《とこわか》は、人の世のありさまを見めぐってくるよう親から命じられ、その旅からかえってくる。姉弟は渚でめぐりあい、隠亡《おんぼう》の尉《じょう》（実は末世にあらわれる菩薩《ぼさつ》）のはからいによってしらぬいは再生し、二人は結婚する。

祝婚のために古代中国の歌舞音曲の祖と言われる夔《き》が呼び出され、浜辺のかぐわしい石を手にとって撃ちならし、妙《たえ》なる音楽が奏でられるなか、この浜辺に惨死したすべての生きものが舞いに舞い、海は新しい生命をよみがえらせる、という物語である。

初演のＤＶＤを見ていて、不思議なことに気付いた。

わたしたちが調査で水俣を訪れるたびに、石牟礼道子さんのお宅では、いつも「魂入《たましい》れ式」をしてくださった。水俣の人々がなにか事を始めるときには、まず船霊《ふなだま》さんや田の神さんにお神酒《みき》をそそいで仕事の成功を祈ったという古来のならわしにのっとって、道子さんのお母さまは、土俗の神々にお神酒とお手料理を供え、わたしたちの仕事がうまく運ぶように祈ってくださった。

そのお下がりをわたしたちが頂戴する直会《なおらい》の光景が心によみがえった。母上は天草ことばで、つぶやくように、歌うように、祈るようにわたしたちに語りかけてくださった。「不知火」のシテの語りにも、地謡《じうたい》にさえも、その母上の懐かしい語り口を聞いているような気持ちになった。

公害超える住民の内発的力

公害とは、産業公害だけではない。戦争こそ最大の公害である。人間を殺し、自然を破壊し、人間と人間との絆をズタズタにひき裂く。ヒロシマでもナガサキでも、そして近くはアフガニスタンでも、コソボでも、イラクでもそれは起こっている。こうした状態に対して、「復興支援」と名付けられた外部からの占領や統治ではほんとうの「復興」はできない。

水俣病の患者さんたちとその遺族の切実な願いは、海の生命がよみがえって、自然と人間とが共に生きてゆく新しい道をきりひらくことだ。この切なる願いを最も深くうけとめて、美しい作品に結晶させたのが、石牟礼道子さんの新作能「不知火」である。

　今、地球上のあちらこちらに起こっている、人間による人間と自然の破壊に対して、水俣は公害先進地として、その回生へのよいお手本を示しているのではないだろうか。

　最近の水俣の状況を、わたしは記録映画作家土本典昭さん・基子さん夫妻作のDVD「みなまた日記」（一九五六年製作、二〇〇四年改訂、シネ・アソシエ発行）によって詳しく知った。

　吉井正澄前市長が市政を担当した一九九四年から二〇〇二年までの間、水俣病患者を差別・迫害していたそれ以前の市の態度が改められ、市長は九四年五月一日の慰霊祭の式場で「もやい直し」を提唱した。水俣病の襲来によって引き裂かれた旧村落共同体の絆を、新しく人間どうしの救《たす》けあいの関係「もやい」として築いてゆこうという運動である。そして同年十一月、第一回「火の祭り」が、水俣湾の埋め立て地で催された。

　その祭りに登場したのが杉本榮子さんだ。彼女は、船霊《ふなだま》さんがチチチチと鳴く声を聞き取ることができ、声を聞いた時に漁に出れば大漁になると説く霊能者で、すぐれた漁師でもある。白装束に、額を紫の布で包んであらわれた彼女は、手すきの巻き紙に書かれたことばを読み上げた。それは人間の流した毒によって死んだ魚たち、そしてあらゆる生きものたちへの謝罪と祈りのことばであった。

　火の祭りまでは、埋め立て地は死者の墓場と思われ、人々は近寄らなかった。しかしそれ以来、さまざまな祭りがこの地で行われ、今はここで共に歌い、共に踊るようになった。水俣出身のフォークシンガーのコンサート、大倉正之助さんの大鼓《おおつづみ》の演奏なども催され、人々が集い、楽しむ賑《にぎ》わいの場になった。

市内の水俣病資料館で語り部として参観者に話す浜本二徳《つぎのり》さんは、「みなまた日記」の中で「水俣病は大きなマイナスをもたらしたが、このマイナスをプラスに変えてゆくにはどうしたらよいか、ずっと考え続けている」と語る。

杉本さんも、浜元さんも、わたしが親しくお話をうかがった方々である。二人とも激症型水俣病で、二十年余り経っても少しも衰えず、かえって若がえって元気になられていて、おどろいた。全体として、人々の表情は明るくなっていた。

「マイナスをプラスに転じて新しい人生を拓《き》り開く」。これこそ、脳卒中で重度身体障害者となったわたし自身が考えている「回生」のいみなのである。産業公害にしても、戦争公害にしても、荒廃した自然と人間とをよみがえらせるのは、それぞれの地域の住民の内発的努力こそが基本だ、ということを深く教えられた。

歌を杖として

短歌は生命の原動力

半世紀死火山となりしを轟きて煙くゆらす歌の火の山

一九九五年十二月二十四日午後四時、わたしは東京の自宅で突然倒れた。直ちに救急病院に入院した。脳出血であった。その後遺症で、わたしは左片麻痺《ひだりかたまひ》となった。これがわたしの老病死の季節のはじまりであった。

倒れた夜、ふしぎなことが起こった。救急病院のベッドの上で、点滴を打たれ、動くことを禁じられて寝ていると、つぎつぎに夢を見た。その夢は、次々に歌となって、身体の底から噴き出してくる。翌朝見舞いに来てくれた妹の内山章《あや》子に、大声で前夜の歌を発語して書きとめてもらった。そのおかげで、歌集『回生』を後に出版することができた。

一条《ひとすじ》の糸をたどりて白髪の老婆降りゆく底ひより新しき人の命蜻蛉《とんぼ》の命登りゆく輪廻転《りんねてん》

生《しょう》の曼陀羅《まんだら》図

片身《かたみ》麻痺の我とはなりて水俣の痛苦をわずか身に引き受くる

わたしは、短歌結社竹柏《ちくはく》会を創立し、歌誌『心の花』を創始された佐佐木信綱先生に十五歳の時に入門し、二十一歳で第一歌集『虹』を「心の花叢書」の一巻として自費出版した。その後アメリカに留学して哲学を学び、後に社会学を学んだ。こうして学問を志したからは、歌などは詠んでいる暇はないと考え、「歌の別れ」をした。これはまことに愚かであった。

倒れたとたんに、抑えても抑えても抑えきれない根源的な力がマグマのように噴き出したのである。わたしは歌のおかげでことばを失わないばかりか、魂を賦活《ふかつ》されたのである。

左半身の運動を司《つかさど》る神経中枢が破壊したので、麻痺は死ぬまで治らないと医師に宣告された。後へ戻れないならば、前へ向かって進むよりしょうがない。回復が望めないならば、回生するより仕方がない。新しい人生をきり拓くことだ、と覚悟した。

それからちょうど九年になる。日々ささやかな感動が歌となって流れ出してくる。わたしは歌を杖として生死の境をこえ、しごとと思索とをつづけていられる。歌のおかげで、生命《いのち》がかがやく季節として、老病死と向きあうことができる。

撓《たお》れてのち元《はじ》まる宇宙 耀《かがよ》いてそこに浮遊する塵泥《ちりひじ》われは

老病超え未来へ思いつなぐ

わたしが尊敬し、好きな歌人、前登志夫氏から、近著『病猪《やみじし》の散歩』（ＮＨＫ出版）をいただいた。前氏は奈良県吉野の山村を父祖代々の故郷とし、青年時代はここで山仕事もされた。そのころの歌に、

丁丁と樹《き》を伐る昼にたかぶりて森にかへれる木霊《こだま》の一つ

この歌の背景が次のように書かれている。

「カーン、カーンと斧《おの》を入れて木を伐る音がきこえる。それと共に木の霊が、まさしくこだまとなって自然の奥へ帰ってゆく。ひどく木はたかぶっているのであるが、この木霊はわたし自身の怒りのようなものであった」「わたしはこの山の中の土地を出たいとどんなに抗《あらが》ったことか」

著者は一旦《いったん》山を出るが、中年になってこの木霊のように再び吉野山中に帰り、ここに定住し

て、歌を詠み、歌誌『ヤママユ』を主宰する。現在七十八歳である。

この本の終わりに近く、柳田國男の『遠野物語』の舞台となった岩手を訪れた時の「早池峯《はやちね》登山の歌」がある。


荒き血と人はいへども山人の血のやさしさをかたみに抱けり

早池峯に登ることによって、「山人の血」ということばであらわされている原初心性を自分の中に掘りあてたという歌である。現代社会にありながら「われ」という地層の深みに原初の心性を発見するとはなんという幸せであろう。これもまた歌の功徳とたたえたい。

先月、待望の『佐佐木信綱全歌集』がながらみ書房から出版された。この書には、これまで公刊されていなかった最終歌集「老松」がはじめて収録され、お孫さんの佐佐木幸綱氏の解説が附されている。

信綱先生は、七十四歳から九十二歳で逝かれるまでの晩年を、熱海市西山町の凌寒荘《りょうかん》に住まわれた。そこで多くの歌などに関する著書と歌作に専念された。幸綱氏は、「まことに充実した老年時代であった」と述べておられる。

遺詠三首のうち二首を引用する。

花さきみのらむは知らずいつくしみ猶《なお》もちいつく夢の木実《このみ》を
ありがたし今日の一日もわが命めぐみたまへり天と地と人と

信綱先生は、弘綱、陽綱《あきつな》先生など父祖代々の歌学の業績を受け継がれて、それを深く広く展開され、立派なしごとを達成された。そして後の世代がこれを受け継ぎ、さらに大きく花を咲かせ、実をみのらせてゆくことを期待し、祈念しておられたことが、これらの遺詠を通して伝わってくる。

幸綱氏は信綱先生を「リレー走者」と評しておられる（佐佐木幸綱との対談『「われ」の発見』藤原書店）。遺詠の「花さきみのらむ」には「リレー走者」としての自覚がうたわれている。

樹《き》の声のひびきに天の割るる日へうたい継ぐべき短歌生《あ》れにき
（佐佐木幸綱『アニマ』河出書房新社）

短歌はすでに千三百年の歴史をもつ。それに加えて、これから先、悠遠な未来が期待されるならば、歌が人間に生命の原動力を与える秘密は、歌そのものの生命力に起因すると言えるのではないだろうか。

江戸の精神エネルギーに学ぶ

田中優子
鶴見和子

田中　お久しぶりです。数年前、シンポジウムでお会いして以来ですが、今日は「江戸時代の日本人に学ぶ」というテーマで、ぜひお話をうかがいたいと思います。

まず、鶴見さんは『脳卒中で倒れてから』（婦人生活社）の中で「内なる自然」という言葉を使われていますね。ご自身の中に自然があって、「自分こそが自然だ」ということをおっしゃっている。これは、鶴見さんが一九九五年にご病気で倒れられ、東京から今お住まいの京都・宇治の高齢者施設「ゆうゆうの里」に移られたこと、それから、お体の左側半分がまひして動かなくなったこと、そういうことと関係があるのでしょうか。

鶴見　そうですね。この対談の中でも、私が倒れてから、私がどんなふうに自分の思索をとらえ直していったかということについて、何度か触れることになると思いますが、それは私にとって、とてつもなく大きな転機になることだったからです。

私がこちらの施設に入ったのは一九九七年の暮れです。だから、去年の夏がここで過ごす最初の夏でした。ある朝、四時過ぎごろに目を覚ましたら、表でヨシキリが鳴いてるのが聞こえたんです。あんまりきれいな声で鳴くから、じっと耳をすませていたら、ある時を境にぴたっと鳴きやんだ。時計を見たら五時を指していました。それが八月半ばになったら、四時になっても聞こえない。どこか遠くへ渡って行ってしまったのね。時間によって違う鳥が鳴くということも、ここへ来て初めて気がついたことです。

最近私がつくった歌にこういうのがあります。

おもむろに自然に近くなりゆくを老いとはいわじ涅槃《ねはん》とぞいわむ

これは人間が自然の中から生まれて、また自然に帰っていく、ということをうたったものです。私自身がそうでしたけれど、日本人は壮年期が一番忙しいですね。わき目もふらずに働いている。それは自然から最も離れたところで生活しているということです。でも結局、人間は自然に帰っていくものだと思いますよ。

田中　ご自身の中にある「内なる自然」というのは、山や緑といった自然の豊かなところだと、より一層、変化を敏感に感じとって、呼応していきますよね。

鶴見　ええ。たとえば低気圧の時や台風の時、この左足はどうしようもなくしびれて痛いんです。私、倒れるまでは、体調のことなどお構いなしに講演旅行や外国旅行に行っていたし、晴れた日に気分が良いということもなかったんです。つまり、自然と自分の体がぜんぜん呼応してなかったの。でも今、動かない左足は私の気象台の役割を果たしています。

いち早く気圧の配置感知する萎えたる足はわが気象台

これも私がつくった歌です。天気が悪いと足も顔も口の中も左半分全部しびれてつらいけれど、高気圧で晴れてくると「循環じている」という感じのしびれだから、少しは楽になるんです。自然がもたらすものと私の体が響き合っているのね。だから、明日のお天気はどうですか、なんて私に聞く人もいるんですよ。私は病気になって初めて、「人間は自然の一部である」とこれまで理屈で言っていたことを体得しているんです。

ガンジーの一枚の布の中に人間や民族の問題が全部入っている

田中　鶴見さんの本を読ませていただくと、ご病気になる前から自然の重要性ということを言っておられます。とくに、『内発的発展論の展開』（筑摩書房）と『鶴見和子曼荼羅・魂の巻』

（藤原書店）では、七六年から五年間にわたって、水俣病の患者さんたちの聞き取り調査をなさった結果が、事例研究としてまとめられています。

この時期、ほかにもたくさんの方が水俣に関心を持って調査していらしたけれど、鶴見さんは、患者さん一人ひとりの名前をあげて、彼らがどういうふうに自然と向き合っていたのかを丁寧に書かれた。水俣という地において、自然と一体化した生活というものがどのようにあって、それを水俣の人たちがどのように取り戻したいと思っているのか、一人ひとりの心の言葉として、書いていらしたではありませんか。

鶴見　それは、私が水俣の患者さんたちから教えてもらったことなのよ。だから、身を以て私自身がわかったことではなかったんです。こういう歌もつくりました。

感受性の貧しかりしを嘆くなり倒れし前のわが身わがこころ

倒れる前、私の感受性は本当に貧しかったと思います。でも今なら、本当に今の私なら、自然と人間の共生というものが、いったいどういうものであるのか、心から理解できるように思うのです。

田中　鶴見さんは「内発的発展論」の思想を述べられる時、「近代化」と対比する形で「内発的発展」という言葉を使っておられますね。いくつか対比させてみますと、近代化論では、国民国家を単位として考え、経済成長を主要な発展の指標とするけれど、内発的発展論では、地域を単位として考え、人間の生長を目標として経済成長をその条件とみなす。近代化論には自然環境についての配慮はないけれど、内発的発展論は地域の生態系と調和した発展こそ大切だと強調されている。

私は、鶴見さんの言われる内発的発展を今の日本の状況に照らして考えた場合、こんなふうに解釈できるんじゃないかと考えているんです。つまり、これからの日本にとって必要なことは、消費をし続けて景気を回復することではなくて、むしろ、低消費生活に切り替えていくことなんじゃないかと。エネルギーを消費する量が少なくても、人間の知恵と技を高度にしていけば、エネルギーをたくさん使う生活より、もっと豊かな生活ができるんじゃないかと思うんです。

鶴見　それはとてもおもしろいお考えですね。エネルギー消費量を減らそうという動きは、すでにヨーロッパ、特に北欧圏から出てきていますけど、田中さんは、そこにもうひとひねり加えて、「低エネルギーを補うためには、人間の知恵と技を磨くことが必要だ」と言うわけですね。とてもおもしろいわ。

あなたが専門にしていらっしゃる江戸は、私、日本でいちばん内発的な発展があった時代だ

郵便はがき

料金受取人払

牛込局承認

6015

差出有効期間
平成32年4月
24日まで

162-8790

（受取人）

東京都新宿区
早稲田鶴巻町五二三番地

株式会社
藤原書店 行

ご購入ありがとうございました。このカードは小社の今後の刊行計画および新刊等のご案内の資料といたします。ご記入のうえ、ご投函ください。

お名前	年齢
ご住所 〒　TEL　E-mail	
ご職業（または学校・学年、できるだけくわしくお書き下さい）	
所属グループ・団体名	連絡先
本書をお買い求めの書店　市区郡町　書店	■新刊案内のご希望　□ある　□ない ■図書目録のご希望　□ある　□ない ■小社主催の催し物案内のご希望　□ある　□ない

書名

読者カード

●本書のご感想および今後の出版へのご意見・ご希望など、お書きください。
（小社PR誌『機』に「読者の声」として掲載させて戴く場合もございます。）

■本書をお求めの動機。広告・書評には新聞・雑誌名もお書き添えください。
□店頭でみて　□広告　□書評・紹介記事　□その他
□小社の案内で　（　　）（　　）（　　）

■ご購読の新聞・雑誌名

■小社の出版案内を送って欲しい友人・知人のお名前・ご住所

お名前

ご住所 〒

□購入申込書（小社刊行物のご注文にご利用ください。その際書店名を必ずご記入ください。）

書名　冊	書名　冊
書名　冊	書名　冊

ご指定書店名

住所

都道府県　市区郡町

と思うんですよ。江戸の人々は科学的なことにも技術的なことにも、あらゆることに知恵を絞って工夫を凝らし、技を磨いていきましたからね。それを明治が次々に壊していった。でも、明治以後の日本の近代化を本当に準備していたのは、実は、江戸時代だと私は思うんです。

ここをぜひ田中さんにお聞きしたいんですけど、いったいどうしたら高度工業化社会を突き進んでいる今の日本人が、近代化以降、捨ててきてしまった「よいもの」を、今の社会に生かしていけるのかしら。

田中　いろいろな方面から言えると思うんです。たとえば、私は今、布に関心を持っていますが、もともと私は江戸時代の文学を研究していて、江戸時代全体の生活を見て、そこから布の研究に入っていきました。そのとき、東南アジアのことが大変気になりました。中国や朝鮮半島も含めて、アジアには前近代と現代とに非常に多くの共通点があるんですね。それを結んでいたものの一つが、布ではなかったかとひらめいたわけです。とにかく江戸というのは、物の作られる過程や流通がおもしろい時代なんです。大量生産をしていないときの物は、一つひとつに意味があって輝いていました。ところが、大量生産過程に入ったとたん、つまらないものになってしまった。十九世紀末のヨーロッパでも、物がただの消費物になってしまったんです。

それから、布を研究しているうちにガンジーの存在に気がつきました。ガンジーといえば、インド独立の父として、一枚の布をまとった姿で知られていますが、もともとは弁護士でしたから、スーツを着ていたのですね。それがアフリカで差別体験をまのあたりにし、独立運動に入っていく過程で服を脱いでいきます。そして、最後に一枚の手織りの布をまといました。ここに私は強くひきつけられました。人間にとって着るものとは何か、人間が物を作るとは何か、民族とは何か、民族の自立とは何か。そういうことが、あの一枚の布の中に全部入っている。だから、私のおしゃれの理想はガンジーなんです。

鶴見　今の若い人は、着物で使う言葉自体がわからないのね。「袖だたみでいいわ」と言うと、「袖だたみって何ですか」と聞かれちゃうし、単衣《ひとえ》と袷《あわせ》の関係もわからない。日本文化はこうやって、少しずつ失われていくんだなと思いました。

田中　そうですね。でも、私、継承していきますから（笑）。

鶴見　今日、どんな着物を着るかということは、その日のお天気はどうかとか誰に会うのかとか、洋服を着るときよりもはるかに真剣に考えますね。きっと着物で自己表現しているからなのね。私は小さいころから明日着るものを揃えておいて、翌朝、予想していたお天気と違うと初めから組み合わせをやり直したりしてたのよ。

田中　着物の組み合わせを考えることは頭の訓練になるし、センスが鍛えられますね。

鶴見　私にとって着物を着ることは、仕事の一部です。洋服を着ていると文章が出てこなくて仕事にならないんです。それと同じように、私、ワープロだと、ぜんぜん文章が浮かばないの。倒れて左手が動かなくなってからワープロの練習をしたんだけど、いざ原稿を書こうとしたら頭の中に文章が流れてこないの。病気になる前から右手は腱鞘炎になっていたんです。だから、今、万年筆とかボールペンとか硬いものでは書けないんですよ。その代わりに筆ペンを使っています。これで原稿用紙に大きな字で書くと、体がとっても楽なの。それに筆で書くと、その日の体調がわかるし、余計なことも書かなくなるから文章が直截、簡潔。だから、今は倒れた時のことを「一九九五年十二月二十四日は、私の命日である」と書けます。そういうことが理屈じゃなくてスッと書けるんです。

田中　筆は非常に弾力性があるから、人間の力の入れ具合、抜き具合がそのまま字に伝わります。私はときどき、江戸時代に使われていたといわれる道具、たとえば、陰暦カレンダーや不定時法の時計、火打ち石や着物、下駄、つげの櫛、それに行灯《あんどん》などを使った江戸的な生活をしているんです。実際、そういう道具を一つずつ使ってみると、江戸時代までに作られてきた衣食住の道具というのは、実によく、使う人間の体や、知恵や技術と連動するようにできているんですね。逆に言うと、今、私たちが使っているもののほとんどは、体とも知恵とも技とも連動していない。どんどん離れているわけです。

近代化の過程で起きた人間を侵す「パーシバレーション」

鶴見　近代化を社会学的に定義した場合、工業化という面が非常に重要なこととしてありますね。機械などの「非動物的エネルギー」を使う量が、牛や馬を使って畑を耕すといった「動物的エネルギー」を使う量より圧倒的に多くなることによって、生産の効率を上げることです。そのことによって起きる社会構造の変化の総体を近代化と呼びます。田中さんはさきほど、これからの日本に必要なことは、「知恵と工夫を生かした低消費生活だ」とおっしゃったけれど、この知恵と工夫という「精神的エネルギー」こそ、近代化を経た日本人が放棄してきたものなんですね。

田中　そうですね。

鶴見　私、「精神的エネルギー」を使わなくなったから、ボケが始まったんだと思いますよ。今、子供にとっての知とは、ただ試験に出るものだけを覚えて、試験で吐き出したらそれでおしまいというものになってしまったでしょ。考えることを放棄して、知恵を働かせないからボケるのよ。

田中　それは私、日ごろ学生を見ていて痛感します。どうやって、今の大学生にものを考えさせたらいいのか。それが教師にとっての大問題です。

鶴見　だから、私はいつでも一人ひとりに追及するんです。「本で読んだことではなくて、人が言っていることでもなくて、あなた自身はそれについてどう思うんですか」って。首の根っこをつかんで、ギュッギュッギュッと追及しないとだめよ（笑）。

田中　私、鶴見さんにぜひうかがいたいことがあります。「楽をする」ということが、今までは物質的な意味での「楽」を指していましたよね。それが今、精神的な意味にまで及んできています。つまり、知恵を使わなくなったということですけれども、これは、もともと近代化という過程の中に、ものを考えることを退化させていくような側面があったのか、あるいは、途中からそう変質してしまったものなのか。

鶴見　私、初めはそうじゃなかったと思いますよ。というのは、たとえばデカルトは「科学は近代から始まった」と言っているでしょ。だから、初めは近代は知や思考を非常に重んじたわけですね。それがだんだんと効率を上げるために考えることを放棄するようになっていったんじゃないかしら。生産する過程で、ものを考えていると時間がかかって効率が悪いのね。それを省こうという発想から、さまざまな技術が生まれてきました。墨をすって筆で書いていたら時間がかかるけれど、ワープロなら早く書けるとかね。そうしてるうちに、だんだん人間が侵されてきたんじゃないでしょうか。近代化を始めようとしたとき、何もボケ老人をつくろうと思って、始めたんじゃないと思うのよ（笑）。効率を上げよう上げようと知識を増大させた結果、「情報とは知である」と、どこかで思いまちがったのよ。こと志と違ったんでしょうね。

田中　産業革命のとき、非常に象徴的なことが起こります。インドから木綿の布が大量にヨーロッパに渡りますが、最初、イギリスでは禁止令を出してこれをせき止めていました。けれど、イギリス社会であまりはやったために、結局、イギリスでは織物工場を造らざるを得なくなったんです。インドでは職人さんたちが手で作っても優秀な綿織物が大量に作れたのに、イギリスではそれができなかった。そこで機械を導入したわけです。量に対してさらなる量で返すということが、結局は、職人技術を絶やしてしまうことになったんですね。工場生産からくる効率性の考えが、精神的な部分にまで及んだのだと思います。

鶴見　最初は、そういうことも一生懸命考えてやったことなのよね。「パーシバレーション（perseveration）」という言葉があります。一般的には固執という意味で使われますが、これは失語症の症例としても使われる言葉です。ある言葉を失語症の人に覚えさせると、そればかりが持続してしまって、ほかの言葉は覚えにくくなるという症状です。私の父は脳梗塞の後遺症で失語症になったんですが、父に「この先生のお名前は、福田先生ですよ」と教えると、それは言えるようになるんだけど、今度は誰を見ても「福田先生」と呼んでしまうの。

私はアメリカで近代化論を学びましたけれど、そこでもこの言葉と出会いました。プリンストン大学のウィルバート・モアという近代化論の教授が、「近代化の中では、パーシバレーションということがしばしば起こる」という仮説を立てました。つまり、最初は「よいもの」として始めたことが、続けていくうちにいつしか逆転して、人間を侵すことになるという仮説です。

田中　非常にわかりやすいですね。それは近代主義がいいとかそういう問題ではないですね。繰り返しそのものが、人間にとっては「よくないもの」になっていくということですから。さきほど鶴見さんは、たくさんの「よいもの」というのは、「よいもの」を近代が壊したとおっしゃいましたけど、江戸時代までにあった「よいもの」というのは、決して道具だけではないですね。組織とか人間のつながり方とかにも魅力的なものがありました。私は江戸時代の村について、とても興味をもっています。

鶴見　村の生活は本当におもしろいわね。江戸時代というだけでひとくくりにされることが多いけれど、侍の社会と村方の社会とは秩序がまるで違います。封建制のヒエラルキーだと上の人が威張って下の人が支配されるという構造だけど、それは侍社会での話。村にそういう命令が届くのは、せいぜい村方三役までね。しかも、村の日常生活には「組」とか「講」とか、対等な人間関係がさまざまあるんです。

文学の言葉や人間の個性が人の「連なり」の中で鍛えられていた

田中　鶴見さんは、村という最小単位の共同体の中から、内発的な発展が生まれるとお考えですか。

鶴見　そう思います。私が大学に入ったころは共同体論が花盛りの時期で、マルクスとかマックス・ウェーバーとか大塚久雄とかの共同体論をみんな読んでいました。これによると、日本の村でも一人ひとりの個人が抑圧されていたということがわかる。それが日本の近代主義だったんですね。でも、私たちがこれから目を向けるべき共同体は、上から支配するというものではありません。むしろ、江戸時代の村にあった多数のボランタリー・アソシエーション、「若者組」とか「娘組」とか「講中」とか、そういうものの中にこそ、見習うべきものがあるように思うんです。江戸時代、恋愛は御法度だったというけれど、それは武家社会の話で、村には自由恋愛があったんですから。

田中　鶴見さんは、若衆組と娘組の話し合いで恋愛が成立する、という話をお書きになっていましたね。

鶴見　ええ。親が反対したら、若い衆が親に談判して、「祭りのときに神輿《みこし》担いでやらないぞ」「火事になっても消しに来てやらないぞ」「家の前の道は道普請《みちぶしん》してやらないぞ」と脅すの。親もこんなこと言われたら困ります。

田中　若衆組の力ってすごいですね。夜這《よば》いというのも、結局、若衆組と娘組のお互いの話し合いですべて成り立っている世界だといいます。村という視点から社会を見ていくと、本当に女性が強い。奥さんたちが「かかあ組」といったり、村によっては女の人たちが大酒飲んだり、猥談したりしていますからね。経済的側面から見ても、現金収入を得るのは女性が多い。養蚕や織りができるからです。自分が作ったものを自分で売りに行く最先端をゆく職人たちだったはずです。

私は文学の出身なのですが、このようなことは文学だけを見ていてはわからないんです。ところが、日本の文学の基礎には「連歌」「連句」というものがあって、非常に長い伝統をもっている。しかもそれが社会の隅々にまで浸透していて、江戸時代では庶民も含めて、多くの人たちが連句（俳諧）を作っていました。これは耳で聞き、口で言う文学ですし、同時に文学の言葉や人間の個性というものが人の「連なり」の中で鍛えられるということでもありました。私はこのことが、日本人の創造力や社会構造の要にあると思っていて、その全体を象徴して「連《れん》」と呼ぶことにしています。ただし「連」は集団ではありません。異なる個性の連なりです。

結局、日本のことを研究していくとあらゆる学問分野に突き当たってしまうんですね。これは社会と文学（言葉）に限ったことではなく、言葉と絵画の関係とか、言葉と音の関係とか、音楽と生活の関係とか、そういう境界や組み合わせからものを考えていかないと、全体が見えてこないんじゃないかと私は思うんです。

鶴見　それで田中さんは、音についてもおもしろい考えをお持ちなのね。武満徹さんとの対談（『江戸の音』河出文庫）で、あなたは、五七五、七七、五七五、七七……と複数の人間がつなげていく俳諧のやり方に関心を示していらっしゃいますね。あの言葉のつなげ方と、三味線音楽や浄瑠璃といった音曲の構成能力とに、ある関係を見つけておいでです。「付け句をはじめたら、決して元に戻ってはいけない。しかも前のものに関係のあるものをやりながら、関係が強くてはいけないし、完全に離れてもいけない。その間合いをとりながら違うものを付けていく」。この『間』を保ちながら連なっていく」というのは非常に大切なことだと思います。

私は小さいときから踊りをやっていて、舞台で踊るときは一年間ぐらい稽古を積むのですが、ある一定レベルに達したとき、私の師匠が「三味線から離れて」と言ったの。これは私の中に私の「間」ができ上がったら、三味線にひきずられて踊ってはいけないという意味なんです。

田中 お互いが自分自身になりきって、それでいて息が合ったということですね。この自立性ともいうべきものを、どうやってつくるかは難しいですね。

鶴見 そういう意味では、連句も踊りと同じね。踊りの場合、その日の舞台は地方《じかた》さんがどう弾いて、自分がどう踊るかということで勝負が決まる。しかもそれはその場限りだから、ビデオで撮っておいてもだめなんですね。稽古の積み重ねがなければ、そういう段階には達しないし、それが手間というものです。そういうものがなかったら創造性なんて生まれてきません。

田中 そうですね。江戸の人間関係ということに話を戻しますと、今、どうしても個人と集団、個人と社会という構図で人間関係をとらえてしまうと思うんです。だから、身近な人間関係さえもが、漠然とした社会としてしか映ってこない。その点、江戸時代にはもっと濃密な世間がありました。隣にいる誰かと今日どんなふうに口をきくか、そういうことを積み重ねていったんです。

鶴見　今の国のやり方を見ていると、また地方自治制度改革案を出してきて、「地方に自治を」と言ってますね。でも、実際にやっていることはまったく反対。明治の初めに地方自治制度、市町村制度というものをつくったけれど、それは結局、村の伝統的な自治を壊すことだったのよ。つまり、言葉の欺瞞だったわけです。今まであったものを壊して、これが自治なんだ、今までのはそうじゃない、と言う。われわれはこういう言葉のあやにごまかされないようにしなくちゃいけない。あの戦争で「勝ってる、勝ってる」と言って、負けていたのと同じことなんです。

「地球は一つ、されど己が住めるところにおいてとらえよ」

田中　私は、東京都の奥のほうに住んでいますが、村のことを研究するようになってから、自分の暮らしている場所に非常に関心をもつようになりました。そこはかつて村だったところです。そこで今、非常におもしろい運動が起きているんです。代々続く二つの大きな家がありまして、その子孫の方がちょうど私と同じ四十代。その方たちが中心になって、自治とは違う地域独自の動きを始めたんです。

たとえば、ここに今ある山を守りたいとしますね。そのためにどうしたらいいか。この山にみんなが入って歩けるように道をつくろう。そう考えたんです。しかも、ブルドーザーを入れるのではなく、役所につくらせるのでもなく、各々がのこぎりやなたをもって。

鶴見　自分で刈り取るのよね。昔は、道をつくるときには、みんなが出て来て道普請《みちぶしん》したんです。

田中　その道普請が、今、始まってるんですよ。私、会長になっちゃったんですけど。

鶴見　それはすごい（笑）。

田中　来られる人が出て来て、山の中に道を通す。「自分たちがつくった道だ」という意識があれば、「自分たちの山だ」という意識が生まれますからね。それぞれの町で、今、自治体とは直接関係のない人たちが、そういう動きをしています。こういうものが残ってるんだなあと驚きました。

鶴見　都会から遠く離れたところに行ってみれば、まだまだそういう精神がありますよ。実際に「講」だって残ってます。

田中　そうなんです。私はその村の「念仏講」に出ました。女性だけが集まって。

鶴見　あれは役に立つのよ。お葬式があるときは、ただでお念仏唱えてくれるんですから。明治政府は、そういう大切な人のつながりを壊してしまったんです。大日本帝国青年団をつくって、市町村を合併して、今までお互いに顔と顔とがわかる程度の人間の集まり、自分で歩ける程度の範囲を村としていたのに、その村を壊して区画整理したんですね。

明治から百年かけて、村の数を明治初年の三十分の一にするという明治政府の目標を達成したのは一九七五年ですけれど、今、まだ続けていますね。村がつぶされると神社がつぶされます。だから、南方熊楠たちは和歌山県熊野で神社合祀令に反対したんですよ。

田中　鶴見さんは、長年、アメリカの社会学と哲学を研究してこられて、その観点から南方熊楠や柳田國男といった日本の民俗学を読み解くお仕事をなさってきましたけれど、私も熊楠に関心をもっています。熊野という土地の特性と熊楠の仕事というのが、何か対応しているような気がしてしかたがないんです。

あそこは亜熱帯、温帯、寒帯の植物までいろいろな気候の生物が入りまじっていて、新しく発見された菌類も多い。それだけ生命力と多様性のある土地で、少なからず神話的なにおいのする場所から、神社合祀反対運動が起きてきたというのは興味深いですね。私は熊楠を、地域という観点から考えてみたいと思っているんです。

鶴見　南方の熊野へのこだわりは非常に強かったですね。後半生は外国に呼ばれても行きませんでした。「地球は一つ、されど己が住めるところにおいてとらえよ」というのが南方の精神だったと思うんです。これは、「個別において普遍をとらえよ」ということです。

田中　地域と地球を結ぶところに普遍性が生まれるということですね。対談の初めのほうで、鶴見さんは「今こそ自然との共生を心から理解できる」とおっしゃっていました。こういう言い方をするとたいへん失礼に当たるかもしれませんが、それは倒れられたことによって、これまでなさってきたお仕事を、より意義深いもののようにお感じになったということでしょうか。

鶴見　そうです。こうなる前の私は、自分の実感が伴わないまま理論ばかり追いかけていました。でも、人間は誰でも自分の中から、そして一人ひとりの人生の中から、内発性が噴出してくる季節があるんじゃないかしら。私は倒れることによって、そういう季節に今、自分が直面してるという気がするの。倒れることによって、今まで言っていた理屈がまさに自分のものとなりつつある、そういう感じがしています。でもそれは一期一会なのね。もし、倒れないでいたら、今、この季節を迎えずにいたかもしれない。

田中　しかし、一期一会ということと、学問の方法は、一致するのが難しいですね。学問の方法は、一期一会でないものをいつも目指してしまうものです。

鶴見　でもね、一期一会から普遍的なものに、もう一度、展開していくことが大切だと思うんですよ。今、私は長い原稿を書いたりするのではなく、とても短い言葉、歌で思想を述べています。それから対談ね。これはまさに一期一会。火花を散らして対談すれば、何か普遍的なものが出てくると思います。

リーダーではなく、コーディネーターが高く評価された江戸時代

田中　鶴見さんが仕事を始められたとき、「思想の科学」というのは、ひとつの思想運動でしたね。ああいった形の運動が、どんどん消えてしまったように思うんです。

鶴見　今、戦後思想は終わったと思います。いろいろな形で出てきた運動が次々に終わりました。そして、人が亡くなりましたね。丸山眞男さんが亡くなったことは、非常に大きい。私、病気になってから、自分のことで涙を流したことは一回もないけれど、丸山さんが亡くなられたとき、初めて涙を流しました。そして、久野収さんが亡くなったとき、とどめを刺されたと思いました。

だから、今、これまでとは違う形で何を始めたらいいか。ここで、さきほど田中さんがおっしゃったように「道がないなら自分たちでつくりましょう」という動きが大切だと思うの。

田中　この社会に、近代化以降、捨ててきてしまった「よいもの」を取り戻すとしたら、やはり運動の形ではないかと私は思っています。しかもそれは、従来とはまったく違う形の運動

です。それは何だろうかと考えたとき、私はもっと「連」に近いものじゃないかと思うんです。江戸時代、あちこちに多数あったネットワークとしての「連」の働きです。

鶴見 そうですね。「連」というのは、非常に有効な運動のあり方だと私も思います。江戸時代の人間関係は、一人ひとり個性をもった人間が集まってくるけれど、それは決して顔のない集団じゃないのね。

田中 そうです。あるモチーフ、たとえば狂歌だったり音楽だったり何でもいいんですが、何かを動機として集まってきた人たちは、しかし、一人ひとりになると全く別の面をたくさん持った人たちなんですね。考えていることはみんなばらばら。同じじゃない。それが俳諧のように、目的はここに到達すると決めず、つかず離れず付け句をしてるうちに、予想もつかないおもしろいところにたどり着く。そういう創造性のある人間関係を考えていく必要があると思います。

その象徴的な出来事が、一九九七年、地雷禁止市民運動でノーベル平和賞を受賞した、ジョディ・ウィリアムズさんたちの運動だと思うんです。あれは、今までのように一人の思想家のもとにみんなが集まったという形ではないんです。個人が思想を持っているわけじゃなく、地雷というものがまずあって、それに反対するいくつものグループが連なった結果、大きなうねりとなって展開した例なんですね。ですから、運動という意味では、新しい時代が来たといえるんじゃないでしょうか。

鶴見　ちょっと専門的な話になってしまいますけれども、私は今、自分がこれまで築いてきた社会変動論の核に、何をもってきたらよいかを考えています。

十九世紀は、明治維新に代表されるように、戦争と革命によって大きな社会変動が起きましたね。これは自分の気に入らない人間を殺して、権力や地位を奪うことで成し遂げた社会変動ですから、こんなやり方ではだめです。私が考える社会変動は、何ものも殺さず何ものも排除せずに、ただ、人々の配置を換えるだけで、社会構造そのものを変えていく。そういうものです。この時、すべての中心にいてみんなの意見を一つずつ聞き、適材適所に人を配置換えする役割がとても重要です。

私は、仏教の真言密教の世界観を表した「曼荼羅図」を十九世紀の西欧科学の方法論によって解読しました。そして、それを新しい科学方法論のモデルとして再構成しました。南方熊楠はこのすべての因果系列の最も多く出会う場所を「萃点《すいてん》」（集まるところ）と呼びました。私はこの「萃点」を社会変動論に引き寄せて、どう解釈したらよいのかずっと考えていました。今、田中さんのおっしゃる「連」の働き、これをもってきたらいいんじゃないかと思いつきます。

田中　たしかに、「連」にはリーダーはいません。一人でみんなを引っ張るわけじゃなく、そこにいる全員が生きるようコーディネートするだけです。今まで、主張する人とか思想の真ん中にいようとする人が評価されていたけれど、江戸時代はコーディネーター的な人が高い評価を受けていたんです。

芭蕉も、「自分は句はうまくないが宗匠としては一流なんだ」と言っています。各地を歩いて、そこでのメンバーがどういう個性をもっているか、丁々発止やっているのを聞き分けて、一つの作品をつくっていったんですよ。

鶴見　いろいろ性質の違うものをまぜこぜにして、それぞれの個性を生かしながらどこに行き着くか。ある流れの中に身を任せて、その中から創造的なものを生み出していくということに、私は期待しています。

ところで、「自然は須臾《しゅゆ》とどまらず」というけれど、あれ本当かしらね。私、ある時、杖をついてこの建物（ゆうゆうの里）の五階のバルコニーを歩いていたら、目の前のスギの梢に、ヤマガラが飛んで来て止まったんです。ふつう、鳥は止まると四方に首を回すけれど、この鳥はぜんぜん動かないの。そうしたら風が急にやんでね。私、とても不思議な気持ちになりました。自然は常に流れているけれど、時間が止まるこの瞬間があるんだなあと、ヤマガラに教えられたんです。そして次に飛び立つエネルギーを蓄えているんです。

田中　ヤマガラはその時、三昧の境地だったんじゃないでしょうか（笑）。「松のことは松に習え」とは芭蕉の言葉ですが、まさに人間が別のものになる。植物になったり、動物になったり、そういう瞬間があるんでしょうね。

鶴見　それがアニミズムだと思います。田中正造が同じことを言っています。「山を治むるものは、其心《そのこころ》山の如くなるべし。水を治むるものは、其心水の如くなるべし」。これは、江戸時代の熊沢蕃山たちの水土論の系統を引いている思想です。田中正造は若いときに自分の家の名主を継いでいるんですよ。だから、お上からの圧力と庶民からの抵抗に挟まれて、とても難しい立場にいたんですが、うまくまとめていった。そして後年、田中正造は足尾銅山鉱毒反対運動を起こしていったんですから、まさに「萃点」による「連」の働きと見ることもできます。

田中　まとめるという作業は本当に大切ですね。私、知識人というのは、必ずしも自分の狭い体験の中だけでものを書くんじゃなくて、それを連ね、まとめていく責任があると思います。

鶴見　それが今の学者に欠けていることだと思うんですよ。新しい理論を紹介することは確かに必要だけど、それだけじゃ足りない。一つひとつの場所をつぶさに見て歩いて、そこに生きる一人ひとりと話す。そこから理論を構築していかなければ足りないと思います。それには、あらゆる人やものごとと連動していくことが大事です。これからはぜひ「連」でいきましょうよ。

田中　はい。今日は、鶴見さんの意見と私の意見とが連動いたしました。

（たなか・ゆうこ／江戸学者）

Ⅳ 時論

みんみん蟬生命《いのち》のかぎり鳴きつぐを我が歌詠《うた》うリズムとぞ聴く

鶴見和子の言いたい放題

はじめに

わたしは、九年前に脳出血で倒れ、左片麻痺の重度身体障害者となり、更に一年半前に大腿骨骨折の手術をうけて、超重度身体障害者となった。いつ消えてもおかしくない状態にある。山の上の隠れ家からこの世を見ていると、心騒ぐことがたくさんある。この世に思いをのこして死ぬと、化けて出るという言い伝えがある。わたしは幽霊にも化けものにもなりたくない。そこでここに機会を与えていただいて、言いたい放題いわせていただくことにした。さわやかな気持で死ぬためである。

一　権力者に対する寛容は美徳か？

テレビの国会中継を見ていると、心が騒ぐ。アメリカとイギリスのイラク戦争に対して、日本政府はいち早く支持を表明した。その理由は、「核兵器の拡散を防ぐ」という「大義」があったからだと説明した。ところが、アメリカの「大量破壊兵器」調査団の団長デイヴィッド・ケイ氏が、開戦時にイラクに大量破壊兵器はなかったと発表して、その職を辞した。イギリスでは、「イラクは四十五分以内に大量破壊兵器を発動する準備が整っている」という情報を流して、イラク攻撃の緊急性を主張した。それが開戦後誤りであることが判明して、ブレア首相は窮地に追いこまれた。アメリカでもイギリスでも、情報の真偽を調査する委員会が設置され、現在調査は進行中である。日本の小泉首相は「いずれイラクの大量破壊兵器は発見されるでしょう」と国会で言明して、少しも慌てる様子はなかった。しかし、だんだんにイラク戦争の正当性の根拠を、アメリカ、イギリスの「大義」から、国連安保理決議一四四一号へと重点移動した。

そこでこの一四四一号（二〇〇二年十一月八日）を読んでみた。そこでは、国連監視査察委員会（UNMOVIC）および国際原子力機関（IAEA）が、イラクに対して、大量破壊兵器および弾道ミサイルの所有と開発にかんする査察およびこれらの開発に携わった科学者のインタビューが完全に行われるようにすることをイラクに命じた。そして最後に、これらの義務の遂行にイラクが違反しつづけるならば、イラクは「重大な結果」（serious consequences）に直面するであろう、と言明している。これが安保理の「全会一致」の決議であると、国会で外相はきっぱり主張した。

そこで、「重大な結果」とはなんであるかは、一四四一号では明確にされていないのである。そして、アメリカとイギリスがイラクへ先制攻撃を開始したとき、安保理の常任理事国フランスと非常任理事国ドイツは「否《ノン》」と言明したのである。これで「重大な結果」とは戦争をしかけることを容認したのではないことが明らかになった。

この点を、どうして日本の国会の質問者は追及しなかったのであろうか。寛容の美徳であろうか。

イギリスの首相とアメリカの大統領のそれぞれの国民による支持率は低下している。これに比べて、日本では小泉首相の支持率は上昇傾向にある。

これは、なんと考えたらよいのだろうか。日本の民衆は、権力者に対する寛容度が極めて高いということなのだろうか。

しかし、ひるがえって考えてみると、イギリスとアメリカは、安保理の容認のない不法な戦争をイラクに仕掛けたことによって、国連憲章に違反した。他方イラクは、侵略者に対して、これを受けて立った。そしてイラク民衆は不法な戦争の犠牲者となった。

国連憲章によれば、戦争が許される二つの条件がある。一つは自国が侵略された場合であり、もう一つは安保理が容認した場合である。

この点に関する限り、アメリカとイギリスは国連憲章に違反し、イラクは違反していないという逆説が成り立つ。

そこで、不法な戦争の犠牲になったイラク民衆に対して、「ヒューマニテリアン」（アナン国連事務総長の日本国会での演説）な支援をするための自衛隊の「派遣」は、国連の立場から許容されることになる。

しかし、日本の民衆の立場から見ると、ちがってくる。戦闘のつづくイラクへ重装備の自衛隊を送ったことは、第二次大戦後はじめて海外派兵にふみきったことを意味する。今後もしアメリカが「悪の枢軸」と呼ぶ国々へ、つぎつぎと先制攻撃をしかけた場合、要請されれば、どこへでも海外派兵する道を日本は大きく開いたのである。もしそうだとすれば、権力者への民衆の寛容の美徳は、民衆自身の不幸のはじまりではないか。

そのような泥沼におちいらないように、わたしたち民衆は、権力者に対して、はっきりした意思表示をしたい。そして日本政府がアメリカに対して、単独行動主義を捨てて、日本が手本を示したように、国連重視の行動をとるように、はっきり説得に努めることを祈念する。そしてもしアメリカがこれに応じないならば、たとえ「人道支援」の名目であっても、出兵はしないことである。

二　「反日的分子」と「非国民」

四月にイラクで日本人三人（フリーカメラマンとフリーライターとボランティア活動家）が武装グループにとらえられ、解放された後に、「自己責任論」がさかんに唱えられた。その最中に、国会で与党議員が、人質になった人達を「反日的分子」と呼んだということが伝えられた。政府が、危険地域と判定して行くなといっているところへ勝手に行ったのだから「反日的分子」という称号がおくられたのだろう。この言語表現は、日本語としてはききなれない言葉である。ふつう他国人についていう時に、反日または親日ということばを使う。日本人についていう時は、反米とか親米という表現を使う。

おどろいたのはそれだけではない。わたしは日米開戦前夜のわたし自身の体験を想い起こしたからである。一九四一年十二月八日より一、二カ月前に、ニューヨークのコロンビア大学大学院哲学科で学んでいたわたしは、駐米公使若杉要氏から、「日本から引揚船がきますから、それに乗って日本にお帰りなさい」という主旨のまことに丁重なおてがみをいただいた。それからしばらくして、わたしはニューヨーク領事館から、呼び出しをうけた。いってみると、父からわたしあての電報がとどいていたのである。「カエリタクナケレバ　カエラナクテモヨイ」という主旨であった。この電報を手に握って、わたしはハドソン河沿いを走るバスの窓ガラスにむかって涙を流しながら宿舎に帰った。そしてその時は帰らない決心をした。

その後、森島ニューヨーク総領事が、領事館で講演されたとき、「鶴見きょうだい（姉弟。弟はハーヴァード大学に留学していた）は『非国民』だ」といわれたということを、その時居合わせた日本人留学生からきいた。

この経験が「反日的分子」という呼び名をきいて、まざまざとよみがえったのである。日本の駐米公使が帰国せよといっているのに、帰らないのは、「非国民」だというのである。意味はおなじだが、「反日的分子」よりも、日本語としては熟している。

翌年一九四二年六月に、こんどはアメリカ国務省から、「交換船の用意ができた、カエルかカエラナイか二十四時間以内に返事せよ」という電報をうけとって、カエル、カエラナイ、カエルと三回返電を打って日本へ帰ってきた。

戦争が近づいてくるときに、その前兆として、「非国民」、そして今では「反日的分子」ということばが役人および政治家によって使われることは、戦前も、戦中も、そして現在も変っていないことに驚く。そしてこのことばをきくと、戦争の瀬戸際の悪い予感をもつのである。
三人の人質は、イラクへの自衛隊派兵に批判的であったために、「反日的分子」と呼ばれた。わたしたちきょうだいは、開戦間際の帰国命令にしたがわなかったために「非国民」とよばれた。（しかし結局、最初の「引揚船」は横浜港を出港したが途中で帰還命令が出たために、アメリカには到着しなかった。そのため「オトリ船」と呼ばれているのだそうだ。）

現在イラクに派兵されている自衛隊を、六月末のイラクの暫定政権への主権移譲後に、多国籍軍として参加させることを、小泉首相は八カ国首脳会議で、国会の討議も、与党内の相談すら経ずに表明してきた。そして国会閉会後に、自衛隊の多国籍軍参加を閣議決定した。首相は「自衛隊は日本の指揮下で活動するのであって、多国籍軍の統一された指揮権下に入るのではないことを米英と口頭で了解を得た」と強調している。したがって自衛隊が多国籍軍の武力行使と一体化するものではない、と主張する。しかし、「口頭の了解」が現実に有効性をもつものかどうかについては、確たる証拠はない。さらに米国防次官補は米下院軍事委員会に文書を提出して、「統一された指令権とは現状においては、米軍の指揮を意味する」と言明している。このことを批判をすれば、「非国民」ないし「反日的分子」とよばれることになりかねない現況である。

戦争に捲き込まれたくないと思い、憲法九条を忠実に守りたいという意志を貫くためには、あえて「非国民」になる覚悟を、大切にしたい思う。「非国民」は、その意味では名誉の称号と心に銘記したい。

（二〇〇四年六月二十一日）

三　政治家の責任

テレビでアメリカの議会中継、日本の国会中継を見ていると、政治家が答弁又は証言するときの顔の表情がはっきりあらわれるのが、なかなかおもしろい。

イラクの大量破壊兵器がイラク戦争開戦時に「さし迫った脅威」としてあったかどうかが、アメリカのイラク戦争開始に「大義」があったかなかったかの決め手になっている。

パウエル国務長官は、九月十三日アメリカ上院の政府活動委員会で、情報はあやまりであったことをはっきり認め、今後もイラクに大量破壊兵器が見つかることはないだろうと証言した。その上で、なぜこのような誤った情報が伝えられたか、「検証しなければならない」と言明した。それはなぜこのような誤った情報にもとづいて、性急にイラク先制攻撃に踏みきったかを検証しなければならないということであろう。そして、国連常任理事国は、おなじように誤った情報にもとづいて、「もしイラクがＩＡＥＡの指示にしたがわないならば、重大な結果をもたらすであろう」と決議したのだと述べた。「重大な結果」というのはあいまいな表現であって、「先制攻撃を容認する」とはいっていないのである。日本の国会では川口外相は、国連決議一四四一号に対して、あたかもこれが先制攻撃の容認であるようにきこえるような答弁をして、「これは全会一致でした」ときっぱり口を結んだ。それならばどうしてフランスとドイツがイラク戦争に反対したのか、つじつまがあわないのでわたしは不審に思って一四四一号をとりよせてみた（『環』一七号参照）。

イラクの大量破壊兵器がイラク戦争開戦時にあったかなかったかについて、日本でも先の臨時国会で質問があった。小泉首相は、「そのうち見つかるでしょう」と、いとも簡単に軽くいなしていた。

政治家が、自国民および世界に向って、自らのあやまりを認める、ということは、そのことによって被害をうけた自国民および他国民に対して責任を負うということで、政治家の資質としてはもっとも重要なことである。この点で、わたしは今回のパウエル長官の証言に感動した。アメリカがすべて悪いのでもなく、すべて良いのでもない。

アメリカの悪いところは見習わないで、良いところは見習うことにしたらどうであろうか。

四　国は破れても文化は遺れ

「国破れて山河あり」とは昔の話である。今は産業公害は自然を破壊し、戦争公害はさらに深刻な自然破壊を行っているからである。

わたしは今、この国は、滅びに向って進んでいるのではないかと憂える。それはこの国の針路が、国民に向って示されることなく事態が進行しつつあるからである。

身近なことからいえば、「郵政の民営化」である。現在の郵便局のどこが悪いのか説明がない。「民営化」することによって、地域の利用者の立場からみて、どのようなメリットがあるのかもわからない。

もっと大切なことは、外交と防衛問題である。イラクへの自衛隊派兵は、二〇〇三年のエビアン・サミットで、小泉首相がアメリカのブッシュ大統領と約束をしてきた。国会での論議は後まわしである。イラク駐留自衛隊の多国籍軍への参加も、国会で審議する前にまず日米首脳会談で、大統領と約束してしまった。このように、国民に最大の影響を与える事柄を、自国民には相談せず、一番先に大国の大統領と相談して、あとは「閣議決定」で決めてしまうやり方は、国民をバカにし、国会を無視する政治手法ではないだろうか。

最近「防衛新大綱」を政府が決定したと伝えられる。その新大綱によれば自衛隊は専守防衛を「見直して」、防衛と同時に、海外活動を主要な任務にするという。さらに、「憲法改正」についてはまだその草案が発表されていないのではっきりしたことはいえないが、九条は残しておいて、「集団的自衛権」を認めるということらしい。そうすれば、自衛隊は、大国に請われるままに、世界じゅうどこへでも派兵が可能になるであろう。

また、「防衛新大綱」によれば「国際貢献」を自衛隊の主要な任務とするという。

これらのことを総合すると、日本列島は大国アメリカの世界戦略の前線基地となり、「国際貢献」の名のもとに自衛隊はアジア・中東地域さらには世界じゅうのどこへでも出動することになる。

もっと怖しいのは、アメリカの軍司令部の一部を、神奈川県キャンプ座間に移転したいというアメリカの意向が伝えられていることである。もしこれを受け入れることになれば、アメリカの戦争に捲きこまれ、日本列島は修羅場となろう。これこそ滅びへの道ではないだろうか。

わたしは、この世の修羅を見るまで生きてはいない。しかし国が破れて、このくにびとの文化が滅びてしまうのは、このくにだけの不幸ではない。地球上のすべてのくにと地域について、同じことがいえる。それは人類にとっての不幸である。

指導者のおろかさによって、たとえ国は滅びても、人々の創りあげてきた文化を遺すことはできるのだろうか。

フランスの海洋エコロジスト、ジャック＝イヴ・クストー（一九一〇―一九九七）は、三〇年、四〇年にわたって世界各地の海底を探険した結果、生物の種のすくない場所は、生物が生きにくい弱い場所であり、生物の種の多いところほど、生物の生き易い強い場所だと結論づけた。そして、文明、文化についても、おなじことがいえると主張した。現在世界を支配しているのは、軍事力の最も強い国が自国の文明の単一支配を、地球上におよぼすことが人類の幸福だと信じているらしいことである。最も強いと自己主張する文明が、他の文明、文化を滅してゆくことは、実は、自殺行為なのだということを、クストーは警告したのである。

わたしたちは、本当に大国アメリカの盟友であるならば、盟友の自殺行為を思いとどまらせ、異るものが異るままに共に生きる道へ説得力をもって導くことはできないものか。

五 「日の丸・君が代」の強制に想う

わたしは一九二五年四月、東京の牛込若松町にあった成城小学校に入学した。校長は、当時自由主義教育の旗頭であった澤柳政太郎先生であった。父が澤柳先生の教育思想に共鳴して、麻布の自宅から通学に一時間余りかかるこの学校に入れたのだった。新渡戸稲造博士のお孫さんの誠さんも同級生。担任は、生活綴方教育の流れを汲み、『教材王国』という教育誌の、編集・発行人であった奥野庄太郎先生。成城小学校では、祝祭日はすべて休日であった。日の丸を掲揚せず、君が代を歌うこともなかった。国語の時間には、文部省の国定教科書を使わず、日本及び海外の童話を奥野先生が編輯されたものが使われた。また学校の図書室で、自分の好きな本を選んで読むこともあった。音楽の時間には、文部省の唱歌ではなく、主として北原白秋作詞、山田耕筰作曲の歌をうたった。この頃はもっとも楽しい時代であった。

ところが二年後に成城小学校は廃校となり、澤柳先生も奥野先生もお罷めになった。学校は砧の成城学園に移り、小原国芳先生が校長になられた。そして学校の様子はがらりと変った。それでも、祝祭日は休み、日の丸は掲げず、君が代も歌わなかった。牛込から砧への学校の移転と校長交替の背景に何があったのか、子どものわたしにはわからなかった。「学校騒動」などということばを、ちらときいたことはあった。

ここでは「ダルトン・プラン」（自由と協同を二大原理とする米教育家パーカストの教育計画）という授業のやり方が導入された。晴れた日には、ノートをもって野外に出たが、そこで何をしたらいいのか、わからなかった。式典のないことだけは元通りであった。

砧に移って一年後に、両親はわたしの身体が弱いのに体操の時間がなくなったこと、わたしの言葉遣いがぞんざいなことを理由に、わたしに転校をすすめた。わたしも授業のやり方に戸惑っていたので、同意した。

そして女子学習院の中期一年（小学五年生）の編入試験を受けて、転校した。

自由主義教育から天皇制教育への一八〇度の転換であった。そこで事件は天長節（昭和天皇の誕生日で祝日）の日に起った。両親は、その日は軽井沢へドライヴにゆくが、「和子は一緒にゆくか、ゆかないか」ときいた。わたしはもちろん「ゆく」と答えた。そして母は、その日の欠席の理由を通信簿に正直に書いて、担任の先生に提出した。

先生はわたしを呼び出して、

「天長節に、遊びにいって、式典をさぼるとは、不忠の臣です。詫び状を出しなさい。」

と昂奮していわれた。わたしはそれまでの習慣で、天長節は休日と心得ていたので、なにが悪いのか全くわからなかった。「不忠の臣」ということばも耳馴れなかった。そこで母親が呼び出された。あとで母にきくと、『うちの子は、自分が悪いことをしたと思わないのに、あやまるように躾けてはおりません』といってきたわ。」と、けろりとしていた。

その後、担任以外の先生方からも、わたしを責めるお手紙をいただくようになり、これは厄介なことになるぞと思い、母には内所で、こっそり「詫び状」なるものを書いて、担任に提出した。これで一件落着したが、この事件を、わたしは生涯忘れることはできない。このことによって、わたしは母を尊敬し、教師を尊敬できなくなった。そして面従腹背という世渡り術を身につけた。その時母が、このようにきっぱりと教師に抵抗してくれなかったならば、わたしは自由な思考を停止することになっていたであろう。

現在ふたたび、日の丸を国旗とし、君が代を国歌とする国旗・国歌法が定められた。式典では日の丸を掲げ、君が代を歌い、君が代斉唱の時は起立することが風潮となった。但し、これは「強制しない」とされているが、地方自治体によって、強制の度合いは異なる。とくに厳しいのが東京都である。

東京都の養護学校の教員が、卒業式に、日の丸掲揚・君が代斉唱の強制に反対して、手描きのブラウスを着て出席したところ、戒告と減給の処分となり、これを取り消すことを求めて、民事訴訟を起し、現在係争中ということである。

今後、憲法及び教育基本法改悪が実現すれば、日の丸・君が代の強制はもっと広範囲に及び、より厳しくなるだろう。戦前の成城小学校の場合、私立であったから許容されていたのであろうが、今後は、日の丸・君が代の強制は、私立にも及ぶかもしれない。教育の現場でのこのような強制は、教師には、恐怖心を抱かせ、子どもには、これから先は考えてはいけないという自由な思考の停止をもたらし、「創造性への限界」を設けることになりはしないか、そのことが今のわたしには大変心配である。

六　小泉首相の靖国神社参拝に思う

うっとうしい露雨の日、眼をつぶっていると、目交《まなかい》に浮ぶのは、柳田國男の『遠野物語』の原郷、岩手県遠野の原風景である。山々に囲まれた盆地に住む人々に昔から尊崇をあつめていたのは早池峯《はやちね》である。田圃の畦道に倒れかかった鳥居がある。これは早池峯神社の方角に向って樹てられている。村人は日々の暮しに追われて、早池峯登山はなかなかできないから、ここから神社を遥拝《ようはい》して、日々の平安を祈ったのである。

わたしは、小泉首相が紋付袴で威儀を正し、部下をしたがえて靖国神社に参拝するのをテレビで見て、腰に大小がちらつく思いがした。十五年戦争で、日本に侵略されたアジアの国々の人々が、非業の最後を遂げた同胞とその苦難を想い起すのは当然のことと思う。

小泉首相は、遠野郷の古式にならって、ご自宅のお庭の片隅に、靖国神社の方角に向って、丸太で鳥居を立てられたらどんなものだろうか。そして戦没者の霊に対して、心ゆくまで不戦の誓いを祈念されたら、犠牲となったアジアの人々を挑発することもなく、御自身の本意を叶えられるのではないだろうか。

A級戦犯とは別に、戦没者だけの神社を新しく建設するなどという国家的事業とは異なり、まことに簡単に自費で作っていただくことができるだろう。

そこで、古代民衆の知恵にならって、真心こめて不戦の誓いを深め、たしかめていただきたい。

七　「不戦」の誓い

二〇〇五年十二月四日夜のNHKテレビ「脳梗塞からの〝再生〟――免疫学者・多田富雄の闘い」を観て、私は感動した。多田さんは脳梗塞で倒れられてから、その後遺症で右片麻痺の上、水を飲むことも話すこともできない極限の痛苦に悩まされていらっしゃる。被爆者の今際《いまわ》の痛苦を一身にひきうけておられる。

原爆碑に詣でるために広島平和公園を訪れたシテの多田富雄師が、ツレの式江《のりえ》夫人に支えられて現れたときに、平和公園は壮大な能舞台と化した。そして多田富雄師が原爆碑の前に立って祈りはじめた時の表情は真情にあふれていた。その時、多田さんの姿は一瞬ゆらぐかに見えた。あたかも被爆者の霊が水を求めてさまよい歩くように。原爆碑の前に立った多田さんは、被爆者の霊と一体化してそこにたたずみ、舞いを舞っておられるように私には思われた。

科学は人類の幸福のためにあるべきものなのに、科学者が人類を破滅させる兵器をつくり出したことに対して、多田さんは科学者の一人として、自責の念と、被爆者に対する悔悟の気持ちを抱かれ、このようなことをふたたびくり返してはならないという真情が、面《おもて》にありありと現れていた。

このことこそ、本当の意味の「不戦」の誓いではなかろうか。宰相の靖国参拝の「不戦」の誓いと何と違うのだろうと、私は身にしみて感じた。そのことが一番大きな感動だった。

八　もやい直し

二〇〇四年三月、産業廃棄物処理業のＩＷＤ東亜熊本が、熊本県および九州一円の産廃の最終処分場を水俣につくる計画に向けて、環境アセスメントの手続きを開始した。計画を許可する権限は県知事（潮谷義子氏）にある。環境アセスメントの開始により初めて計画を知らされた市民は、驚愕した。産廃処分場の予定地は、水俣市の山間部、湯出川の上流にあり、まさに水俣の水源が危機にさらされるのだ。水俣病患者の団体「本願の会」（浜元二徳代表）を始めとして、「水俣の命と水を守る市民の会」（坂本ミサ子代表）「水俣を憂える会」（坂本龍虹会長）といった、患者ではない市民の団体も、市に対して、これを許可しないようにという申請を行なった。「本願の会」の浜元さんは、かつて「われわれは水俣病によって大きなマイナスを受けた。それをどのようにプラスにするかを考えたい」と述べた人である。

「本願の会」を始めとする市民団体のメンバーは、反対を訴えるために、当時の市長・江口隆一氏と面談した。ところが、江口市長は「中立」の立場をとり、業者の言い分と反対する市民の意見の両方を聞いて判断するというあいまいな態度を保ち続けた。それゆえ、市民はずっと不安を覚えてきたのである。

そんななかで、今年二月五日に水俣市長選挙が行なわれた。その結果は驚くべきものであった。選挙は、現職の江口隆一氏と、新人で前教育長の宮本勝彬氏の、事実上の一騎打ちだった。宮本氏は、はっきりと産廃処分場建設に反対する立場を打ち出して立候補した。結果は、約三千五百票差という圧倒的な多数を得て、宮本氏が当選した。これは画期的なことである。

水俣病の発見以来五十年、水俣病患者と患者ではない市民とのあいだには、深い対立があった。水俣病の多発部落のなかにおいても、患者を差別する構造があった。そればかりでなく、家族のなかにおいてさえ、患者と認定された家族とそうでない家族との対立が生まれ、それまでの人間関係がばらばらになってしまったのである。ところがこの産廃処分場の建設に対しては、水俣病患者とそうでない一般市民とが、初めて一致して反対し、それが反対派の候補者の圧倒的な勝利に結びついた。

反対派の市長は当選したが、処分場建設認可は熊本県知事にかかっている。建設を阻止するには、県を動かし、国を動かさなければならない。これからが正念場である。そして、処分場計画を撤廃したのちには、自然破壊を乗り越える新しい村づくり、市《まち》づくり、国づくりをどのようにして実現できるか、ということが、一番大きな問題となる。

私が以前、アメリカのキーポン汚染事件（熱帯果物の駆虫剤工場からの排水による河川の汚染）の会議に出席したとき、また中国・黒竜江沿岸でのパルプ工場の排水による汚染について調べたとき、どちらの関係者も「水俣はわれわれの教科書です」と、まったく同じことを言われた。汚染がわかった早い段階から川を禁漁にしたのである。水俣が公害をのりこえる新しい市《まち》づくりに成功すれば、世界中にとって新しい「教科書」になるだろう。

私は、その実現の鍵となるのが「もやい直し」だと思う。「もやい直し」とは、江口氏の前の市長だった吉井正澄氏が在職中に提唱したことばで、水俣の人々が、患者もそうでない人も共に手をつないで、水俣の再生を目指そうという想いがこめられている。当選した宮本氏は、吉井市長時代の教育長だったという。その人が圧勝したことは、吉井氏のもとで「もやい直し」を進めたことが、宮本氏を後押ししたことも意味している。

「もやい」とは、岸に杭をうって、船を綱で結び停めることである。これまで共に生きてきた、自然と人間、人間と人間とが、水俣病の発生によってばらばらになってしまった。その絆をもう一度むすびなおそうとしたときに、吉井氏は「もやい直し」という漁師たちにとっての日常語を使ったのである。

一九八九年夏、水俣で開かれた国際会議の場で、この会議を患者代表として司会した浜元二徳さんは「じゃなかしゃばつくろい（こんなんじゃない世の中をつくろう）」と演説し、このことばは世界各地から訪れていた出席者の合言葉になった。水俣語が世界語になったのである。「もやい直し」とは、人と自然の共生、人と人との共生を、水俣の日常語で表現した言葉である。「じゃなかしゃば」をつくる方法をあらわすのは、「共生」よりも「もやい直し」という水俣で生まれた言葉がふさわしい。これが世界語になることが、私たちの念願である。

これから水俣が再度の、そしてさらに大きな災害にあわないように、水俣の人びとを支援し、全国紙に報道されないこの事件に注目してゆきたい。

九　老人リハビリテーションの意味

老人保健法による老人医療の改正が今年四月から実施された。このことについて、私が現在暮らしている高齢者施設に、理学療法士を派遣してくださっている二つの病院の整形外科部長から、つぎのような趣旨の説明があった。

八十歳以上であって、大腿骨骨折の手術をした老人は、リハビリテーションをやっても回復の見込みはないから、無駄である。そこで、これまで毎月二回していたリハビリテーションを、三カ月間だけは月一回にする。その後は自主リハビリテーションとする。

これは小泉さんの政策です、と付け加えられた。このことは、私を思いもよらぬほど早く直撃した。月一回のリハビリテーションが終わるのが六月一日であったが、五月三十一日の朝、それまでベッドから楽に起き上がって車椅子に移動していた私が、急に背中が痛くてどうしても起き上がれなくなった。そして、日増しに背中が痛くなり、日常生活行動が不自由になった。

そこで考えてみるのだが、前に書いたように、私のような条件の老人は、リハビリテーションをやっても機能が全面的に回復するのは困難である。しかし、リハビリテーションを続けることによって、現在残っている機能を維持することができる。つまり、老人リハビリテーションは、機能維持が大切なのである。もしこれを維持しなければ、加齢とともに、ますます機能は低下する。そして、寝たきりになってしまう。

私は、現在のところは日常生活行動は自立している。車椅子にのって机に向かい、毎日本を読んだり、歌や文章を書いている。それで頭のぼけを予防してきたのだと思う。ところが、これができなくなって寝たきりになると、すべての生活行動に介護が必要になる。頭のぼけも進行する。そして寝たきりぼけ老人になってしまう。そうすると、政府が拠出する介護費用は、リハビリテーションを減らして倹約した金額よりもかさむことになる。費用を捻出するつもりが、逆になる。

戦争が起これば、老人は邪魔者である。だからこれは、費用を倹約することが目的ではなくて、老人は早く死ね、というのが主目標なのではないだろうか。老人を寝たきりにして、死期を早めようというのだ。したがってこの大きな目標に向かっては、この政策は合理的だといえる。

そこで、わたしたち老人は、知恵を出し合って、どうしたらリハビリが続けられるか、そしてそれぞれの個人がいっそう努力して、リハビリを積み重ねることを考えなければならない。老いも若きも、天寿をまっとうできる社会が平和な社会である。したがって、生きぬくことが平和につながる。この老人医療改定は、老人に対する死刑宣告のようなものだと私は考えている。

（二〇〇六年六月十五日）

国連外交と日本の立場

緒方貞子
鶴見和子

編集部　いま日本は、世界のなかでどういう立場にあって、これから日本の外交はどうあるべきか、日本の進路、方向性について、まず緒方さんからお話しいただければと思います。

グローバル化とローカリズム

緒方貞子　そもそも外交というものは、国と国とのあいだの関係のことを考えていたのですが、いまの時代においては、国と国ができる部分というのは限られています。ですから外交がどうあるべきかというのは、ある部分の問題についてしか言えないだろうと、私は思います。一方では、グローバル化の時代に人が動く、物が動く、お金が動く、そしていろいろな情報が動くのです。それはどんな国も止めることはできないと思います。極端な例としては、八〇年代の学者の仲間に北朝鮮に行った方があって、そういう方たちは朝鮮の飛行場で、ラジオすら取り上げられていました。そのぐらいしないと、全部情報を止めることはできないし、完全に情報、人、物、金の動きを止めることはできないでしょう。

そういう広がりのある状況のなかで、今度はどうやって自分のアイデンティティといいますか、個を守りつづけていくかという、大きな問題はあると思います。そしてまた、どこかに属したいという気持ちもあるのですね。グローバルな世界全体のなかで、自分は存在感もない、浮草のような感じをもっていることからくる不安感。それが案外、ナショナリズム、ローカリズムみたいなものにもなっていくと思うのです。世界にはこの二つの相反する動きがあるのではないかと私は思います。

グローバル化によって、いま難民だけではなくて、移動労働者といいますか、マイグラント・ワーカーが大変多いわけです。その人たちをどう見るかというのは、具体的に大きな問題です。日本にも実際にはたくさんいます。そしてまた、日本は少子高齢化が進んでいるなかで、いまの人口構造が進んでいくと、社会保障だけではなくて、国としてなかなか成り立っていかないということはわかっている。わかっているのに政策は何もしてないのですね。西欧の国々には政策があるのですが。アメリカだけが比較的政策として取り上げる必要がないのは、相当数の移動労働者が入っているからです。それでアメリカだけが少子高齢化の問題に直面していないし、人口構造もそれほど先細りにはなっていないからなのです。

これから日本が国としてどうやって成り立っていくかは大きな課題です。経済面でも日本は貿易だけ考えていた時代から、今は投資していく時代です。中国の例をとれば、中国から野菜がくる、食べ物がくる、あるいは生活物資がくるというようなことを心配していたのはとっくの昔で、いまは中国へ持っていって作らせて、それを日本が買っているわけです。そのように生産構造も変わってきている。日本の中だけで作っていけるものが何なのか考えなければいけないというように、経済構造も変わっているのです。

そのなかで、どういう政治をしていくか、私はかなり大きな問題だと思います。一番ローカルなものにつながっているのは政治だろうと思います。選挙民から票がこなければどうにもならないから。しかし全体の福祉、向上、発展をとげるためには、ローカルなものを越えた施策を考えなければならない。ローカルな形から生み出されてくる政治や政治家が、どうやってバランスしていくのか。経済人も同じだろうと思います。

そういう二つの矛盾に直面しているのではないでしょうか。その問題は日本だけではないと思います。中国のように非常に大きい国は、いま急激に発展しています。中国は先の自分たちに必要なエネルギー源とか、いろいろな資源を求めて、南米やアフリカなどにかなり積極的に展開しています。ヨーロッパの国々は、大きなヨーロッパ統一の地域として、一つの大きな市場を作り二十五か国にまでなっていますが、こうしたドラスティックな動きに対応していると思います。アメリカやオーストラリアは大陸国家だから、それなりにまだ余裕があると思いますけれども、日本のような島国で、人口密度も高いし、資源には限りがある。これから根本的に変わっていく日本のあり方や構造的な問題にどう対応していくかは、かなり深刻ではないでしょうか。韓国もそうだと思います。小さい国ですけれども、いままでのところはすばらしい経済成長をとげています。だけど早晩、日本と同じ、もっと大きな問題があるかもしれませんよ、統一問題があるから。

——世界が本当にいろいろな問題をはらんでいるということですね。

緒方　そうです。そして構造的な変化が大変大きいから。そういうなかで外交の占める部分なんて小さいのではないですか。いろいろ調整していかなければならない問題がありますからね。いま日本の外交上で、もっとも大きな課題の一つは自由貿易協定などをつくっていくことではないでしょうか。六か国交渉の今後の進展はわかりませんが、アジアは地域化のなかで、地域内でのいろいろな約束ごとをつくっていくのが非常に遅れていますね。

アメリカと国連

緒方　日本とアメリカとの関係というのも、政府だけがカバーできるようなものではない、非常に大きな問題です。安全保障の問題からアメリカをどういう形で引き込んでいくかということも大きいと思いますけれども、政府ができることというのは少ないのではないでしょうか。

国連は、各国が協力して、軍事力を行使しなくてもすむような交渉をし、安定したバランスをつくっていくということでできた組織ですから、国連に求められるものは、どこまでその役割を果たせるようにもっていけるか。アメリカに完全にそっぽ向かれたら国連は動きませんから、どういう形でアメリカをふくめた、ある程度の平和と安全の機能を果たせるようにつくり直していくか。

アメリカにとっては、九月十一日の世界貿易センターとペンタゴンへの襲撃というのは、大変大きなショックだったのです。それは私もそこにいましたからとてもよく分かります。そのショックと、その脅威にどうやって対応したらいいかということについて、きわめて深刻な不安定感が生まれたわけです。ブッシュ政権は軍事力を行使して、その脅威の源であるテロリズムへの戦いというものを打ち出したのです。けれども、非常にむずかしい。グローバル化時代においてテロリズムの震源というのは、どこかの地域に根のあるものではなくて、方々に散っている。だから地域的に限界がない敵、限定されない敵への対抗というのはとてもむずかしいわけです。

少なくともイラクがあのアメリカの九月十一日の源泉でないことはみんなはっきりわかっています。ですが、イラクがもたらす不安定、つまり中近東をどうやってイラクの支配下に落ちるのを止めるかというのは、アメリカの軍事と外交において大きな課題ではありました。九〇年の湾岸戦争以来、ずっと最終的な対応をしないできてしまった。したがって、この機にきちんと対応したいという考えがアメリカの一部のなかに強くあったのです。もちろん、核拡散や核軍縮という問題は大きな問題で、それを実施していく過程で、イラクには核兵器があるということを仮定していまして、ずっと国連の安全保障理事会では、一種の制裁行為といっていいでしょうね、イラクは自由に石油を輸出できないなかで、一般の人々に必要なものを買う分だけの石油は売ってもいいと管理していたわけです。その一方で、大きな軍事力を持たないようにという監視もしていました。アメリカとしては疑いを主張しつづけて、査察をやっていましたが、その査察では不十分だと。イラクとしてもかなりの軍事力は持っていたのですが、それがどのぐらい切迫した危険かどうかということについては、安全保障理事会の中でも意見の一致はなかった。そういう状況だと思います。

国連の効果的役割と自衛権

緒方　国連の中心はメンバー国であって、国連を通しての安全機能をきちんと成立させる中心は、安全保障理事会の常任理事国です。そのなかの意見が割れたときには、国連は効果的な役割を果たせないのです。冷戦のあいだは、安全保障理事会の主要な理事国であるソ連と、ある時期は中国がそちらについていたし、イギリス、フランスはある時期はアメリカについていた。冷戦期には、国連は平和と安全問題については何もできなかったのです。アメリカが完全に国連からそっぽを向いたら、国連の平和と安全の機能は果たせません。アメリカを含めてやっていかなければならないというのは、国連にとってはそれこそ死活的な問題です。国連のイラクの攻撃については、フランスは拒否権枠をちらつかせていましたし、ドイツも、すぐ軍事行動にでるということについては合意しなかった。では、どこの国が合意するかしないか、九票ないとだめなのですが、その時、アメリカは九票取れなかったのです。それで自分にとっては切迫した危険だということで、軍事行動にでたわけです。イギリスはそれについていった。ある国が、自衛のために、もし切迫した、イミネントな危険であるという場合には自衛権があるということは、国際法的にみて正しいのです。破壊兵器があるということが大きな理由になりました。しかし、大量破壊兵器はないということになった。その後、パウエル国務長官もそう言われました。一番力がある国が絶対反対して、自分で軍事行動したときに、それに対応するすべはないと思います。かつては米ソというバランスのもとで、ある種の均衡、安定を世界は保ったのです。いろいろな地域紛争を見ましても、力のバランスで戦争にならないやり方はいくらもあるのです。ただ、今回のアメリカの動きというのは、どうしてもイラクを叩かないと自分の安全が保障できないと、いろいろな理由から考えたのでしょうね。全部の人が考えたかどうかわかりませんけれども。また、叩けると思ったのでしょうね。

安全保障理事会そのものは十五か国、そして常任理事国は五か国ですね。その五か国は歴史を代表はしていますけれども、現在の世界を代表するとは言えません。アメリカ、イギリス、フランス、ロシア、中国です。軍事力で計るとすれば、アメリカは少なくとも超大国であることはまちがいないでしょうし、経済力ということになると、日本はそれに次ぎますね。それから中国だって伸びています。いろいろ変わりつつある世界において、どういう国に常任理事国的な役割を与えるのか。

そして拒否権というのは、自分について死活的な危険があったときに、それを否定するという意味では、存在する意味はあると思います。

ただ、そういうものがやたらに広がるのではなくて、みんなで話し合うことによって、そのような拒否権を行使しなければならないような問題に対応できるような組織になっていく。平和と安全についての話し合いができる、というのが望ましいと思うのです。

今回は、正当化されると言えるか言えないか、意見はかなり分かれています。ただし、一番大きな理由として使った大量破壊兵器からくる脅威はなかったわけです。

鶴見　だけど、アメリカは誤った情報によってイラク戦争を決断した。誤りを認めたのはパウエルでしょう。私はあれはすごいと思った。パウエルは、その前は、次期政権においてブッシュが大統領になっても辞めないといっていたのよね。だけどあれをいった時に、もう辞めるなと、その決意でいったんでしょう。だけどあれをはっきりいったということは、私、政治家の責任としてすごいお手本を示したと思う。

緒方　まあ、言わざるをえなかったでしょうね。お手本を示したのはいいけれども、誤った方向に行ってしまったという現実は、どうにもならないですよね。アメリカで『ナイン・イレブン』という膨大な調査報告書が出ましたけれども、あれはすごいですね。

鶴見　そこでわかったのよね。その時、日本の小泉首相はなんていったかというと、まあ、そのうち見つかるでしょうよ、と国会でいったのよ。びっくりしたわね。あれは何でしょう。政治家と言えないね。国会をばかにしてるのね。国会自身がばかなのかな。あれは驚いたわね。

緒方　もう少し長い期間、査察をしつづけるという説はあったのですけれどもね。アフガニスタンの場合は、ある程度、国際的な支援はあったのです。アルカイダの集団があの国にテロの訓練のセンターのようなものをつくって、そこから各地へ行こうとしていたわけですから。それを叩こうと、アフガニスタンのなかでタリバンに反対する勢力が、ずっと交戦をつづけていた。北のバンシールというところにいるタジク系の人たちです。それといっしょになって叩いたので、国際的な合意も支援も多かったのです。

テロの広がりはどこでも困りますからね。それを契機にして、アメリカは出入国の管理もずいぶんきびしくしました。それでアメリカに行く人や学生が減ってしまったのです。なかなかビザがおりないというようなことでね。それは将来のことを考えると、私はアメリカにとっていいことではないと思いますよ。イギリスに行く人がずっと増えていますね。留学生も来なくなるような国になったら困るでしょう。アメリカははげしくブレる国ですけれども、ほとんどの場合、自分のなかでそれが調整されていくのですけれどね。

「八月十九日」から回復できぬ国連

鶴見　アメリカというのは、つねに自浄作用があるから、あっちへ行ったと思うと、こっちへ帰ってくるでしょう。私はそういうのを信頼していたけれども、今度はもうだめじゃないかしらって……。

緒方　私は、多少、外との交流を開いていくとは思います。戦後経営をうまくするためには、アメリカだけではだめなのです。そのあたりは意識していると思うし……。

鶴見　わかってきたかしら。だけど今度のブッシュ政権の陣容を見ると、パウエルが抜けたでしょう。そしてライスが入った。非常に強硬な線ね。それでまた、独裁国家という名指しをしたでしょう。これは北朝鮮とイランをうんと刺激するわね。だけどアメリカも困ってるとは言わないけれども、困ってるでしょう、いまのような……。だから今度の災害では、比較的政治的ではないのよね、自然災害。

緒方　災害というのは政治的ではないのです。

鶴見　だから、それじゃあ、国連にお願いしましょうというふうにしたでしょう。これはとてもいいはじまりだとは思うの。

緒方　まあ、アメリカを巻き込んでいかなければどうにもならない。

鶴見　毎日新聞のインタビューでも、どうやって巻き込んでいくかとおっしゃったけれども、それはアナン事務総長が真剣に考えていることでしょう。

緒方　それはそうやさしいことではないのですよね。アナンとパウエルのあいだは、比較的コミュニケーションはあったと思います。

鶴見　そうでしょう。それが今度は切れちゃったからね。

緒方　だからつくり直さなければなりません。アナンがイラクにもう少し入っていこうと思っても、なかなか国連の職員が入っていかないのは、一昨年の八月十九日に国連の代表団が狙われて殺されましたからね。あれから回復できないのですよ。ちょうどアメリカが九月十一日からなかなか回復できないように、国連も八月十九日から回復できない。

同盟国という問題

鶴見 だけど、アメリカはイラクの事情を本当に研究しないでやっちゃったんじゃないの。だって日本と同じようなものだなんていった人もいたでしょう。

緒方 ドイツ、日本、イラクをいっしょくたにしている、そういう占領行政の比較研究の仕方は私は非常にお粗末だと思います。

鶴見 全然違うのよね、日本とイラクは。

緒方 時代も違いますしね。第二次世界大戦時の戦争というのは、一種の帝国主義の総力戦でしたし、日本もともかくそれに対抗して敗けたのですから。その時の戦争とは違う。今回も交渉はかなり最後まで行われましたけれどもね。いまのアメリカは、空爆を中心とした高度の軍事力をもっていますが、それで地上戦がうまく片づくというわけではないのです。

鶴見 だけど今度は小型核兵器とか……。

緒方 核兵器は使わないようにしないとね。せっかく、なんとか六十年、核兵器を使わないできたのですから、これを使わせないということは、本当に大事です。

鶴見 アメリカが核兵器を使わないということになれば、もうほかの国が抵抗するとか、対抗するということが、非常に少なくなると思うの。

緒方　核物質の平和的な利用もありますけれどもね。でも、その核濃縮技術の大変な発展で、いつでも核兵器を作れる状況にある国は、いくつもあるらしいですよ。ですから核軍縮は、核管理を中心にした合意を進めていかないとね。北朝鮮問題、イランの問題については、ヨーロッパがそうとう本気になって、介入しています。ただ叩けば終わるという問題ではないと思います。そんなことをしたら、あらゆる国に戦争していかなければなりません。

鶴見　そうよ、あらゆる国にやっていったら大変。もうそれこそ世界戦争。

緒方　それについてアメリカは硬軟両用の外交を使っていかなければならないでしょうし、アメリカのいろいろな同盟国に働きかけていかなければならないでしょうね。

鶴見　そして日本が、同盟国だといってアメリカについていくということになると、これは……。

緒方　同盟国としてついていかなければならないものもあるし、おさえていかなければならないものもあるでしょうし。またほかに日本にとって大事な国がたくさんあるのですから、そういう国との協力も得ていかないと……。

鶴見　それが日本の外交の問題じゃない？　いま、国際というと、アメリカと日本の関係が国際だというふうに考えている向きもあるんじゃない？

緒方　ヨーロッパとの関係は非常に大事だと思いますよ。それからとくにアジアの国々との関係は大事だと思います。

中国との関係――相互依存の認識を

鶴見　そう、アジアね。私はね、一番心配しているのは、中国との関係。アメリカが中国と何か事を起こせば、日本はとてもむずかしいことになると思う。

緒方　いまアメリカが中国と事を起こしそうな気配はないでしょう。

鶴見　そう？　でも中国はやっぱり敵視すると思う。台湾の問題はあるけれども、経済成長が進んでくるでしょう。そうすると中国がこれからとても強くなる。

緒方　中国がアメリカに対抗して軍事力を使うというようなことはないと思います。だって、何もプラスはないのですもの。中国はそんなことをしなくても、いまいくらだって経済成長をつづけていますし。

鶴見　そうよ。中国はそれを望んでないと思うの。だけどアメリカは中国を牽制したいというか……。

緒方　アメリカはいま、中国が自分の方に向いてきていないから、牽制しようとか、軍事的に何かしようということはないと思います。

鶴見　それならいいけれどね、私、それが一番心配なの。日本と中国の関係を小泉さんはあまり考えてないでしょう。

緒方　どちらなのでしょうね。歴史的な負い目というものはありますよね。いま、それを忘れてしまっている人はたくさんいます。そして逆に、戦後の日本の一種のナショナリズム、中国に対してけしからんみたいなことを、軽やかにいう人たちがいるのは非常に驚きます。中国と仲よくしなくてはいけないと真剣に考えた方たちがいた、そういう時代が終わったのかなという気がしますね。

鶴見　靖国問題だけが前面にでて……。

緒方　靖国問題よりももっと大きな問題は、日本と中国とのあいだをどうやってよくしていくか。歴史教育は一つの問題ですけれど、相互依存の実態というものをもう少し認識したらいいと思います。中国なしで日本の経済は成り立ちませんよ。

鶴見　日本から向こうへ持っていって、それで生産をしているんだから。

緒方　そうですよ。直接投資があらゆる面であるわけですから。そしてそれは中国にとってもプラスなのです。関係が悪化するというのは両方にとってマイナスなのです。

鶴見　そうなの。そこのところがいまの政権では、ちょっとあぶないように思う。

緒方　あぶなくしないようにしなくてはいけない。そしてODAでも中国に対して有償や無償の資金面の援助はだんだん必要ではなくなってきているだろうと思います。ですが、まだ技術面の援助は中国としても必要だし、環境の問題や感染症は、技術協力を受けながら、中国がきちんとコントロールしてほしい。

鶴見　そうね。だからアジアのなかで一つの共同体というか、EUみたいなものができないにしても、その前段階みたいな形で、アジアのなかで全体が築けないかということね。

緒方　いま北朝鮮をめぐって六か国交渉が進みだしていますが、それがどういう形で進むか、またどういう形で進めるかが大事なことだと思います。北東アジアという一つの地域の中でそういうものをめざした努力や話し合いが大事でしょう。

私も難民高等弁務官のあいだは、アジアはあまり扱わなかったのです。インドシナ難民の問題が九三年ぐらいにほぼ解決して以来は、問題はある程度限られていました。たとえばミャンマーの問題とか、中国のベトナム人の問題とか。

アフリカのケースから

――緒方先生がずっと回っておられたアフリカはいかがですか。

緒方　アフリカは、去年三週間行きましたが、私は上向いてきていると思います。アフリカには、もちろん大きな問題はあります。スーダン自身は十何年間だったか、長い間の南北の対立があって、いまようやく和平の取り決めが決まった。それでいて、南部にあるダルフールというところでは、伝統的な部族対立が残っています。こうした部族対立はアフリカの典型的な例だと思います。

大きな問題として、ソマリアではずっと内戦が続いていますね。コンゴ民主共和国、リベリア、象牙海岸でも続いていますが、どれも火を吹いている時代よりは収まりつつあるのです。これから復興の方に向かうのではないかと。私が関係していた時代は、そういう国々ではみんな火を吹いていたのです。それでも完全に和平に至って、そして復興に向いていくにはまだ時間がかかるのですが。

ただ、ダルフールのような問題が起こって、新聞などだけを見ていると、すぐアフリカじゅうがダルフールのような印象をもたれる。例えばナイジェリアにしても、国内に問題はもっていますけれども、大統領はアフリカ全体のためにいろいろな努力をしています。それから南アがなんといってもアフリカのためにそうとう力を貸したりできますし、アフリカ連合が設立されて、民主的ではない手段で成立した政府は認めないのです。昔、アフリカの国々は、国内の内紛には、絶対に干渉しないといっていたのが、今度のアフリカ連合は、お互いに介入してその紛争を止めるという方向に向かっているのです。

だからアメリカ、イギリス、フランス、日本にしても、自分たちで力を出して解決しようとしているアフリカに、支援しなければならないのではないかと思います。
アフリカ連合というのは、以前あったアフリカ統一機構から一歩進んで、欧州連合のように、一つの連合体として変革しました。五十三カ国が加盟しています。アフリカ連合議会もできましたし、それから欧州委員会のようにアフリカ委員会もつくったのです。これが三年前かしら。正式な安全保障理事会のようなものができたのは去年です。アフリカを五つの地域に分けて、各地域から三か国が安全保障理事国として選ばれて、順次交代していきます。

鶴見　それはとても大変なことでしょうね。というのは、ヨーロッパはちゃんと国家というものが成立していて、その連合だけれども、アフリカの場合は部族、国のなかの部族だから……。部族がみんな独立してるというか、孤立してるような感じで。

緒方　独立というまではいっていませんけれども、強いですね、部族社会は。欧州連合のおもしろいところは、国家が交渉によって条約を通して一つずつ広がっているのです。アフリカ連合も、一種の経済協力体みたいなものをつくって国境を越えた……。

鶴見　地域と地域。

緒方　二つの国にまたがった経済のいろいろな計画を行っている。一か国だけの支援ではないことを行っている。ヨーロッパは国家を増やして国境を広げているのですが、アフリカの場合は五十三か国を一応入れたうえで、中でいろいろな交渉をして、国境の垣根を低くしようとしているのです。これは全部が理論的に動くかどうかわかりません。けれどもこれだけの大きい変化があって、私はそうとうエクサイティングだと思っています。

鶴見　おもしろいわね。

緒方　アフリカ委員会の議長をしているコナレという方は、去年の秋に日本に招待しましたが、すばらしい人です。マリの大統領をした人です。

鶴見　そういう世界の動きを見ていると、例えばアジア共同体、南アジアはインドが中心ですね。東アジアは中国。日本が中心と日本の人は思っているかもしれないけれども、やっぱり中国が中心になるだろうと思うのね。

緒方　中国になりつつあるのでしょうね。

鶴見　そのやり方というのはいろいろあるんですね。

緒方　中心になってやっていても、共同体をつくったときには協力しなければだめなのです。お互いの利益を尊重する。ただ、地域化が一番遅れているのは東アジアであることはまちがいないです。

鶴見　まったくそうなのよ。いま連合体というものを作る場合、地域社会を単位としてというのと、国家を単位としてというのは、また違うやり方なのね。

人間の安全保障

鶴見　緒方さんに送っていただいた『安全保障の今日的課題――人間の安全保障委員会報告書』（緒方貞子／アマルティア・セン編、朝日新聞社、二〇〇三年）を拝読して、すごくおもしろいと思ったのは、いままで安全保障といえば、国家安全保障、国家が単位だった。それを今度は個人の人間を単位とする安全保障。理論的には国家の安全保障と、人間の安全保障は相互補完的です。ところが実際では対立する。この最後の結論のところで、国連がこれから人間の安全保障を最優先課題とすると、書かれていますね。そうするといま、人間の安全保障に反する事態がたくさん起こっていて、緒方先生がお忙しいわけよ（笑）。

緒方　ヒューマン・セキュリティ（human security）という言葉を訳すのがとてもむずかしかったのです。国家の安全保障（ステート・セキュリティ〔state security〕）とヒューマン・セキュリティという形で、国家対国民かというと、国民という言葉は国家を前提とした言葉なのです。

鶴見　だから人間よ。人間には国境がない。

緒方　市民とすると、市民社会があっての市民でしょう。ですから結局、人間と訳したままできましたが、英語ではピープル（people）です。そして個人よりも集団なのです。

鶴見　集団はだいたい地域社会のなかの集団、人々ね。

緒方　そうです。いろいろなレベルの地域社会です。それは国を越えていくものもあるのです。国家は、人々を保護もしてきたけれども、踏みにじりもしたので……。内戦をたくさん見てきた過程で、いかに国家というものが人々に害を与えているか……。難民が生まれたもとには、国家が原因となっている場合が非常にたくさんあったのです。

鶴見　だから、これはすごく変革的な思考なのね。いままでの枠組を変えていくことになるでしょう。

緒方　人権の考え方というのは国家（state）を越えて広がっています。どんな国家も国民あるいは人間の権利というものを踏みにじることはできない。

鶴見　だけどヒューマン・セキュリティは、人権よりももっと広いでしょう。

緒方　もう少し広いのです。自分のセキュリティというものを保護する自治能力もふくめているから。

鶴見　それで教育の問題。自治能力を強化するということが、ヒューマンセキュリティのなかで非常に大事だということね。

介入論と人道援助

緒方　人間の安全保障はいま、ＪＩＣＡの援助の哲学の中にかなり入りました。教育なら教育、あるいは保健衛生なら保健衛生ではなくて、むしろ横断的なコミュニティ開発のような考え方をもっと意識しています。

それから、人間の安全保障という概念は、アナン事務総長の国連改革パネルでもいろいろな形でできました。一つは、もしも人間の安全保障が脅かされている時どうするべきかという議論のなかで、軍事的な介入論に飛びついた国々もあります。そういう状況が起こった時に、人道的援助というのも一種の介入なのですよ。

鶴見　人道援助というのはすごく嫌いな言葉なんです。人道援助をするためにイラクに派兵するとか……。

緒方　人道援助というのは、人間が生活するための物資の調達であるとか、水の供給などを行うことですが、それにも増して、その人々のそばにいることによって、その人々が迫害を受けたり、人権の侵害を受けないようにする保護的な面はあるのです。だけどそれを行うことができるのは、ニュートラルな人たちなのですね。軍隊がニュートラルになれないとはいいませんけれども、軍隊が入るときは、つねに問題が起こってくる。軍隊というのは権力ですからね。ですから人道援助をやっている人たちは、軍隊に入ってこられると、関係がむずかしいのです。

鶴見　例えば非政府団体、ボランティア団体が行くでしょう。それは人道援助で行く、武器を持ってないから。だけど、そういうのは非国民だって、日本ではなっているの。

緒方　ああ、この前のあれね。あれもトンチンカン。人道援助に行ったわけではないですよ、あの方たちだって。

鶴見　でもあの人たちは、イラクのストリート・チルドレンを助けようと思ってやっていたわけでしょう。だけどあぶない所へ行くから、小泉さんに非常に心配をかけたり、余計なことをしなければならなかった。だから非国民だということになっているの、日本では。

緒方　それは非常にまずかったと思います。

鶴見　日本では、この御本（『安全保障の今日的課題』）を日本の政府の人に読ませてください。

緒方　たくさん読んでいるはずですけれどね。ただ、理解する能力というものがありますからね。読んでも理解できない人はいるからしかたがない（笑）。私は人道援助そのものについても、今度、書いている本の中では、もう少しはっきりさせております。ニュートラルでなければならない。犠牲者に対して行うのであって、こちらの犠牲者には行うけれど、あちらの犠牲者には行わないということになると、それは人道的な援助ではないのです。また、ボスニアでかなり苦労したのは、人道援助の軍事化の問題が絶えずあったわけです。セルビアの方は、モスリム系の人にあげているのと同じだけよこせというわけです。同じだけよこせというのでは、人道援助の原則に合わないのです。もしもイスラーム系の三十万人の人が、援助を必要としていたとします。そしてもう食料を持ってない。そうしたらそこに出すべきで、もしもそこにセルビア系の人が十万人いても、援助がいらなければあげるべきではないのです。それを両方に同じに出したのでは、人道援助のニュートラリティの原則にあてはまらないのです。

日本の外交はどうあるべきか

鶴見　それでは、日本の外交はどうあるべきかという問題に。日本に外交方針というのはあるのかしら。

緒方　日本は将来についての大きな見取り図を書いてないとは思いますよ。

鶴見　私、ないから、若者に希望がないんだと思う。

緒方　何も大東亜共栄圏とか、そんなことをいっているのではないのですけれどもね。戦略的な思考というけれど、ストラテジック・シンキングというものが弱いですね。

鶴見　それは自分が独立国であるという自覚が足りないんじゃない？　頼っていればいい。アメリカに……。

緒方　アメリカに頼ればいいなんて考えている人はいるのですか、本当に。

鶴見　私は知らない。アメリカに頼ることはできない（笑）。

緒方　「どうしてアメリカにそう頼るかということをきいたら、小泉さんは、アメリカに護ってもらわなければならないと、国連には護ってもらえないではありませんか、と言ったけれど、どう思いますか」って、ある新聞記者の方にきかれたことがあります。ほんとうに小泉さんがそんなことをいったかどうか知りませんが、「そんな発想は単純すぎますね」と私はいったのです。そもそも軍事的にいきなり攻めてくるなんてことは、めったにないことなのです。そういうものに対応するのは、ただの軍事力だけではないのです。発想の力であり、外交の力であり、経済の力であり、そういうものがいろいろ複雑に。

脅威というものの実態に対する分析も弱いと思います。いまの世界における脅威は何かという、このあいだの国連改革パネルは、脅威の実態から分析をはじめました。六つの脅威の部分をつくって、開発の遅れとか、テロ、大量破壊兵器ですよね、それから感染症、環境、人身売買、麻薬取引、そういういくつかの実態を出したのです。そういうものを総体的に見ないと、安全というのは言えないわけです。

鶴見　だからこういう変化する国際情勢のなかで、日本のゆくべき道は何かという、その指針はいまの日本の政府レベルにはない。

緒方　でも、そういうものを政府に頼るというのが、そもそもまちがっている。

鶴見　政府には頼らなくてもいいんです。つまり、だれかが考えなくちゃいけない。だれでもいいのよ。

緒方　そうそう、私たちのなかから出てくることなのです。だって教育はべつに政府にしてもらわなくてもいいのですから。日本の強さは、教育がある一定のレベルをずっと保ったというのが、大きな成果だと思いますよ。だから歩兵ですか、フットソルジャーズのレベルはすごく高いのですよ、日本は。

鶴見　だけどそれがいま低くなったのね。あるレベルから落ちてしまったというのが、いまの問題ですね。見通しが、政府だけでなくて、どこにもないのよ。

緒方　でも、私はずいぶんひどい国ばかり見てきたから（笑）。日本はけっこうな国ですよ。むだなことにものすごくエネルギーを使っていると思いますよ（笑）。

人間の安全保障委員会で、人々の脅威についてアフリカで三日間、ヒアリングしたのです。私は行けなかったのですが。そうしたら、彼らの一番の不安な状況というのは、一言でいうと、明日がわからないということなのです。明日がわかれば安全が保障されている。食べられるかどうか、病気になるか、明日の収入があるか、それが一般的な不安なのです。

鶴見　だけど私は明日がない。明日がわからないのよ。今日は元気でこうやってしゃべっていても、明日の朝は床の中で死んでいるかもしれない。だからすごくいろんなことを考える。

緒方　そうかもしれませんね、それはわかります。ただ、私はまだ来年一年のスケジュールを鈴木さん（スタッフ）が管理していてくれますけれども（笑）、それだからほんとうは考えなければならないことを考えていないのかもしれないのです。

憲法九条——戦争への反省

——「九条の会」というのは、かなり年配の、七十代以上の方が発起人になってやられたんですね。そういうことについては、緒方先生はどうごらんになりますか。

緒方　私は憲法の細かい法律的な分析をしておりませんが、右傾傾向は心配していますよ。憲法の九条の精神は、戦争の手段として軍事力を使わないということでしょう。それはとても大事なことです。

鶴見　アメリカから押しつけられたからやめた方がいいって、それはうそなのよ。あれはアメリカの思想を日本に押しつけたのではなくて、第一次大戦の反省から、戦争を国家間の紛争の手段としては法外に追放するということを、当時のアメリカの国務長官とフランスの外務大臣がパリで約束して、調印したのよ。だからあれは人類の理想でしょう。それを日本は第二次大戦の反省から快く受け入れた。人類の理想なんだから、これを守ると。

緒方　不戦条約の話でしょう。日本は戦争の過程で、軍事力による大陸の支配ということを非常に志向して、敗けたのです。それでそういう軍事的な手段で国の発展をするのはやめたという気持ちは、私は憲法九条に押しつけられるまでもなく、強かったと思うのですよ。何もいまごろ軍事力をもって、どこへ行こうとしているのですか（笑）。

日本が攻められた時、アメリカが守ってくれるのに、アメリカが攻められた時、日本が守らないのはおかしいのではないか、だから集団的安全保障するべきだという議論はあるのですけれども。国連の一番の根本は集団的安全保障の樹立です。これは国連のメンバー国が軍事力によって攻められた場合には、各国が共同してそれに対応するということが、集団的安全保障の根源にありますが、全部が武力を持てなんていっていませんよ。それはそれぞれに応じた方法で対応するということなのです。そしてまた自衛権を拒否もしていません。自衛権の行使の仕方は書いてあるのです。

後の世代へのメッセージ

――これから日本はどうあるべきか、どこへ行くのか。のちの世代の人たちに何か指針を与えることができれば……。

緒方　私たちのような世代は、戦争が終わって、じきに大学に行きましたから、戦争に至った過程というのがどんなものだったのかという反省から、国際関係や歴史を勉強した人は大変熱心に日米関係史や、太平洋戦争史を勉強しました。そういうものを学んでから、いろいろな国のいろいろなことを勉強するようになった。そういうことは知っていてほしいと思うのです。そうでないと、中国との問題、韓国との問題、アメリカとの問題などの整理がつかないと思いますね。

鶴見　いまの教育は近現代史をとてもはしょるんですってね。古代、中世のことはちゃんと教えるけれども。だから日中戦争、第二次世界大戦は、ほとんどやらない。それをやらないと、アジアの諸国と日本との関係というのは、これから築くことができない。中国とか韓国ではちゃんと教えている。

緒方　ある種、反日な形で教えているのではないですか。

鶴見　そう。自分たちが圧迫されたということを教えて、こっちは全然知らない。それじゃあ、若い人同士の交通はできない。アジアの関係ではそれがすごく大きい問題。ことに私たちは体験したから知ってるけれど……。それをふり返らせないようにしているものがあるのよ。強制連行とか、慰安婦問題とか、日韓併合とか、そういうのはあまり教えないんです。

人づくり、国づくり

――最後になりますが、これからの人づくりということについて一言お願いします。

鶴見　そういう指針、経綸《けいりん》。未来にこの国がどういうふうに進んでいくかということを、為政者、指導者は提示しなくてはいけないのね。

緒方　私も戦争の原因の研究はしましてね。日米の中国との正常化の比較研究まではやって、アメリカの占領政策について研究したことはないのですが、ルーズベルトの三〇年代のニューディールの政策を進めた人たちが日本の占領をしたわけです。その過程で、富の平等化を導入したのです、いろいろな形で……。税制を通して、財閥の解体を通して、農地改革を通して、こういうものは中産階級が非常に強くなる戦後の日本をつくったのです。私は、国づくりのためには、ニューディールは悪くなかったのではないかと思うことがあります。

鶴見　私はニューディール時代のアメリカにいたからね。いまのアメリカとは全然違うの。

――長時間にわたり、どうもありがとうございました。

（二〇〇五年一月十九日　於・京都ゆうゆうの里）

（おがた・さだこ／国際協力機構理事長）

（聞き手・**藤原良雄編集長**）

〈附〉カイロのお金——後藤新平のアジア経綸

わたしが九つのときのことであった。祖父後藤新平は、息子と娘とそのつれあいと孫たちを洋館二階の応接間に集めた。

「これからおじいさんはロシアにゆく。生きて帰るかどうかはわからない。お前たちみんなにこれを渡す」といって、「カイロのお金　新平」と書いた袋をひとりひとりに手渡した。「カイロ」とは何だろう。海を渡ってゆくから「海路」なのか。無事に帰るようにという願いをこめた「帰ろう」なのか。わたしにはその時わからなかったし、今もってわからない。しかしその場の緊張した雰囲気をわたしは生涯忘れることができない。祖父はすでに二度の脳溢血で倒れていた。三度目は危ない。ことに厳寒のロシアにゆくことは、ほとんど無謀であると主治医は止めたが、祖父は一九二七年十二月主治医を伴って、ロシアに旅立った。

話は一九〇七年九月の「厳島《いつくしま》夜話」に遡る。後藤は宮島の岩惣《いわそう》旅館で、三晩にわたって、伊藤博文と語りあかした。この部屋は今も岩惣に大切に残されている。アジアの平和を保つには、日本と中国とロシアがしっかり結ばなければならないというのが、後藤の堅い信念であった。当時中国は軍閥割拠の状態で、このままでは中国は欧米列強に分割されてしまう。後藤はドイツ人の書いた新旧大陸対峙論をよんでいて、旧大陸であるヨーロッパと新大陸であるアメリカが対立した場合、アメリカは中国をひっぱりこむであろう。そうなれば日本に混乱は及ぶ。それを防ぐには、日本は、ロシアと手を結んで、ロシアを通して中国の内乱を鎮め、同時にヨーロッパとも手を結ぶことによって、アメリカの中国への介入を防ぐことができると考えた。そこでかれは同じような考えを抱くロシアの要人と会って、日露関係を話しあうように伊藤を説得した。そして伊藤とロシア要人とのハルビンでの会談を設定した。伊藤がハルビンで殺されたのは、自分の責任だと感じ、その責めは自分が負わなければならないと後藤は考えた。

ところが、一九一八年後藤は外務大臣のとき、革命後のロシアに対して、シベリア出兵を行った。これはあきらかに、かれのアジア経綸と矛盾する。

しかし官を辞した後、一九二三年には、当時労農政府極東全権大使であったヨッフェを病気療養の名目で、後藤は個人の資格で日本に招待し、ヨッフェの滞在中、日ソ国交回復の下準備としての交渉をしつづけた。この交渉はまとまらなかったが、このため右翼が後藤家の玄関に押し入り、応対に出た一蔵伯父（新平の長男）を下駄でなぐりつけるのを、わたしは眼の前で見た。

一九二七年の訪ソも、個人の資格であった。この時後藤はスターリンと会見した。スターリンは後藤に、次のように説いたという。「中国に共産主義が擡頭《たいとう》しているのは、外国の干渉を排する独立運動なのだ。日本が明治以来治外法権撤廃に努力したのとおなじことだ。日本がこのことを理解せず、中国に対する政策を誤ればアジアは修羅場になる」と。

「厳島夜話」より遡ること二一年、一九〇六年、南満洲鉄道が創設され、後藤は初代総裁に就任した。断りつづけていた後藤が、結局引き受けた理由について、鶴見祐輔著『後藤新平』によれば、南満洲鉄道は中国からロシアに通じる道であり、さらにヨーロッパに接近する道であると後藤が考えたためであると述べている。そのことは大きくは後藤のアジア経綸と結びつく。もう一つ重要な動機があったことを、最近、弟俊輔からきいた。それは阪谷芳直「祖父阪谷芳郎と中国」(『青淵』一九八五年四四〇号)による。満鉄が関東軍の手先になって中国侵略にのり出すことを阻止できるのは、児玉源太郎だと後藤はかねがね考えていた。ところが、その児玉が、一九〇六年陸軍参謀総長になった後に病歿した。そこで事態は危うくなったと感知したために後藤は就任の決意をしたという。その意図は果されなかったが、すくなくともこのような志を後藤が抱いていたことを示す資料である。

人生の半ばにおいて大きな矛盾と大失策(シベリア出兵)を犯しながら、始めと終りがおなじ信念で貫かれているのが、後藤新平の生涯の奇怪である。また、帝政ロシアであろうと、共産主義ソヴィエト・ロシアであろうと、手を結ぶ相手としてはおなじだという考えも、シベリア出兵を除いては、一貫している。

ロシアへの祖父の思い入れを示すようなみやげものが我が家にはいろいろ残っていた。まず帝政ロシア時代のディナー・セットがあった。白地にコバルト・ブルーと金の模様のついた豪華なものである。これは父の死後、きょうだいで分けた。また大きな銀いろのサモワール（湯沸し）で、これは父が茶会をする時は、いつも使っていたが、今は俊輔が愛用しているそうだ。

日本と中国とロシアがしっかり結ぶことによって、アジアの平和が保たれ、ひいては世界の平和が保たれるという後藤の信念は二十一世紀にむけて、これからの世代にむけて、熱烈な伝言であると思う。

〈附〉〈インタビュー〉祖父・後藤新平のアジア経綸

——後藤新平は鶴見さんのお祖父様にあたりますが、「大風呂敷」の政治家と言われていた後藤新平が、世界をどう見ていたのか。世界のなかでアメリカをどう見ていたのかが非常に気になってきました。後藤新平は親露だとか、ロシアに非常に近かったとか言われますけれども、後藤新平の真意はどこにあったのか。まず伊藤博文との三日三晩の面談「厳島夜話」についてお話しいただけますか。

三日三晩、というのは大げさかもしれないけれど、何しろ重ねてやったんです。後藤新平は後に外務大臣になりますが、彼の外交政策を一番よく表しているのが、一九〇七年九月の伊藤博文との厳島での会談です。そのころ、伊藤博文は韓国総監で韓国にいて、それから後藤新平は、南満州鉄道総裁だったのね。けれども、ちょうど東京に帰っていたので、後藤は東京から宮島に行って、伊藤博文は韓国から日本に帰る途中に宮島で会うの。後藤がぜひ会いたいといったんです。というのは、伊藤博文が自分の考えていることを実行できる唯一の人だと見込んでいたのです。そして二人は厳島で会見する。後藤は岩惣《いわそう》旅館に泊まったの。伊藤博文と後藤新平が相対で、二人だけで三日三晩、胸襟を開いて激論を戦わせたという部屋は、いまでもちゃんとそのまま残っております。

私はこの「厳島夜話」というのは、後藤の当時の国際関係を鳥瞰するもっとも有力な資料だと思います。一口にいうと、日・米ということだけを考えていたのではない。つまり、これから強大な国になってくるアメリカに対して、日本はどのように対応したらいいかという観点から、日本とアメリカだけを見ていてはだめだと思ったんです。そこが私は面白いと思うわね。日本に一番近いところは中国で——ここでは韓国は入ってきません——、日本は中国と、それからヨーロッパともつながっていかなくてはいけないと思ったんです。日本とヨーロッパのあいだにある国はロシアです。日・中・露が深く手を結びあって、アメリカに対応していくことが大事だと、つまり、中国とロシアを非常に大事だと思ったんです。ところが中国はそのころ群雄割拠で、だれとその話をして手を結んだらいいか、とてもむずかしかった。一つの勢力と手を結ぶと、他の勢力と具合が悪くなる。だからロシアと結んで、ロシアが中国を安定させるようにして、そしてアメリカに対応する。アメリカが強大になるということ、いろいろな点で進んでいるということは、もうよく承知していたんです。

どうしてそういうことを考えたかというと、「新旧大陸対峙論」ということを後藤は言っています。彼はいろんな文献を読んでいたんですが、その中にドイツ語で書かれた懸賞論文集があった。テーマは「ステイツ・アンド・ネイション」――国家と国民ですね。その「ステイツ・アンド・ネイション」という懸賞論文集を繰っていたら、その中にシャルクという人が書いた「新旧大陸対峙論」というものがあったんです。どういうものかというと、これから新大陸（アメリカ）と旧大陸（ヨーロッパ諸国）は対立する。その時にアメリカは中国を自分の味方に引き入れようとするであろう。そうすると日本は中国に近いから、日本に混乱が起き、アジアの安定、平和はなくなる。そこで、それに対応するためには、旧大陸の中国とロシアと日本が、まず連合して、そしてロシアを通して同じく旧大陸であるヨーロッパ諸国――とくに英・独・仏――が連合してアメリカに対応する。それがアジアの安定に対しても、また世界の平和に対しても必要ではないか。戦争するために、と考えたわけではないのよ。つまり日本一国では混乱に巻きこまれるから、まずこちらが固まることが大事だと。後藤新平は、この「新旧大陸対峙論」からヒントを得て、日本とアメリカとの関係を取り結ぶのはこれしかないと考えた。

伊藤博文になぜ目をつけたかというと、この大事業を遂行するには、伊藤博文がもっとも適切な人物であると思ったのね。そこで伊藤博文を口説いたの。「まずあなたが官を辞して、欧米に漫遊に行ってください。そして有力者にこの必要性を説いてください」と頼んだのよ。ところが伊藤博文はなかなかこれに賛成しない。そんなのは奇怪な意見だ、そんな話は初めて聞いたと。いろいろと激論を交わして、しかし最後に後藤に説得されて、決心した。

それで後藤は、中国でだれと話したらいいかは、いまは軍閥割拠だからわからない。だからまずロシアで話のできる人は誰かを考えた。後藤はすぐにロシアの要人の名前を挙げて、その人に電報を打って、いつどこで会うか相談し、ハルビンでの会談を設定した。伊藤はハルビンに行きますが、そこで暗殺されてしまう。そのことが後藤にとっては心の傷になるの。自分が伊藤を殺したと責任を感じるの。それが後日につながっていくんです。

これが後藤の経綸なのね。つまり最初にアメリカに行った時も、二度目に第一次世界大戦後の一九一九年に行った時も、いつでも新渡戸稲造先生のご案内なの。だけど後藤と新渡戸先生は日米関係についての考え方が違うと私は思う。新渡戸先生は「太平洋の架け橋とならん」と生涯言ってらした。それはもちろん新渡戸先生の奥様がアメリカ人でいらっしゃるということもありますが、それだけではない。日米関係を良くすることが一番大きな使命だったの。しかし後藤は日米二国間関係だけで考えないで、むしろ日中露の枠組みのなかでアメリカとの関係を考えた。日本をアジアの中に位置づけ、そしてそれをヨーロッパに結びつける。その架け橋としてロシアに接近した。そこが違うと思います。

そして現代の問題に結びつけていうと、後藤はアラブのことを考えていたのね。欧州のなかにアラブというものを考えて、ドイツの皇帝がマホメットの墓に墓参したとか、そういうことを非常に重く見ていた。だからアラブも彼の射程の中にはあったということね。

――ほとんど百年近く前ですから、後藤の先見性は大変なものですね。

私はこれはすごいと思うの。その当時の世界の状況を見て、日本のあるべき外交の仕方を考えたということです。それだけの経綸があったということね。いまの日本の政治家が、外交政策のなかに全体を見渡して、日本のとるべき態度はどうあるかということを考えてくださっているかどうか。後藤は日米だけを考えれば世界全体がわかるというような考えではなかった。

この「厳島夜話」の時代は、ロシアは帝政ですね。そして第一次世界大戦後にロシア革命が起こる。ところが面白いのは、後藤は革命以後のロシアに行くんです、外務大臣を辞めてから一九二七年に個人の資格で。しかも十二月に行くことになったの。そしてスターリンに会うんです。つまり、帝政ロシアの時代も革命後も、政策としては同じように連携を結ぶことを考えていた。その間にシベリア出兵があるんです（一九一八年〜）。けれど、二七年にはどうしてもソ連に行かなくてはならないと考えた。

それはなぜかというと、すべて「厳島夜話」に関わっているの。自分が口説いた伊藤博文がハルビンで殺された。これは自分の責任だから、伊藤に頼んだその大事業を自分がやりとげなくてはいけないと、本当に死ぬ覚悟で行ったんです。それは私、覚えているの。ちょうど九歳だったの。それで自分の子供と孫たちを呼んで、そこで「カイロのお金」をくれたの。結局、これは水杯なんですね。

――死ぬ覚悟だったんですね。

死ぬ覚悟なんです。それは後でわかったんです。その時はわからなかった。「カイロのお金」って何だろうって、ずっと疑問に思っていた。去年私が『文藝春秋』（二〇〇〇年二月臨時増刊号）に書いた「カイロのお金」という文章で「それはまだわからない」と書いたら、教えてくださった方があるんです。これは死に金です、死ぬ覚悟のお金です、別れのお金なんです、と。

それだけの覚悟をして行って、その時にスターリンと会っているんです。スターリンとの会話が、鶴見祐輔の『後藤新平』に出てますが、私はとても面白いと思います。後藤新平はいつでも中国の問題が頭にあるんですね。それでスターリンの方から、「中国の共産主義の運動は、中国の独立運動である。ちょうど日本が明治の初期から治外法権の撤廃のために努力してきたのと同じで、外国から侵略され、分割されないように独立を保つための運動だということを、あなたは理解しなければいけません。もしこのことを理解しなければアジアは大変な修羅場になりますよ。日本は大変なことになりますよ」と説くということが出てるの。私は、こういうことをちゃんと聞き届けて帰って来たということは、大変に面白いと思うの。だから後藤新平は親ソだというけれど、心の中ではむしろ中国との関係を日本はしっかり固めていかなければアジアの平和は保たれないということを、非常に強く考えていたんですね。後藤新平のアジア経綸は、現在の日本の立場、これからの日本の立場には、大事なメッセージになると思っています。私が後藤新平の生涯のなかで一番面白いのは、やはり「厳島夜話」ですね。

それからアメリカについては、一九一九年、第一次大戦後にアメリカを訪れた時に、フォードとか、GEとか、工場を隈なく観察して、とくに調査機関などをつぶさに見学した。そして、調査が大事だ、科学が大事だということを達観するのね。それでまず東京市長になった時に、チャールズ・ビアードというアメリカのコロンビア大学の教授で、アメリカ史の最高峰の人を呼んで、市政調査会を立ち上げる。それから関東大震災の時にもビアードを呼んで、復興計画をいろいろと教えてもらった。

というふうに、アメリカの科学主義、進んでいるところを十分に認めているのよ。だからそんなことを考えないで、アメリカと戦争するなんて、そういう考えでは全然ないの。いいところはなにしろ学んで取りいれる。十分にやった上で安定した世界の平和を、小国日本がどうやったら平和に暮らしていけるかということを考えたのね。

――そういう人間が十九世紀の半ばぐらいに生まれて、日本が軍国主義に入るまで、存在していたというのは驚嘆に値しますね。

でも実現しなかった構想もある。

ひとつは、満鉄総裁を引き受けたときのこと（一九〇六年）。それまで断っていたのに引き受けた。去年（二〇〇〇年）亡くなられた歴史家の阪谷芳直さんが書かれたものを、弟の俊輔から資料としてもらったんですが、どうしてあの時引き受けたのか。

ひとつには、後藤は児玉源太郎が台湾総督であった時に民政長官をやったので、児玉さんと親しいの。児玉源太郎は死んだ時に関東軍の参謀次長だったんです。後藤は、中国の東北地方に、満鉄を先兵として日本が侵略していくことを防げるのは、児玉源太郎しかないと考えていたの。その人が死んだから、これは危ないと思って、自分で満鉄総裁を引き受けてあそこに行ったということが、阪谷さんの論文の中に書いてある。

それからもう一つ、「東西文明融和論」で、東洋の文明と西洋の文明とが対立するのではなくて、融和するにはどのようにしたらいいかということを後藤は考えていた。それにはまず、ロシアを通してヨーロッパという考えで、私、これはドイツの地政学からきてるんじゃないかと思うの。帝政ロシアであろうと、革命後のソビエト・ロシアであろうと、地政学的には同じところにある。それでソ連と結ぶことが大事だという考えが、私は地政学的な観点から出てるんではないかなと思うの、よくわからないけれど。満鉄というのは、中国とロシアを結ぶ線である。だからそこに自分が行けば、ヨーロッパとも結ぶことができると考えていた。

この二つが彼を満鉄総裁の就任を承諾した理由ではないかと思うのね。だけど、それはいずれも失敗したのよ。やっぱり満鉄は関東軍の手先になったでしょう。それを防ぐことはできなかった。

それから、関東大震災の復興のときも、せっかくビアードさんを呼んで計画を立てても、お金がかかりすぎるというので「大風呂敷」だといわれて否決されます。

だから彼の考えたことがすべて実現したんじゃないけれど、後藤がそういう構想を持っていたということは言える。

アメリカに対しての後藤の考えで面白いと思うのは、阪谷芳直さんの別の論文の中に、こういうことが書いてあったの。シベリアや中国東北地方の開発は、日本の力だけではできない。いくら満鉄を引っぱっていってもできない。どうしてもヨーロッパおよびアメリカの資本が必要であると考えたのよ。そこで、大連に当時としてはすごく立派なホテル、「ヤマトホテル」をつくった。私も大連に行った時、そこに泊まったけれど、すばらしいホテルなの。それはなぜかというと、ヨーロッパ人、アメリカ人を連れて来て、このホテルを見せて、ここの開発に協力してもらおうと、そういう意図があったということが書いてあるのよ。だから単純にアメリカに反発するというんじゃないのよ。

それからもう一つ、「厳島夜話」にも書いてあるんだけれど、アメリカは道義の衣をかぶって、自分の利益を推進しようとする、そういう政策をもっている。それが顕著に現れているのは、例えばシベリアの開発について、いろんなことが列挙してあって、一番先が商人、それから最後にキリスト教青年会、つまりキリスト教の宣教師を送って、キリスト教の思想、文化をもってくるという意図がある。つまり侵略の意図に道義の衣を被せて、そこに進出していく。そういう意図があるということをいってるの。いまの「人道援助」と同じよ。

そして、これはアメリカだけの話ではないのよ。私が倒れる三年前（一九九二年）に、アメリカのニューポート研究所所長のボズナックという心理学者が提唱して、ハーヴァード大学医学部、ロシア議会、ニューポート研究所の共催で、ソ連崩壊後のモスクワで国際会議があったの。その国際会議は「第三回・『黙示録《アポカリプス》』に向き合う――権力のカリスマと聖戦（Facing Apocalypse III: Charisma of Power and Holy War）」といいました。今までの歴史のなかで、すべての戦争は「聖戦」であった。戦争をするときにはいつでも宗教的な原理が絡まっていて、それが利害関係を覆うようにして戦争が起こってきた。いまでいえば、「聖戦《ジハード》」と「無限の正義」の戦いといっていますが、じつは利害関係が絡まっている。だから、戦争というのは聖なるものだ、正義である、という考えを乗り切ることによって、これから起こるかもしれない核戦争をどうやったら防げるか、という目的の会議だったの。そして世界中のあらゆる宗教の代表者がそこに来て演説したんです。日本からだれも来る人がないからといって、私が呼ばれて行ったんです。

つまりそこの問題なのよ。だからアメリカが道義の衣を被って、と後藤は言ったけれど、日本だってそうですよ。日本だって大東亜共栄圏を「大義」といったでしょう。それは「聖なる戦い」だった。後藤が「聖戦」の裏をリアリズムで見抜いていたということは大事です。

もうひとつ、後藤のなかになくて、いま注目しなくてはならないのは、アメリカとラテンアメリカとの関係だと思います。後藤の時代には、ラテンアメリカの存在は明らかではなかった。だからそれは仕方がない。だけどいまはラテンアメリカと、それからカナダがある。それらを含めてアメリカ新大陸なのね。現代になって初めてそういう構図が出てきた。新大陸の中身はアメリカ合州国だけではない。それは時代の問題。

これは俊輔の持論なんですが、アメリカはいつまでも今のままではないだろう。どうしてもラテンアメリカと結ぶ。そこで私は、日本は中国、韓国、朝鮮、東南アジア諸国など、アジアと深く結ぶ。戦争で被害を与えたということを本当の意味で行動に示して、謝って、そして本当にそこから学ぼうとする。私は「アジアへの埋没」といってるんです。そうすることによってアメリカも日本も蘇る。けれどもそれはすごく長い時間がかかるだろうと思います。

——どうもありがとうございました。


（二〇〇一年十一月十一日　京都ゆうゆうの里の自室にて）

（聞き手・**藤原良雄編集長**）

〈附〉〈インタビュー〉ジョルジュ・サンドの回想

ジョルジュ・サンドの伝記との出会い

――ジョルジュ・サンドのことについて、少しお聞きしてもいいでしょうか。

ジョルジュ・サンドは困ったな。何しろうちには父の本がいっぱいあって、父の書斎の書棚に入りきらない。それだから家の廊下は全部書棚だった。だから子どもがいつでもそれを見てるのよ。そうすると外国のきれいな本がいっぱいある。絵が入っているしね。だから早くああいうのを読みたいなと、しょっちゅう思っていた。だけど読めないじゃない。

私はジョルジュ・サンドの本をいつ読んだのか、はっきりしないんだけれど、英語の本を手当たり次第に読むというような習慣がついたのは、津田英学塾に入ってからでしょうね。学習院の高学年になって、少しずつ英語の本が読めるようになった。だけどどんどん読むというわけにはいかない。

どうしてジョルジュ・サンドをわりあいはじめに読んだかがわからない。表紙にカバーがしてあるのがきれいだったからかもしれない、わからない。なにしろそれを取り出して読んだら、たまらなく面白いのよ。何んという人が書いた本だったか、ジョルジュ・サンドの伝記なの。英語です。英語の題が『ジョージ・サンド』という。それを読みはじめて面白いと思ったのは、まず、男装の麗人ということ。男装しなければ小説家として立てないというのがショックだった。男装して男の名前で発表しなければ出せない。そんなことがあるんだろうか。私、よくわからなかった。

ジョージというのは男だもの。だけど、イギリスの小説家にはまだもう一人、ジョージ何とかというのがいる。それも全集がうちにあった。

それからジェーン・オースティンの『Pride and Prejudice（高慢と偏見）』。自分が小説を書いているというのを隠さなければならなかった、女だから。そういう話はあちこちにあるのよ。だけどジョルジュ・サンドというのはその象徴だった。だからとてもそれに驚いたということ。もう一つはマヨルカ島のショパンとの暮らし、あれはすてきでしょう。だから少女時代はあんなのがすてきだと思うのよ。それでジョルジュ・サンドという名前がずっと頭にこびりついていた。おそらく自分で英語の本を取り出して、感動して読んだ本の最初だったと思う。最初の本として『ジョルジュ・サンド』をずっと思いつづけている。だからその本をもう一度手にとって読みたいんだけれどね。

——その後だいぶ幾星霜経っているんですけれども、先生にとってのジョルジュ・サンドというのは、その間にどうでしょうか。

その間もずっと、ジョルジュ・サンドは、ああ面白い、これは読まなくてはと今も思っている。

——その後、ジョルジュ・サンドのいろんな小説を繙くというような時はなかったですか。

そういうことはなかった。その伝記に感動したの。

『マダム・キュリー』なんて本はずっと後の話で、『ジョルジュ・サンド』が第一位ね。女の人の伝記で、読んだんじゃないけれど、父が私に話してくれたのは、やはり子どもの時の『スタール夫人』、あれはもう頭に入ってしまったわね。すごい女だと思った。あんなふうになりたいと思った。ナポレオンを批判したのよ。それだからフランスを追われた。そして父親の領地に帰って、そこで大きな家、シャトーで、そのころのヨーロッパの文化人のサロンをやった。だからあの『スタール夫人』というのは、私にうんと影響を与えた。文筆で立ちたいというのは、そのころから思いはじめたと思うのよ。父親の膝の上でそんな話をしてもらって、ジョルジュ・サンドはその線で感動したんだと思う。

——ジョルジュ・サンドも筆一本で立ってますからね。

そうですよ。筆一本で立ちたいというのは、小さい時からの願いだったわね。

サロン文化の魅力

そしてサロンが面白い。スタール夫人もサロンの主宰者で女主人。

——それで三日も四日もかけて、バルザックやドラクロアや、そういう芸術家が集まるわけですから。

そうなの。みんなそこへ集まって来て、尊敬の的になる。

——そして彼女はおいしい料理をふるまったり……。

そう。そしてみんなに心が流れて行く。やはり愛情ね。そういう心の通うような場所を、男とか女と言わないでも、人間と人間の心の通うような場所で思想を練っていくというのがサロンでしょう。それがすばらしいなと思った。

——そういうのを先生は上智で実際にやっておられた。武者小路公秀氏と三輪公忠氏らが集まってくる。先生がやっている研究会はそうだろうし、先生のお宅でサロンが開かれていたのではないか。

いや、そんなことはありません。サロンの女王にはなれません。金持ちでなければだめよ。

——そのお金はジョルジュ・サンドの場合、おばあさんからの遺産はありますけれど、やはり書くことで稼いでいた。

そうよ、自分が筆一本で稼いでやっていたんだから、やはりすごい。スタール夫人はお父さんの財産で、お父さんの領地でやったんだから、ジョルジュ・サンドはえらい。女の独立、自立ということと、サロンということと。しかもそれが男名前でなければ出せないという、ひどく矛盾しているでしょう。そこのところがびっくりしたのね。

——それで彼女は二月革命の時に自分で新聞を主宰して。

ペンをふるったわけ。やはり政治活動をやった、文筆を通して。

——女性は、参政権はおろかほとんど何も認められていない時代に、闘った。

それはすごいね。

——それは何を求めているかというと、「自由」を求めたんです。すごい女性がいたなと思います。

そうよ。感動したわね。

——そしてショパンを育て、晩年にはフロベールを育てます。

だからいくつもの出会いがあるんですね。その一つ一つの出会いで自分が成長していくんです。そして裏切られても成長は止まらない。だからやはり愛情が流れているのよ、きっと。

樋口一葉もそうなのね。サロンの女王でしょう。そしてあんなに貧乏で、自分が一家の生活を支えていたでしょう。だから私、ジョルジュ・サンド、マダム・スタール、それから一葉の『水の上』、ああいうふうに辿っていった。一葉ばかり読んでいるときもあったから。それは学習院の終わりのころね。

女が筆で立つこと

――先生は与謝野晶子はどうですか。

与謝野晶子はとても好きだった。

――やはり与謝野晶子も鉄幹と新詩社を作って雑誌『明星』を出版し、サロンを作っていたんですね。

そうよ。私は自分の勉強部屋に、与謝野晶子自筆の、

「劫初より作りいとなむ殿堂にわれも黄金の釘一つ打つ」

あれをしょっちゅう掛けて見ていたのね。だから私は、黄金の釘は打てないけれど、でも、銅

釘でもいいから一つ打ちたいなと、そう思って見ていた。だからずっとつながっているのよ。女のまず自立、それから文筆で立つ、筆一本で立つという、これがすばらしいと思った。そして時の権力にははっきり対峙する。そして愛情豊かに暮らす。そういうことね。

でも、女が男になったらだめだって、しょっちゅう思っていた。女は女として立つ。それなのにどうして男名前でなければ立てないような世の中だったろうということが、すごく気になったわね、『ジョルジュ・サンド』を読んだとき。日本は紫式部の時から、女が女として筆で立っていたのよ。紫式部は筆一本で自分の生活を立てたわけじゃないけれど、文筆をもってあの人は宮廷の、それがあの人の世の中だったから、立っていたでしょう、清少納言と並び立っていた。

——ただ、ジョルジュ・サンドの場合も、ほとんど相手にしてはくれなかったようですけれど。それをいろんな新聞とか、雑誌などに載せて、原稿料をもらって生計を立てるという、これは大変なことですよ。

大変です。商品化がなかったからね。

——私も小社で出した本ぐらいしか読んでいませんけれども、ジョルジュ・サンドは、本当に大変な女性だったなと……。今年ちょうど生誕二百年ですから。この十月から『ジョルジュ・サンド　セレクション』（全九巻・別巻一）の刊行が始まりました。これまでの田園小説だけではなくて、『黒い町』という彼女の作品がありまして、これはまさに今の環境汚染の問題をあつかうような社会小説なんです。

でもよかったわ、ジョルジュ・サンドが出て楽しみだわ。

（二〇〇四年九月十九日　京都ゆうゆうの里の自室にて）

（聞き手・藤原良雄編集長）

補　〈シンポジウム〉いのちを纏う——色の思想／きものの思想

〈パネリスト〉
川勝平太
志村ふくみ
西川千麗

〈鶴見和子＋志村ふくみ著『いのちを纏う』刊行記念シンポジウム〉

いのちを纏う——色の思想／きものの思想

〈日時〉二〇〇六年六月二十五日
〈場所〉同志社大学寒梅館・ハーディーホール
〈主催〉藤原書店
〈共催〉同志社大学国文学会
〈後援〉京都新聞社、朝日新聞社、読売新聞社、
　　　毎日新聞社、産経新聞社
〈協賛〉京都市

司会（伊東恵都子）　ただいまより、藤原書店、志村ふくみ・鶴見和子著『いのちを纏う』刊行記念シンポジウム「いのちを纏う」を開会いたします。本日はお忙しいなかたくさんの皆様にお集まりいただきまして、まことにありがとうございます。なお私は、本日お手伝いさせていただきます、伊東恵都子と申します。どうぞおしまいまでおつき合いのほど、よろしくお願い申し上げます。

ただいまご覧いただきましたのは、舞踊家西川千麗さんの作品でございます。二〇〇四年十一月に初演の創作舞踊、「カミーユ・クローデル」、そして今年五月に軽井沢で演じられた舞を編集してご覧いただきました。この作品につきましては、後ほど西川千麗さん御自身から詳しく御紹介いただくことになっております。

また、本日は滋賀県立近代美術館の御協力によりまして、壇上に志村ふくみさん、洋子さんの作品四点を展示させていただいております。お二人より紹介文をいただいていますので御紹介申し上げます。

花群星《はなむりぶし》　――――――――――――　**志村ふくみ**

〈沖縄の蒼い夜空に星がまたたき、群をなして輝く星々を群星《むりぶし》と呼ぶのだそうです。かつて私の仕事場に沖縄竹富島から勉強に来ている女性がいて、なぜかその女性の手になると、糸が自由自在になるように美しい織物がごく自然に出来るのです。何か沖縄の魂がこのきものに宿っているようで、ずっと手もとにおいています。絣と花織をつかって星がまたたいているようです。〉

「六聖人の衣」（左）と「花群星」（右）

「聖堂」（左）と「蘇芳無地きもの」（右）

六聖人の衣

志村洋子

〈かつて私はイスタンブールの古い修道院でフレスコ画で描かれた六人の聖人に出会った。その聖人達は、十字架を基調とした斬新なデザインの典礼衣を纏い、何百年の時を超えて、聖なる空間を生みだしていた。聖域を感じさせる力。聖人の立ち姿や顔の表情の美しさは言うまでもないことだが、私は聖人の纏う衣に圧倒されてしまった。日本人にもなじみの深い市松紋様や卍紋様が、東方正教会の世界では宗教観をあらわす象徴として描かれていたのだ。聖人から熱のようなものが私に流れ込み、様々な十字架の紋様は新たな織物のなかで芽吹いていった。〉

蘇芳《すおう》無地きもの

志村ふくみ

〈鶴見和子さんが美術館にいらして、一目みるなり、私これ着てみたい、とおっしゃったきものです。三十年来佐久間幸子さんがお召しになり、しみひとつなく滋賀の美術館に納められた六十余点のなかの一点です。

この蘇芳の赤は何か女の心情をゆさぶるようで、若い頃からパーティなどに召してゆかれ、皆様の印象にのこったようです。私もかつては毎日蘇芳を染めて蘇芳狂いになったことがあります。〉

聖《み》堂《どう》

志村ふくみ

〈イタリアを旅した時、ほの暗い祭壇に無数の蝋燭の灯がゆらめいていて、信者が敬虔な祈りを捧げている場面に出会いました。

それ以来、灯のイメージが心のなかに焼きついて、何とか絣に生かしてみたいと思いました。絣の手法では連続的な紋様が普通ですが、すべて天上にむかって炎が灯っているようにするのに

多少苦心しました。まだ未熟なのですが、いつか自分の祈りを表現したものが織りたいです。〉

主催者あいさつ

伊東　それでは続きまして、本日のシンポジウムの主催者で、志村ふくみ・鶴見和子著『いのちを纏う』の出版元でございます藤原書店社長、藤原良雄より皆様にごあいさつ申し上げます。よろしくお願いいいたします。

藤原良雄　皆様、天候の悪いなかこの会場に足をお運びいただきまして、ありがとうございます。

それから本日こういうすばらしい会場をお借りできましたのは、同志社大学国文学会の真銅正宏先生をはじめとして、多数のスタッフの方たちのおかげでございます。心から御礼申し上げます。同志社大学と申しますと、私の脳裏に浮かびますのはこの大学を創立された新島襄先生を師と仰ぎ、近代日本が生んだジャーナリストの大先達、徳富蘇峰先生を思い起こします。それからこれは最近知ったことでございますが、お隣の韓国の抵抗詩人、尹東柱《ユンドンジュ》さんの碑もあると聞いております。そういうすばらしいところでこういう会の催しができるということは、本当に幸せでございます。

会場受付にてお知らせいたしましたが、本日のパネリストのお一人でございます鶴見和子さんが、複雑骨折のため急に出席できなくなりました。今月初めにお目にかかりましたときにはこの日を楽しみにしておられて「どういうきものを着ていこうかしら」と話しておられたのですが、本日その元気なお姿を皆様の前にお見せすることができません。本当に残念なことではございますが、一番残念がっておられるのは御本人だと思います。

それからきょうご来場の皆様方は、恐らくこの藤原書店も、まだ御存じない方もたくさんおられると思いますので、簡単に御紹介させていただきたいと思います。一九九〇年に東京新宿の早稲田で産声を上げました。この春で一七年目に入る、まだ成人に達しない本当に若い若い出版社でございます。この一六年余りの間、その早稲田の小さな事務所から世界に向けて六百数十点の本を発信してまいりました。この間に多数の世界の知識人とも交流して今日に至っておりますが、一〇周年に、本日受付近くにも並べてあったと思いますが、学芸総合誌『環――歴史・環境・文明』という雑誌を刊行いたしました。季刊で刊行し、今春で二五号になります。学術総合誌とか、単に総合誌というのは皆さんもよくご存知とは思いますが、学芸総合誌というのは何か変じゃないかと思われる方もおられると思います。学問と芸術の融合、一体ということでございます。私は学問と芸術というのは切り離されるべきものではないと昔から考えておりまして、学問と芸術の底を流れるもの、通奏低音とでも申しましょうか、そういうものは同じではないのかとずっと考えてきておりました。それをこの雑誌で何とか表現してみたいということで学芸総合誌『環』が六年前に誕生したわけです。

そういう思いをずっと抱いていろいろな挑戦をしてきたわけですが、その結晶の一つして今回の作品、染織家で人間国宝の志村ふくみさんと国際的な社会学者の鶴見和子さんの対話の場を作った次第です。鶴見さんご自身は「学問と道楽」ということをよく言われます。この道楽という言葉は決して学問と切り離されたものではありません。「道楽」が「学問」を生かす。道楽と学問は一体である、といわれるのです。この『いのちを纏う』がこの四月に刊行されて以来、多くの読者の方たちから「これから自分もきものを着たい」「いのちの大切さを考えさせられた」……という声を沢山いただきました。

この刊行を記念して、志村ふくみさんと鶴見和子さんを中心に、それから国際的な創作舞踊家の西川千麗さん、また国際的な歴史家の川勝平太さんと四人でお話をしていただきたいと思って企画いたしました。川勝さんはグローバルな視点でこれまでの歴史を覆すようなお仕事をしてこられました。残念ながら鶴見和子さんが先ほど申し上げたように、本日お見えになれないのが本当に残念です。急遽そういうことになりましたので、鶴見和子さんに関しましては、映像や朗読など、いろいろな形で鶴見さんの思想や生き方を皆さんに少しでも知っていただけるような演出を心がけました。お楽しみ下さい。

これから三時間余りの長時間でございますが、何とぞよろしくお願いいたします。

伊東　それではこれより、本日のパネリストの皆さんに御登壇いただきましょう。まず先ほどＶＴＲをご覧いただきました、日本舞踊家の西川千麗さんです。続きましては、国際日本文化研究センター教授で、歴史家の川勝平太さんです。そして染織家で人間国宝でいらっしゃる、志村ふくみさんです。

それではここからの司会は、藤原さんにお願いしたいと思います。よろしくお願いいたします。

第一部　問題提起

藤原　それではここからは司会を務めさせていただきます。まず初めに鶴見和子さんと言いたいところですが、鶴見さんがお見えでないので、本日ご入院先から鶴見和子さんのメッセージをいただいて参りました。そのメッセージをお聞きください。

『いのちを纏う』とは。
植物の命、染織した人の命、纏う人の命が交感する

植物繊維を使い、植物染料で手織りにしたものは、その植物の命とつくった人の命とがそれを纏う私の命と交流する。植物繊維、植物染料で手織りのものと交流しながら仕事をすると、考えがどんどん沸いてくる。化学繊維、化学染料ではこういうわけにはいかない。だから私は、仕事をするときには植物繊維、植物染料で手織りのきものを纏う。そうでないと、頭のなかは真っ白。命の交流が纏う者と纏うきものとの間にできるのが、その最もよいところである。自分が活性化するのである。この命の交流が、私の創造性の源なのである。

二〇〇六年六月二十五日　午前十時　鶴見和子

藤原　さらに、この『いのちを纏う』から三カ所、鶴見和子さんのご発言ですばらしい箇所の朗読をお聞きいただきたいと思います。

■朗読1■

きものは魂の依代です。魂がこのなかに入っていて、これに依りかかっているのよ。きものがなきゃ魂は一人歩き出来ないの。魂が入って、きものが歩いているの、生きてるの。それが一番大事なこと。だからそれを最もよく表しているのが、日本語の「形見」という言葉。その人が着ていたきものはこの人の魂の依代だから、その方が死んだ時に、その方の愛する方たち、その方の親しかった方、その方に連なる方にお分けして、そしてそれをまた着てもらうことで、魂が受け継がれるの。そういう思想が一つあるわけよ。今でも「形見分け」という言葉で残ってるでしょ。父母やお祖母さんのもの、お祖父さんのものを頂くでしょう。

その次は、日本の風土のなかに日本の植物が育っているように、きものも風土のなかから出てきたのよ。風土にもっともふさわしい形を持っているの。それはなぜかというと、空気の出入りがあらゆるところから、袖から、身八口から、裾から、襟から、空気が流通してるのよ。だから、きものを着てれば、寒い時は暖かい。なぜかというと、重ね着だから、ここから空気が入っていく。空気が入っているのよ、なかに。だから空気が人間の体温によって温められているから暖かいのよ。それから帯をきゅっとしめて、女性にとって大事な体の部分をちゃんと暖かく守っているの。だからこれは日本の気候、風土によく合ってる。洋服をぴたっと着ていたらどうしようもないの、暑くて。そして晒木綿の肌襦袢を着ていれば汗を吸いとるし。それから足袋を履くから、これも汗を吸いとるでしょう。だから実にいい。湿度が高いでしょう、日本は。それに非常に合ってる。

それから、つまり変容自在ということよ。直線裁ちだから、形がないのよ。ほどいてしまえば一枚の布になっちゃうのよ。どんな形にでも作り替えることが出来るの。袖があって、裾があって、つまり直線裁ち、直線で縫って合わせてあるだけで、人間が着ることによって形を与えているのよ。人間が形なきものに形を与えているというのは、姿勢なのよ。姿の勢いなの。これが大事なの。稽古して、自分の体をきちっと、姿の勢いを作らなきゃだめ。きものは着られないの。極端な話、死んじゃったら着られないのよ。

■朗読2■

日本人は愚かなことをしたと思います。日本人は概して体が小さいんですよ。だから洋服を着るともっと小さく見える。それから男性の方は背広を着ると余計小さくなります。ところが男性も女性もきものを着て、背筋をぴんと立てて、肩をきゅっと張って、こういう形で出ていけば、全然引けを取らないんですよ。そして私は国際会議とか国際学会とか、それから海外の講演会、そういう時は必ずきものを着ていきます。そうするとみんな見てても自分は引けを取らないと思う。洋服だったら引けをとるんです、小さいから。あら、あんな子供が出てきて何をいうのって思われてしまう。子供っぽく見られちゃうのよ。きものであれば、ほんとの内発的な思想を、相手が何であれはっきり述べることが出来るんです。だから内発的な思想を外の方に向かってはっきり述べて、向こうからも反響があります。そうしたら、そこで言論を戦わせればいいんです。そして、徹底的に議論すれば、ある種の新しい思想が生まれてきて、そこでともに共鳴することが出来るんです。人間と人間とが対立して、どんなにちがっていても、最後に到達することが出来るんです。そしてどんな異なるものも異なるままに補いあい助け合って、ともに生きる道を発見することが出来るんです。それには言論を対等に戦わせなきゃならない。そして自分のしっかりした考えと、しっかりした意気込みがなければならない。それはきものが与えてくれるんです。私はそう思っています。私自身は国際学会とか国際会議に出て、きもので出れば、恐れることはないと思っていました。

■朗読3■

洋服には形があるのよ、もともと。だから洋服の方が私は不自由よ、形が決められていて、きゅっと締まってね。それだから仕事をする時に考えがふくらまない。だから仕事をする時は、いつでもきものを着てないと、考えが自由に出てこない。きものほど自由なものはないのよ。

洋服は形があるから、体の恰好が悪くても、そこはちゃんと洋服のデザイナーが直してくれるの。それが仮縫いなの。きものは仮縫いの必要がないのよ。出来あがったら、すぐ自分がこれを生かせばいいの。だからもっと主体性があるのよ。

きものを着ると、きものがしっかり支えてくれるから、こういう恰好になる。いつも意識しながら自分の体の姿勢をよくするように努力しなきゃだめ。そうするのと、きものが支えてくれるのと両方なのよ。

だからきものと自分との触れあわせ、響きあいなのよ。きものも生きているのよ。自分も生きているのよ。だから生き物と生き物が、魂の触れあいをしなきゃ。ここでも触れあいをしてるのよ、自然のものだから。これは化学繊維では出来ないの。それからこれを作った方の魂もきもののなかに入っているの。染めた方、紡いだ方、織った方、縫った方、そういう魂が入っているのよ。その魂と自分の魂とを、うまいぐあいにささやき交わしながらきてるのよ。

藤原　ありがとうございました。『いのちを纏う』から、鶴見和子さんの問題提起を皆様にお聞きいただきました。それでは、パネリストの方々から、「いのちを纏う」ということについていま考えておられることをお話しいただきたいと思います。まず、染織家の志村ふくみさんから、お願いいいたします。

纏《まと》うことの深い意味

染織家・人間国宝　志村ふくみ

最澄が唐から招来した七条《しちじょう》刺納袈裟《しのうげさ》に身に纏うものの原点を見た

きょうは皆様、たくさんお集まりをいただきまして本当にありがとうございます。ただ、こちらの横に鶴見さんがいらっしゃらないことを思いますと、本当に残念でたまりません。このシンポジウムを企画していただきましたときにお電話をいただきまして「志村さん、出ましょうよ」とおっしゃってくださったんですね。私は、何かはれがましいような気持ちでちょっと躊躇っておりましたのですが、「私はそのときに着るきものまで考えているのよ」とおっしゃるものですから、そんなに積極的にお考えくださるのならば、それでは私も勇気を奮って出させていただきましょうと思って。そう思っておりましたところ二、三日前に藤原さんから鶴見さんのご体調がおもわしくないということを伺いまして、本当にどうしようかしらと残念に思いましたんです。ただいま鶴見さんのメッセージと本でお話しになりました文章を読んでいただきまして、何かここに鶴見さんがいらして私どもと一緒にきょうはこの会にのぞんでいらっしゃるような思いになっております。

特に最初のメッセージは、私ども染織に携わる者にとりましては本当に金科玉条といいますか、これほどすべてを言い表していただいているものはないと思いまして、何か胸がいっぱいになりました。こういうことを社会学者の鶴見さんが考えていらしてくださって、そして広い視野から、きものというものを単なる衣服、染色という面からだけではなくて、本当に人間が衣を纏ったときにどんな心情になるか、どんな精神状態になるかまでをはっきりとおっしゃってくださったので、私なんかが普段漠然と考えていたことをこうしておっしゃっていただいたことに限りない感謝をいたしております。

私も四〇年近くこうやって仕事をしてまいりましたが、ここに至りまして衣というもの、それから『いのちを纏う』という題をつけていただきましたこの「纏う」ということ、このことについてふと今朝思いついたんですが、今から一二〇〇年ほど前に最澄が唐から七條刺納袈裟というものを招来されました。その七條袈裟というのを私は二、三年前に目の前で拝見しましたが、これこそ衣というもの、身に纏うものの原点で、しかもそれは死者と生者の間の非常に深いかかわりのあるものだということに気がつきました。またその衣の美しさは一二〇〇年の歳月を見事に生き抜いて、実に美しいものだったんです。もう私は声も出ないほど、その袈裟の前にたたずみました。それはどういうものかと申しますと、死者とか行き倒れの方、そういう方の亡くなったときのきものですね。それは、もうぼろぼろになっております。それをきれいに洗いますと、もう繊維だけになってしまうんですね。その繊維だけを集めて集めて、ずっと集めて、そしてそれを一針一針、もう何万針というふうに縫って、縫って一つの布をつくるわけです。ですから初めから布ができたところに刺しているのではないんですね。もう本当に繊維を刺しているんです。それは糞掃衣《ふんぞうえ》といいまして、いわば聖なる方が纏うものとして最低のものですよね、行き倒れとか何かの。その糞掃衣というものを纏って、そして死者の供養をする、回向をするというのが七条刺納袈裟ということだと書いてございました。私はこれが人間の纏う衣の最終の原点といいますか、そして人間は生まれるときも裸ですし、死ぬときも裸ですし、生きている間だけ何か纏っている。この纏うということの深い意味を、今回も鶴見さんからこうして教えていただきました。

季節の移ろいのなかに色の生命が一つ一つ宿っている

もうそういう深いことも考えずに、私はいわば植物の命、植物がたくわえている命のエキスといいますか、そういうものをいただいて色を発色させ、それから絹という、やはり蚕の命を吐き出したその糸にその植物の色を染めて、そして織ってまいりました。それをきょう鶴見さんが「そういうものを着ないと発想が膨らまないのよ」とおっしゃったので、ちょっとびっくりいたしました。そういうふうに考えていらっしゃる社会学者の鶴見さんは、ただ着るものに対しての執着ではなくてもっといろいろな意味で……。例えばあの方はいつもアニミズムとおっしゃいますが、すべてのものに神が宿る。だからそういうものを総合して、やはり着るものも同じように大切なものなんだということを認識して、ずっときものを着ていらっしゃったのだと思います。ですから今回お話をさせていただきまし

志村ふくみ

1924年生。紬織の重要無形文化財保持者（人間国宝）。55年、郷里の近江八幡で植物染料による染織を始める。自然の恩恵を大切にした創作活動を行い、紬織を芸術作品に発展させてきた。86年紫綬褒章受章。93年文化功労者。

て、もうあちらからぱっと私に問いかけてくださるその言葉が、私の真正面からずっと入ってくるんですね。ですから私も思わず、何か突然ですがぱっと思いが沸いてくるんですね。それでお話し合いが何となくうまく行ったのだと思います。そういう方にめぐり合わせていただいて、「いのちを纏う」こと、衣というものを皆様と一緒にこうして考えさせていただく時間を持たせていただきましたこと、本当に感謝しております。

色ということを私が常に思っておりますのは、やはり日本が世界においても特別な位置にあって、周りが海に囲まれて、そして本当に一日一日、一刻一刻と言ってもいいかと思いますけれども変化していきますね。移ろっていく。その移ろいのなかに色の生命が一つ一つ宿っているんですね。その宿っていることを感知できる日本民族の感性といいますか、この民族というのはどういうわけかそれがわかるんですね。やはりこういう風土のなかで生まれ育ち、そして千年もそれ以前からもさまざまな国から吸収してきて、それを見事に自分たちの力で花開かせている国、それが日本だと思います。ですからこの文化は世界にまたとない、本当に世界にない特別な文化だと思います。

まず目に飛び込んでくるのは色。それが人に心地よいか、その人を生かしているか、周囲にどんな波長を送っているか。

そのなかでその一部分である染色というものをたまたまやらせていただきまして、色を考えざるを得ないんですね。まずきものと言えば色なんです。きものは模様かしら、質かしら、何かしらといろいろ思いますが、まず目に飛び込んでくるのは色なんですね。そうするとその色が人に心地よいか、またその方を生かしているか、周りに対してどんな波長を送っているか、そういうことが非常に問われると思うんです。そのときに植物というものは本当に人の心を癒してくれる、無言で癒してくれる存在ですし、そのなかでじっとたくわえていた色というものは、私たちがとり出さなければじっと持っているだけなんですね。もちろん花は咲きますから花を美しいとめでる気持ちを日本人は大切にしてますが、その植物の体内に宿している色を引き出すのは人間の手、そして心だと思うんです。何でもない、植物をただ焚けば色が出てくるというわけではありません。やはりそこに命があって、その命と呼応する我々の思いがあってはじめて思いがけない色を出してくれるんですね。ですから私たちが勝手に切って勝手に焚いて、焚き出して色を出しているわけではないんですね。普通考えれば染色なんていうものはもうぱっと染めてやればいいと考えられがちすが、この植物からいただくということは、何かやはり鶴見さんがおっしゃるようにすべてのものに神が宿っていて、小さなものにまで何かそこに意思が宿っている。そういうものをこちら側が受け止めないと、何のことだか、途中で植物が一生懸命出してくれたものを何のことかわからずに使っているんです。でも本当はやはり命をいただいている、そしてそれをこうしてきものに生かさせていただいているということだと思います。

たまたまきょうこうやって四点出させていただきましたが、藍については一晩でもしゃべりたいほど藍に執着していますが、きょうはちょっと蘇芳《すおう》の赤いきものを出させていただきました。これをお召しになった方のことも書かせていただきましたが、三四、五年この方はこのきものを大事に持って、何か事があるとき、次の会に出るときにはこの蘇芳を着ようと決めると。そうすると、どんな帯を締めよう、どんな帯揚げをしよう、どんな草履を履こう、すべて全部並べて眺めて四、五日しっかりそれを選んで選び抜いて、そしていよいよその蘇芳をお召しになるときに、えいという感じで、きょうはこの組み合わせにしようということでお召しになるんだそうです。そして例えば結婚式の披露宴なんかだと赤いきものに白い帯を締めて「紅白で参りました」とおっしゃるそうです。そういうふうにお召しになる方の心構えといいますか、それが非常にきものを生かしている。三〇何年もお召しになったとは思えないんですね。全く新しいような、そのままのおきもの。

私の作品を買い続け、大事にされてきた方が、このたびそのすべてを美術館に納められた

これだけではなくてあと六〇点近くその方はお持ちになっていらして、そして二年前ですが、全部滋賀県立近代美術館に納められたんです。御自身はもう一切私のものはお持ちにならずに……きょうも実は会場にいらしていると思いますが、川端康成さんの形見のお品、袷《あわせ》と羽織と単《ひとえ》と、これは蚊絣《かがすり》の、薩摩絣です。もう最高の織物なんですが、それを川端康成さんは昭和三年から亡くなるまでずっと着ていらしたんだそうです。それを亡くなられてから、奥様が「あなたならこれを着こなしてくださるから」というのでその方に差し上げられたそうです。今はずっとそれをお召しになっていらっしゃるんですね。もうそれが実によくお似合いで、何かきものを着て着抜いて、愛し抜いて、そこからすぱっと抜けて今度薩摩絣一筋になられた。これも何かき

ものというものの生き方、その方自身の生き方ときもの自身の生き方がぴたっと合っているような気がいたします。

私はそういう方に恵まれましたことを非常に感謝しておりますが、決してその方は余裕があって私どものものを六〇何点集められた方ではないんですね。非常に考えられて、考えぬかれて、無駄なものは一切買わず、タクシーにも乗らず、もう本当に質素に倹約されたなかから、私ののだけをそれも私が一番これと思っているものは全部持っていてくださったんです。それは三〇年間ぐらい。それをすべて美術館に納めてしまわれて、今は本当に身軽になって「とても自由になったわ」とおっしゃっているんですね。だから女性の方のなかでもかなりめずらしいと思いますが、生き方ときものとが一体になっている。そういうことを、あまり私たちは今まで考えないできたと思うんですね。こうして口では言えますが、実はなかなかできないことです。本当にこれは大事なことだと思うんです。

今まで私はきものを皆さんが捨てているというのではないんですが、もう着る機会がなかなかないし、一つにはお高いし、手間がいるし、後始末も大変ですし、そういうことで次第次第にきものを着なくなって、私自身も仕事をするときにはズボンを履いたりしてやっていますが、これではいけないと思いながらも、ではどうしたらいいのかというはっきりした提案がなかなか出せないんですね。そしてもしきものを簡便に着ること、非常に簡単に着ることが最高ならばそれはもちろん提案するんですが、やはりきものというものには一つの格式といいますか、格があると思うんです。その格を落としてまで簡便にするということは、やはりできないと思うんです。

このきものというものには、本当にそれこそ平安時代から日本がずっと守り続けてきた形式の、一つの頂点にある姿だと思うんです。それほど美しいきものを着られないから便利にしようという世のなかになってしまったことが既にもう問題で、この世のなかを変えることはできませんが、こうしてお話し合いをさせていただくなかで、ああ、きものというのはこういうものだったのか、日本人がきものをどんなに大切に守らなければいけないかということを、皆様と一緒に考えてきたいなと思っております。

藤原　いま朝日新聞社から週刊で『人間国宝』という雑誌が出ておりますが、黒田亮子さんという美術史家の方が作品解説を書かれています。その出だしの文章があまりにいいものですからちょっとそこだけ読ませていただきます。「志村ふくみの作品の前に立つと、確かにそれはきものであり、紡ぎ糸のさくっとした温もりとともに、時にたおやかに、時に凛として、また時に可憐にそれを纏う人の姿が目に浮かんでくる。しかし一瞬の後には、光を内に包み込んだ色彩がきものという形態いっぱいに緊張感をみなぎらせて響き合う芳醇な叙情の世界に身も心も吸いとられて、現実とイメージの二つの世界を行きつ戻りつするような快い幻惑感にとらわれることになる」とこういう書き出しで文章が始まっていますが、何か志村さんを象徴するような文章だと思いました。

それでは西川千麗さん、よろしくお願いいたします。

きものという生き方

日本舞踊家　西川千麗

日本舞踊を仕事にするなら、もうきものだけにしよう、と決めた

きものについていま思ったままお話しいたしますが、先ほども控え室の方で「きょう着てくるきものほど考えに考えたことはないんです」とお話ししていたんです。それで結局はふだんのきものを着てくるということになりました、考えに考えて。だから私のふだんを知っている人たちは、何や、きょうは普段着できはったと思わはるやろうけど、これがまた付下げを着たりすると何かもっとちゃんとお話せんならんとか、いろいろな自分の欲な意識が働くだろうと。最終的にふだん着で来たら、ありのままの私でええという心になれるからそうしたんです。志村先生も「そうよ、そうよ。それでいいのよ」と言うてくださいまして。

ほんまに人間というものは、着ているもので心の状態が変る、ほんまに単純やなとつくづく思います。私がこの日本舞踊でこういうふうに一人で生きようと思ったとき……日本舞踊はいわゆる六歳の六月六日からやっていたんですけれども、これを自分の生きる道にしようと思ったときに洋服を着ないということを決めたんです。それ以来三〇何年になるんですがどんなときもきもので通してきました。それでは普段はどうしているんですかと言われたら、鶴見先生と同じように着なくなったきものを上下のものにしてもらって日常を暮らしたりということで。若いときは今よりもっともっと貧乏でしたからふとん地をミシンで縫ってもらったきもの、ふとん地は幅が

西川千麗

京都生。二代目西川鯉三郎、三代目西川右近に師事。構成、振付、脚本、衣裳、舞台美術、音楽の全てを自己の原案で創る。京都府文化功労賞、日本文化藝術奨励賞等受賞。主要作品「青眉抄」「阿留辺幾夜宇和」「よだかの星」他。鶴見和子らと共著『おどりは人生』。2012年歿。

広いのと丈夫だったので、日常着ていても長く着られたり、そういうのを経て三〇何年かになりました。それを今ふっと振り返りますと、あっ、きものだけに暮らした、生きてきたということが逆に私をこの道一筋に生きさせてくれたんかなというふうに思いましたね。その当時は履物から肌着から両方は大変やから、日本舞踊を仕事にするんやったらもうきものだけにしようという考えでそういう暮らしに入ったんですが、今になってみれば逆にその暮らしによってこの生き方、ここまで歩んでこられたんだなというのが実感です。

カミーユ・クローデルを日本舞踊の作品にできたのは白と黒の舞台装置と衣裳

「纏う」というタイトルにまず思うのは、舞台衣裳です。実は先ほど見ていただいたのは「カミーユ・クローデル」という、フランスのロダンの愛人であって優れた女流彫刻家でしたが、一九世紀ですから女性がそういう彫刻で社会のなかで立っていくことが非常に難しかった。そしてロダンとの確執というところから彼女は精神を病んで、三〇年間を精神病院で過ごし、生涯を終えています。彼女のことを知ったのは一八年前です。そのときに、社会の中で存在できないことの悲しみというのが、切実に私の胸をとらえました。一人で歩き出して今年で二五年目ですから、ちょうど七年目だったんですね。何とかここまで来られたけれども、いつか何かのことで、社会で私の仕事が支えられなくなったとき、これをすることができなくなったときに、自分も恐らく精神を、そういう心のバランスを失っていくだろうと。

その頃杉田久女という、俳句で同じように、高浜虚子との軋轢から俳句を発表する場を失って福岡の精神病院で亡くなった俳人と、二人を一つの作品にというように発想したんですが、そのときは力がなくてできなかったんです。できないものはしない方がいいとそう思って、一三年前、杉田久女の作品だけをつくって上演しました。それ以後は時々本当に胸の奥でちくちくと存在するんですが、そのときできなかったのは、カミーユ・クローデルというブロンドの女性で、しかも日本舞踊ですからきものでということは全く結びつかないんだなと思い込んでいた。

それがおととしドイツへ海外公演に行っていまして、ホテルのロビーでふっとチェスをしている人を見ました。この白と黒を見たときに、そのときにふっとカミーユを思い出したんです。白と黒なんだ、彼女をやるにはと。それでまず舞台装置……よくどういうところからつくるんですかと言われるんですが、作品によって違いますがカミーユの場合は色彩でした。先ほど言われた、色から。それで、白の世界と黒の世界。だから舞台の床は白、黒、白、黒と交互になった舞台装置。そしてやはり衣裳は黒だったんです。最初にご覧になったあの黒で、金糸が織り込まれた衣裳でした。そのときには、しかしながら足袋も裾よけもすべてが黒でなければならなくて、結局絹の生地で足袋をつくりまして、底も全部……一回使うとすり切れてくるんです。だけど黒でなければならなくて。黒の世界の黒の舞台からカミーユが白の舞台へ進んできて、そしてまた黒の世界に戻っていく。日本でも、彼女の魂が風にさまようような作品になって二年前の初演です。

実はこれを来年フランスとスイスで公演するんですけど、それが決まったときにカミーユ・クローデルの展覧会が軽井沢のメルシャン美術館である、そのなかで舞いませんかというお話が来て、本当に夢のように思いました。あの彫刻のなかで舞うというのは怖いような、恐ろしいような、何かカミーユから試されているような、そんな気持ちだったんです。当日の衣裳を選ぶときに、当然カミーユの作品、最初の黒いあの衣裳をと思っていたんですが、展覧会のオープニングを見に行きましてそこの空間に立っていると、ああ、この衣裳ではない、それは黒というものの入ってこないものではなくて、カミーユの魂がどこかからすっと入ってくるような透明度のある衣裳だと思えたんです。そこから、後半ご覧いただいたメルシャン美術館のなかでのカミーユを舞った衣裳になりました。

衣裳が出来上がったときには私の作品ができたのと同じ、八分までできたんやから

そうして実人生がきものだけになったことによって、私の人生が本当にこういう自分の思うところの日本舞踊の仕事を貫ける力になったというか、そういう自分にしてくれたという、そういう力とともに作品はすべて、衣裳から全部つくってます。だから衣裳が出来上がったときに衣裳屋さんに「衣裳が出来上がったときには私の作品ができたのと同じ、八分までできたんやから」と言って、だめなときはつくり直しをして似たような衣裳を何枚もつくるようなこともありますし、そういうのが纏うということになるでしょうか。

だから先ほどの鶴見先生のメッセージ、それから御本の対談、先生のおっしゃっていることを聞いて、私は大体先ほど申し上げたように頭で論理的に考えられる人間ではないので、それを逆に鶴見先生は私の舞を論理的に分析して「あなたはこうなのよ」と言ってくださっていたんですが、今度は衣裳とか色彩というものについて改めて知る機会になりました。先生、本当にありがとうございます。

藤原　千麗さん、どうもありがとうございました。千麗さんはちょうど三年前だったと思いますが、イタリアのアッシジの聖フランシスコ大聖堂のジオットの絵画の前で舞われたんです。そのときに文化庁長官の河合隼雄先生とカソリックの大司教ピタウ氏に対談をしていただきました。そういうことがいまお話をされているなかでふつふつと思い出されました。本当に見事な創作の舞でございました。

それでは最後になりますが歴史家の川勝平太さん、よろしくお願いいたします。

日本の近代化ときもの

歴史家　**川勝平太**

オックスフォード大学の創立記念パーティに夫婦ともども和装で出席する

川勝でございます。きょうは美しくてあでやかな女性二人に挟まれまして、幸福でございます。『いのちを纏う』はすばらしい本ですね。まずはご出版、おめでとうございます。鶴見先生と

川勝平太

1948年生。静岡県知事。早稲田大学教授、国際日本文化研究センター教授を歴任。比較経済史。オックスフォード大学Ph.D。日本固有の近代化を、国境を越えた経済交流を視野に収めながら描く。読売論壇賞、アジア太平洋賞特別賞受賞。著書『日本文明と近代西洋』『富国有徳論』『文明の海洋史観』『海洋連邦論』他多数。

志村先生の対談をまとめたこの本を通して初めて知ったのですが、両先生が出会われたのはごく最近で、志村先生の展示を鶴見先生がご覧になったのがきっかけで、鶴見先生が志村先生の蘇芳染めの着物に魅了されて意気投合し、それが縁で対談の運びになったとのことですね。二度目の出会いで肝胆合い照らすあの中身の濃い対談になったというのも一種の驚きですね。たった二度の出会いなので、その時間は、お二人の人生の歩みからすればごく短いものですが、それぞれの人生観や自然観が凝縮して吐露されており、珠玉の言葉が首飾りのように輝きながら連なっています。お二人は、会うべくして会われたのだ、という感想をもちました。

　こういうすばらしい本を世に出し、またお二人の出会いを仕掛けた藤原良雄さんに敬意を表します。日本の出版界は、本を読まない最近の傾向に迎合するように本の内容の質を落としていく風潮があります。そうした中、この本を含め藤原書店は高い質の本を一貫して世に問われてきたことを衷心から寿ぎたいと思います。

　今日の藤原さんは袴を履いた正装のきもので、お似合いですが、私は普段着のきものでまいりました。私は、外出時はネクタイをしめて出かけますが、帰宅すると、きものに着替えます。きょうはその普段着で出てきました。今回で二度目です。一度目は、外国でした。鶴見先生が先ほどの引用で、海外に出ると、大きい体格の西洋人にまじると日本人は貧相にうつるが、きものを着ると見劣りしないと言われました。私は大学院生としてイギリスに四年ほどおりましたが、一度日本に戻って結婚し、二人で再びイギリスに行きました。そのとき、家内がきものを持ってきていました。私も、何か機会があればと思い、父のお古のきものを持っていきました。しかし、留学先が八〇〇年の歴史をもつ由緒あるオックスフォード大学で、ドレスコードがきっちりしているので、私もそれにしたがっていたのです。

それがある公式の式典、それは私の所属するカレッジの創立記念だったのですが、民族衣装ならば纏ってよいということでした。家内はなんと振袖を持ってきていました。「ここじゃわからないわよ」というわけです。結婚すれば振袖は日本では着る機会はなくなります。私はオックスフォード流の洋服の正装でと思ったのですが、家内と不釣り合いのように思い、うかつにも袴を持参していなかったので、着流しに、足袋と草履で、気が引けるところもありましたが、「えいや」の気合で、出席しました。インドのサリーなど、各国の民族衣装は美しく魅力的です。私どものきもの姿はそれなりに注目を引きまして、質問責めにあいました。ある人が私のところに寄ってきて「君に足らないものがある」と言うので、「袴履いていないのがばれたか」と一瞬ドキッとしましたが、なんと「さすがにサムライ姿がよく似合う。なぜ刀を差していないのか」と言われたのです。とっさに「武士は家のなかで寸鉄を帯びない」と、扇子一つ見せて納得させた次第です。きもの文化に助けられ、文化交流大使のような役割をそのとき果たせたかなという思い出がございます。

明治天皇が軍服で率先して、洋装の範を示された

今日は京都で、しかも晴れやかな壇上にいますので、やはり普段着で出てくるのは不安でした。なぜ男はきもので外出しなくなったのか。先ほど志村先生のお話で、件の女性が外出するとき見事な蘇芳のきものを気合で着るとおっしゃいましたが、男の場合、外出着がいつの間にか洋装で背広にネクタイになりました。

それには原因があります。明治の初めに、男子の正装を洋装に決めたのです。明治天皇が率先して範を示されました。数年前、ドナルド・キーンさんが『明治天皇』という上下二冊の本を新潮社から出されましたが、それを読みますと、明治天皇は明治維新のときまだ十五歳ですね。日本の西洋化の意思を示すために洋装、それも軍服をお召しになった。ところが外国人から礼服としての不備を指摘されて、今日我々がキヨソネの肖像画で知るあの軍服を新調されたということです。

明治天皇は崩御まで、その同じ軍服をつぎあてながら着続けられたそうです。物を大切にする日本人の心が表れており、キーンさんは「明治天皇こそ最後の武士（ザ・ラストサムライ）」と言っています。「ラストサムライ」という俳優トム・クルーズ主演の映画があり、西郷隆盛をモデルにしたようですが、たしかに「ザ・ラストサムライ」という言葉を西郷隆盛に献じたのは内村鑑三です。彼の『代表的日本人』という本に、五人の日本人、その最初に西郷隆盛を挙げ「最後に

して最も偉大なサムライが明治一〇年に城山の露と散った」と書いています。ところが、キーンさんは明治天皇こそ、最後のサムライだといわれる。もちろんほめ言葉です。

明治天皇が洋装をもって正装にされたので、それ以後、日本の男は公式の席では洋服を着るようになり、家に戻ればきものに着がえるというふうになりました。

私の父は、大正生まれでしたが、仕事は洋服、家ではきものでした。しかも私が中学、高校ぐらいまで父はふんどしでしたね。ふんどしを、いわゆるパンツにかえるときに、何か文化の壁を越える違和感があったみたいです。昭和三〇―四〇年ぐらいまで、男でも家での普段着はまだ和服という習慣が残っていたのではないでしょうか。男にとって、きものは家で気楽にくつろぐ姿なので、そのままで外の公式の席には出にくくなったのです。女性は非公式でも、公式の席でもきもので勝負できるのは、男にとってはうらやましいことです。

日本の近代化の条件はきもの、その原点に木綿があった

きものの文化力はなかなかのものです。私は歴史に関心があります。日本の近代化の成功条件のなかにきものがあったことをご紹介します。

日本は幕末に通商条約を結びましたが、不平等条約でした。関税自主権を持てなかったからです。海外の製品が輸入され、それが日本の産業を壊しかねない場合、国家は関税をかける権利をもつのが普通ですが、日本はその権利を持てなかったので、海外の製品が横浜や神戸に入ってきますと、そのままの価格で流通しました。明治時代の日本の最大の輸入品は、イギリス木綿です。

イギリスにマンチェスターという町がありますが、マンチェスターをとり囲むランカシャーという「世界の工場」といわれた地域がございまして、当時、陸地の四分の一、世界の人口の四分の一、七つの海を支配するイギリスはランカシャーでつくられる木綿を世界じゅうに供給していました。日本人は木綿を愛用しており、イギリス木綿は大量生産で価格は安く品質もよく、自由貿易のもとで、当時三二〇〇万人の日本人が皆イギリス製品を買うであろうと、イギリス人は期待を持ったわけです。

ところが、イギリス木綿があまり売れないのです。明らかにイギリスの木綿の方が価格は安い。日本木綿の価格は三倍ぐらい高い。ところが、日本人がイギリスの安い木綿を買わないで、価格の高い日本のきものを買い続けました。

絹に似た金巾を裏地に使った日本人のきもの文化が英国との不平等条約を凌いだ

鶴見先生が研究をされた民俗学の泰斗、柳田国男の『明治大正史／世相篇』にそのなぞを解くヒントがあります。柳田は「金巾は」――僕は最初「きんはば」と読んでいましたが、明治生まれの下宿のオバアチャンから「金巾は「かなきん」と読むのです」と教えられました――「金巾《かなきん》は、その肌ざわりと名前の半分が絹に近かったがゆえに喜ばれた。持ちが悪いことを知りつつも、その細手の故を以て普及した」と書いています。金巾は英語でシャーティング、ワイシャツのホワイトシャツのシャーティングです。シャーティングに日本人は「金巾」という名前をつけ、金巾は柳田国男が見抜いたように、つるつるで薄くて絹にちかい。それを買う人は絹を買えない下層階級で、それを何に使ったかというと、きものの裏地に使ったのです。

どうして裏地につかったのか。それは、遠く江戸時代に奢侈禁止令が出されて、民衆は、表地は木綿にして、裏地に豪華な絹をつけて、ちらっと見せて粋なぜいたくを楽しむ文化を育てたからです。絹に肌触りの近い「金巾」を裏地につければ安上がりですから、逆にきものの需要がふえたのです。日本には毛織物がありません。冬も木綿で厚手で暖かいのです。仕事着、野良着にも使える。二代、三代と、お古としても着ることができます。ところが金巾は、すぐに切れるし、日本の絹に取って代わる力もないし、日本の木綿とは全然品質が違うので、日本のきものは影響を受けなかった。きものを、日本人は着続けました。世界の工場イギリスの最大の輸出品の影響をきものがはねのけたということですね。きものの文化力は大したものです。

洋服は、当初、軍服として日本の男の生活に入ったのです。毛織物の軍服はだんだんと背広になっていきますが、イギリスでも背広の下はワイシャツで、これは木綿。そうすると、同じ木綿でも日本人とイギリス人では使い方が違います。日本は冬着にも着る木綿。厚地で暖かく、丈夫です。ところがイギリスの木綿は、上着は毛織物ですから、薄地の肌着であり下着です。

イギリス人はインドから持ち帰った木綿を下着に使った

ではいつ頃から木綿を下着にしはじめたのか、調べてみました。それにはイギリスの下着の歴史を調べなければなりません。オックスフォード大学図書館で『ヒストリー・オブ・アンダーウェア』という分厚い二巻本で、絵入り。借り出せないので図書館に行って朝から晩までノートをとりました。エリザベス女王一世、シェークスピアがいた頃、木綿はイギリスにありません。下着はつけていなかった。下着の着用は大きな革命的変化なので、いつから始まったのか、その材料が何であったのか調べていったら、インドから来た木綿でした。

インドにイギリス人たちが行くのは、一七世紀です。日本で言えば江戸時代の初め。インドで色とりどりの美しいインド木綿に眼を奪われます。それを持って帰り、イギリスの貴族に献上しました。それが燎原の火のごとくに国じゅうに広がるわけです。毛織物とか獣皮を着ているところに、断然履き心地がいいということで、下着として入るわけです。インドから木綿が伝わり、下着にしたわけです。

最初イギリスの商人は、売れるかどうかわからないという気持ちがあったようです。イギリスにもそれなりの衣服の伝統がありますので、貴族に献上するという方法をとったのです。インド綿のなかでも最上級のものを持ち出しました。実に薄くて、指輪のなかをひゅっと風のごとく通ったということです。「セミの羽のごとき」と表現されたり、露が落ちると、そこに布が置かれているのがわからないぐらい薄い。アウランゼブ大帝がプリンセスに向かって「お前は裸でいる、礼儀正しくちゃんと服を着なさい」と言ったら「お父様、私は七枚も羽織っています」と。重ね着をしても透けて見えるほど信じられないような美しいモスリンという木綿織物がありました。イギリスの貴族が、最初は贈り物だったのが、お金を出してでも求めるようになり、インドからたくさん入って来ます。安いということで民間にも広がって、それが下着になり、夏着になりました。こういう歴史なので、初めから薄い。初めから下着です。

日本人が木綿を身につけるのは戦国時代の武具に始まる

日本人がいつから木綿を着はじめるのかというと、その昔は麻衾といいますか、麻を着ていました。しかし戦国時代に、戦闘行為は汗をかきますから木綿の方がいい。木綿が朝鮮や中国にあるというので、当時の日本には金とか銀とか銅が産出しましたので、それを輸出してて朝鮮、明国から大量の木綿を輸入して、兵隊の衣料にしました。それから火縄銃の火縄の部分、そこは最初は文字通り縄でしたが、効率がいいので木綿にかえました。そして船の帆布です。それまでは筵《むしろ》の帆だったのです。軍需品として広まって、江戸時代には国産化されたみんな木綿を着るようになるわけです。戦時に使うぐらいですから、非常に丈夫で厚地なので、冬も着られる。夏はもちろん汗を吸います。要するに春夏秋冬に応じて木綿が着られる。厚地で丈夫な木綿のきもの文化を育てているときに、地球の裏側では薄地のすべすべした下着の木綿文化が発達していました。

そういう二つの洋装文化と和装（きもの）文化が出会い、開国のときに、日本の男たちは覚悟して洋装に変え、ヨーロッパ人との交渉とか、国際会議では洋服にしましたが、普段はきものを大事にしました。女はほとんどがきもので通しました。きものの需要は明治から昭和前期まで落ちない、きもの文化が日本の近代化を下支えしたということです。

クールビズでネクタイをとった日本人の品格なき格好

最近「クールビズ」が言われ、小池環境大臣（当時。以下同）がきれいな脚を見せるのか、クールビズを見せるのかどちらかわからない格好をして宣伝されています。とにかく女性はいろいろなクールビズの装いができます。ところが男の方は、今の官房長官はかっ幅のいい安倍さんですが、その前は痩せぎすの体つきをされている方でした。クールビズだというのでネクタイを外された。これは間違いです。例えばイギリスの首相ブレアさん、あの人は労働党ですから赤のネクタイをされます。しかし、ネクタイははずさない。インフォーマルな感じで上着を脱いでインタビューを受けられることもあり、世界中にテレビ放映されますが、必ずネクタイを締めています。ワイシャツのまま出ていない。ネクタイは上着のシンボルになっているわけです。ネクタイをとると、下着で出ている感じになり、品格を一気に落とします。ただ、日本人のために弁明すれば、ワイシャツの下に本来の肌着を着ていますので、ワイシャツのままでも何となく下着と上着の中間ぐらいだと思っているのでしょう。

洋服の文化圏には、ドレスコードがあり、日本は外見的にはそれをマスターしました。しかしそのチグハグさは、ネクタイをはずしたところに一番よく表れています。襟元をあけると、風が入ってくるので、ネクタイをとったのでしょうが、たしかに、この暑い六月末にネクタイをしめているのは暑苦しい。襟元をあけたいので、ネクタイをとるのは日本の風土では自然の行為ですが、ドレスコードに反しています。第一、似合いません。格好がつきません。品のない、だらしないスタイルになって、文化的には非常にマイナスです。ジェームズ・ボンド役のショーン・コネリーがぱっとワイシャツをとったとき、何も着用していません。ワイシャツは下着なのです。

日本には衣替えの文化があります。女性が自由にできるように、男も背広を脱いで、公式の席に出られるようにしたいものです。きょうは関東から来たのですが、東京駅ではみんな洋服なので、きものはやっぱりちょっと恥ずかしい、ただ、ちょっとした発見がありました。新幹線のなかで、座ると、蒸し暑いときは靴を脱ぎたくなりますね。ところが草履ですと、脱がなくてもいい。そういう効用を見つけました。

きものは価格が高い、洗濯もしにくい、運動力にも機能性にも欠けます。しかし、工夫しだいで、例えば私のこの襦袢の襟はファスナーでつけてあるだけで、汚れたらそこだけ丸洗いすればいい。これは工夫の一つですが、まだまだ和装の伝統、和服の伝統を近代に十分に生かし切れていません。日本の四季は美しく、日本人は季節に応じて衣替えをしてきました。それなのに年中、男は背広を着ている。冬は毛織物なので背広は暖かくていいですが、夏は、風通しのよい、しかも格好よいきものを生かしたデザインを考案するべきだと思います。クールビズの運動は後戻りしないと思いますので、絶好の機会だと思います。

藤原　川勝さん、いろいろな話をありがとうございました。

第二部　ディスカッション

藤原　それでは第二部に入りたいと思います。第一部ではそれぞれパネラーの方から、「いのちを纏う」ということに関連するお話をしていただきましたが、まずこの本の著者である志村さんから特に色について、また色といのちの問題について少しお話をいただきまして、それからパネラーの皆さんとの討論という形に入っていきたいと思います。それでは志村さん、よろしくお願いいたします。

色のなかで一番中心だと思うのは緑、しかし緑を出す植物はほとんどない

志村　私はきょうは藍のお話などはちょっと避けようかと思っておりましたんです。というのは私のお弟子さんたちがこの会場にも何人かいらしてまして「もう先生の話はいつも同じで、聞き飽きる」なんて言われましたものですから、きょうはもうあまり緑の話とか藍の話とかはやめようかと思ったんです。けれども先ほど川勝先生が「やってください、緑の話をしてください」なんておっしゃるもので、ちょっとお話しさせていただきます。

やはり一番色のなかで私が中心だと思いますのは、緑なんですね。なぜ緑かといいますと、こ

の地上には、特に日本はそうですが、緑がどこに行ってもあふれんばかりにありますが、直接に緑色という色を出す染料は植物からほとんどとれないんですね。一、二の例外はありますが、大体これこそ出るだろうと思うようなヨモギですとかいろいろ緑らしい色の葉っぱを焚き出しても、ほとんど緑が出ないんですね。そして染めてみますと大体茶色、薄いベージュかグレーなんです。さっと緑になることもありますが、それはほとんど洗ったり乾したりしている間に消えていく。一体なぜ緑はそうやって消えて行ってしまうのか。それは、私にとって最初の謎だったんです。

そうしているうちに、色の中心は藍だとその頃は思っていまして、自分で藍が立てられないので近くの紺屋さんに行っていろいろ染めてもらったりして、本当に試行錯誤をくりかえしました。滋賀県の紺屋さんですが、昔ずっと藍がめが並んでいましてね。そしてその藍のはっぴを着た職人さんが、かめからかめへともう軽業みたいに渡りながらきゅっ、きゅっと絞っていく姿なんかすばらしかったんですが。そんなところも、ほとんどなくなってしまいました。自分の家で藍を育てて、自分で発酵させ、スクモという状態にまでして藍をつくっているのは徳島が今も一番盛んで大きな紺屋さんがございますが、その方たちが非常に伝統をしっかり守って、すばらしい藍、スクモをつくっていらっしゃるんですね。そのスクモをつくること自体が、スクモというのは草かんむりに染と書くわけで、ですからやはり染めの中心かなという感じを持つんですけれども。そのスクモをつくって半年間かかって、本当に毎日のように世話をして、一二月になるとそれが完全に発酵し、乾燥して、それをこんな大きな俵に詰めて送ってくるんです。毎年私も一俵か二俵買うんですが。

そしてそれを家でかめを地下にいけまして、灰汁《あく》を入れたり、お酒を一升飲むんですね。そして石灰とかふすまとか、今ですとなかなかそういう材料の入手がむずかいしいですね。第一、灰汁というのが全然ないんです。私は長いこと灰汁で苦労しまして、五年ぐらい失敗していたんですが、最近、といいましてもここ四、五年ですが、嵯峨のうちの近くに佐野藤右衛門さんという桜の専門家がおられまして「志村さん、あんたのところに灰だったらいくらでもあげるよ」とおっしゃって。それでなくなるととりに行かせていただいていっぱい灰をいただいております。今はその灰の苦労はなくなったんですが。

藍がめに漬けた糸は緑色に染まるが、絞って離すと、消えて藍色になる

志村　そして藍を立てまして糸を染めるんですが、もうこのことを何遍も繰り返し私がしゃべるものですからまたかと思われるかもしれませんが、暗いかめに糸を入れると、真っ暗なくらいかめに真っ白な糸を漬けてすっと出してくると、不思議なことに緑色なんですよ。すばらしいエメラルドグリーン。ところがそれを絞ってぱっと離すと、緑がどこかにふっと消えてしまうんです。それで藍になるわけです。そのとき私が、あれ、この緑はどこに消えたんだろう、宇宙のどこに消えてしまったんだろうと思ったんです。それは化学的に言えば酸化したと、簡単に酸化だと片づけてしまうこともできますが、私はその行方を知りたいわけですね。そしてその闇のなかの暗い藍のつぼのなかに入れたものが、なぜあんなすばらしいエメラルドグリーンになって出てくるのか。これをだれも解説してくれないんですね。紺屋さんに聞いても「そういうものですよ」とおっしゃるでしょう。だから、わからないままなんですね。

それで何かその裏づけもほしいし、緑がなぜ出ないんだろうと思っていましたときに、たまたまですがお友達にお話ししたら、その方が「京大の高橋義人先生という方がゲーテの研究をしているから、その方だったら多分おわかりになると思うから」とおっしゃって。それでお会いしてこのお話をしたら「それはこうです」とおっしゃったのです。「藍は闇です。藍のかめは闇です。そして地上に出たとき、光ですね。だから闇と光、これが合体して結合したときに緑が出るんです」と。一番、闇に近いのは藍なんですね。光に近いのは黄色なんです。だから藍と黄色を合体させなければ緑がでないんですね。どちらかだけではだめなんです。これをゲーテは「第三の色」と言っているんですけれどね。第三の色は、二つのものを合体させなければ出ない。

そうするとこれは、光と闇の生命がそこに誕生したという。緑は誕生したのではないかと。だから私はいつも、書くときには「緑が生まれた」と書いてしまうんですね。何かほかの染めのときには「赤色が出た」と書くのに、緑だけは「生まれた」と書きたくなるんです。それはそういう宇宙の原理がここに現前してきた、現れてきたということだなと初めて知りまして、本当に目からうろことといいますか、そうだったんだとわかったんですね。

植物や人間には時期がある。微妙な時期をとらえなければ色は出ない

志村　それで、ほかの色のこともわかってきたんです。例えば桜の木、私がこのこともよく書きますので皆様よく御存じと思いますが、桜の木を一月ごろの雪が降っているときに嵯峨の方

からいただいて染めたんです。そうしたら、えも言われないにおいとともに……匂うと言いますよね、日本人は美しいことを匂うがごときと。匂う色が出てきたんです。桜のにおいとともに、色もにおって出てきたんです。これは何だろう、これまでこういう経験をしたことがないと思ったんですね。それで桜、桜と、桜だったらああいう色が出るんだと思って。それで九月ごろに知り合いの人が「台風で桜が倒れたからあげますよ」とおっしゃったので、喜んでトラックを用意してとりに行って染めたら、ピンクはピンク、薄ピンクなんですけれどもにおいがないんです。におわないんですね。このにおうということは、生命だと思うんです。色のいのちがここにあった。だけど九月に染めた色は、いのちがないんです。普通に見たら同じような薄いピンクだなと、こう思うんですけれども、私が染めたときに感じた匂うがごときというのはもうありませんでした。

ですから色というものにはそういう生命がいつも宿っているんだなということに気がついて、ほかのことでも……例えばいま言いましたヨモギなんか緑が出ない、出ないと言っているんですが、春先のぱっとヨモギが出たときの、もう穂先のこのぐらいのところをさっと切って、ぜいたくですけれどもそこだけで染めると何とも言えない薄い緑が出るんですね。ですからやはり時期。植物には時期がある。それから人間にも時期がある。いろいろなものの微妙な時期をとらえて染色しなければ、単に植物を焚き出して色が出るというものとは違うんですが、そういうふうに教えられたこともないし、本にも書いてない。大体本なんかなかったですからね。私がやったときは何も本はないし、どこで学ぶこともできないし、自分でやってみて、やっているうちに向こうから教えてもらっているんですね。植物から答をいただいていたんですね。それで、ああ、こういうふうにすれば色というものは自分をこちら側に託してくれるんだなと。

梅なんかもいただいたときがちょうど一月か二月で、つぼみがいっぱいついているんですよね。紅梅、白梅、もうかわいそうなくらいで、お湯のなかにつけるのも残酷だと思ったんですけれども。そのときに、自分の言いわけかもしれませんが、このつぼみ、咲く花を私が色としていただいてきもののなかに織り込んだら、少しは梅の気持ちにもなれるかしらという思いでやったことがあるんです。そういうふうにしてその時期、その時期に持っている植物のエッセンスみたいなものをいただいてしまうんですね。それがぜいたくと言えばぜいたく、もう本当に残酷な話ですが、でもそれを生かさせていただいているという気持ちがあると、植物は本当に我が身を投げ出してくれるということをもう実感しておりますね。

自然が無償で色を出してくれる

志村　アカネなんかもなかなかないですが、以前は嵯峨のあたりにアカネがずっと林のなかにありましたから、それをとりに行って染めますと本当に「茜《あかね》さす」、射すという感じなんですね。これは不思議で、どこからか射してきたというようなアカネ色が出てきたんです。そうしたらうちに来ていた若い人が「何かその周りに天使が飛んでいるみたいですね」と言うぐらい、ふわっとアカネ色が出てくるんですね。だからそのアカネが土のなかに一〇年かいや百年か、千年かもしれません、ずっといて色をためていたとしか思えないんですね。それがたまたま掘り起こされてごしごし洗われて、くたくた煮られて、そしてそんな色を出してくれるんです。自然が無償にくれるんですよ、私たちに。だから、もしも植物を扱ってお染をしようという方であれば、そういう思いを、そこのところを一番大事にしていただきたい。そうしなければ本当に植物は、ゲーテが言ったように秘密を開示しない、秘密を打ち明けてくれないということですよ。ただとってきても、何もならないんですよ。

そのことは、ほかのことにも言えると思うんです。私が使っている繭でもそうですが、繭はサナギがもう繭のなかに入っているまま煮て、もう煮殺してしまうわけですね。それで糸だけもらっている。人間というのは勝手なものですが、その糸が輝くばかりの糸になって、そしてこうして織られていく。それを私たちが心から感謝して着れば、蚕も成仏するというとおかしいですが、よかったと思ってくれると思うんですね。だから何でもそうですが、材料を与えられたからまあやってみようというのではないですね。この材料はどういうふうにして生まれてきたか、この材料をどうしたらこちら側で生かさせてもらえるか。そのことをやはり、材料から教えられたんです。だれもそんなこと言っていないですし、ましてやゲーテもそんなことは言ってないですね。もっと化学的にそういうものだということは教えてくれますが、やはり私たち日本人の心はそういう、理性ではわからない、情と言いますか和と言っていいのか、私は和だと思うんですね。自然と人間との和だと思うんですが、そこで出てきた色が、やはりこれは植物がこうしてためていた色をいただいているんだなという。仕事のなかで私はそれを、蚕にしても植物にしても感じますね。

それで色というものが、単なる色ではないですね。空の色とか海の色とか、火の色、あるいは夕焼けの色、ああいう自然の色を私たちは本当にとらえようもないですね。絵の具に使うこともできないし、ただ仰ぎ見ている、畏れおののいて見ている、火の色なんかもそう。だから本当に自分が赤い色を出そうとか青い色を出そうと思えば、自然が示してくれている……啓示と言ったらいいのですか、こういうものなんだということを私たちが畏敬を持って受け止めないと出てこないような気がするんです。自然が私たちに教えてくれているんです。ああ、夕空がきれいだなとか、雲がきれいにたなびいているなということはみんな感じていますが、その宇宙が描き出す無限の美しさを私たちがどう受け止めていいのか、私たちこんな小さな人間が受け止め切れないことではありますが、そういうふうに思って、ほかのお仕事でもそうでしょうけれども、私たちは糸を染め、織って、そしてそれをきものとして着ていただくという、そういうことを一つ一つやはり大切に思わなければいけないのかなと思いつつ、ここまで仕事をしてまいりました。

藤原　どうもありがとうございます。志村さんが尊敬し、本当に大好きなというか、畏敬する作家に石牟礼道子さんという方がおられます。鶴見和子さんと石牟礼道子さんの『言葉果つるところ』という対談の本がありますが、そのなかでも石牟礼さんが繰り返し言っておられることは「人間も自然の一部なんですよ。だから人間が自然を破壊すれば、自らを破壊することになりますよ」と。そういう、現代に生きる我々が受け止めなければいけない非常に重い言葉があります。いま志村さんのお話のなかでも、自然から我々はいただくんだと。植物という、要するに自然、大自然ですが、そういう植物との対話のなかで我々が何千年、何万年、何十万年と生きてきたのではないか。

それで先ほどは色という、我々人間にとって非常に大事なものですが、その色も人間は高々百数十年前に化学的に色をつくるというような発明をしたのですが、これまで人間はそういう自然とのかかわりのなかで色を生み出してきて、しかもそういう自然のなかで……特に日本の場合は自然に恵まれているところですから、色もそういう非常にいろいろな色の間《あわい》があると。その色と色の間だとかそういう感性が、今の科学的な手法で最初からこういう色をコンピューターによってつくるんだということで、それはできるけれども、しかし果たしてそれでいいのだろうか。簡単に作れるが、いいものだろうか。それは植物から生み出されたものとは、やはり違うのではないか。そういうことをこの対談のなかで、鶴見さんと丁々発止でやっておられます。

その辺のことを、いまの教育の問題でも、この本のなかでも言っておられます。科学的に化学繊維を化学染料でやれば、結果はわかりますね。だけど植物染料で染めていくと、それはどういう色になるかやってみなければ、はっきり言ってわからないという、中学生と志村さんとの対話がありますが、それで子供たちから教えられたという、何かそのあたりのくだり、志村さん、どうでしょうか。今の教育の問題について、一言お願いします。

学校や教科書で学ぶのも大切だが、自然とともに生きることも大切

志村　本当にそれは、私も胸が痛くなるほどの想いがありますね。もう私はこんな歳になりましたからまた行くことはできないですけれども、大岡信さんの「言葉の力」という文章が中学二年生ぐらいの教科書に載ったときに、全国の子供さんたちから、全国のといっても、それが不思議にいわゆるへき地にある学校なんですね。そういうところの中学生の方々からお手紙をいただいて、自分は大岡さんの「言葉の力」を勉強したけれども、とてもおもしろいから自分も山に行って、桜の木を切ってきて染めてみたけれど思うような色が出ない。だから志村さん、教えてくださいと本当にかわいらしい手紙がたくさん来たんですよ。それで私は、飛び立つ思いで行ったんですね。それが、群馬県の水上のもっと奥の藤原という、全校生徒が二〇人いたかしら、中学と小学校合わせてもそれぐらいの、本当に山の学校なんですね。

そこで子供たちが三月のはじめ頃いろいろな木を切って用意してくれて、もうきらきらした目でもって理科室で焚いて、こうしてやったんです。そうしたら私は「桜は薄桃色になりますよ」と、教科書にも書いてあるのに、やってみたら黄色だったんですね。それは本にも書いていますけれども。もう私自身がびっくりして慌ててしまって、こんなうそを私が目の前の、純真な生徒さんの前で証明してしまった。自然というのはそんなに人間が簡単に「ああ、こうしたらこう出ますよ」というものではなくて、びっくりするような突然変異をそのときに教えてくれたんですね。そうしたら目の前にいる中学生が「本当のことは、やればわかりますね」と言ったんです。もう、それにも私はびっくりしました。本当にそうだと思って。もうそのとおりで、頭が上がらないぐらい恥ずかしい思いをしまして。

それでその生徒さんたちが焚いた枝を大事にして、雪の下をかき分けてそのなかに枝を埋めてやったり、びっくりするようなことをしてくれるんです。それで小さな少年が、私が帰るときに新聞紙にたくさん包んで「あげる」と持ってきたんですよ。見たら、フキノトウなんです。雪がまだとても深いときなんです。どうしてこんなにフキノトウがあるんだろうと思ったら「僕はね、フキノトウの生えるところを知っているんだよ。ウサギがいるところも知っているんだよ。川辺のところの暖かいところにフキノトウが生えているんだ。だからそれを持ってきたから、持って帰ってくれ」と。もうそのときは本当に感動しましたね。そういう少年が、まだ日本にはいるんだなと思って。

ですから教育ということは、本当にただ教科書で教えたことの結果、そんなものじゃない。上の学校に行くからとかそんなものじゃなくて、その男の子みたいにもっと自然を身近に知っているということも大切ですよね。そういうところで自由に育って、その時も本当に猿《ましら》のごとくがけを登ったりして「ここにもいいのがあるよ」なんて言ってくれたりしたんです。だからそういう子供がまだ日本のへき地にはたくさんいるんじゃないかと思うんですが、それらは刻々に追いやられていって、日本のどこの隅々までもコンピューターだ、何だになっていくこの世のなかを、川勝先生、一体どうしたらいいんでしょう。

藤原　川勝さん、どうでしょう。振られましたよ。

藍染めの語源インディゴはインドから世界に広がった

川勝　志村先生のお話を感動して聞いていました。やはり志村先生のような方の謦咳《けいがい》にじかに接することが大切でしょうね。教育の基本は人と人との関係につきます。教師はなにも学校の先生だけではない、ということでもあります。職人、農民、あるいは漁師にも、立派な人はたくさんいます。漁師の畠山重篤さんのような漁師も『森は海の恋人』という本を書いていますが、これは立派な教科書です。文春文庫にはいったとき、そこに私は解説を寄せて、激賞しました。学校教育では教科書で学ぶのを基本にしていますが、いま言われましたように、また漁師の経験から学ぶことのほうが地についていておもしろいのです。地についた学習が大切で、地域の自然から学ぶという学び方が、本来の学び方ではないかと思います。

話題を変えて恐縮ですが、先ほど藍は「闇」だといわれ、その闇のような藍に光が当たると緑色になり、「緑」に生命を感じるというお話、興味深くお聞きしました。近代世界の生活の基調は、実は、藍色なのです。インドのインディゴ藍が、インド木綿の普及とあわせて広まりました。藍と木綿は東西の両方に広がりました。

陶磁器も濃い青が基調になります。コバルトブルーです。モンゴルが世界を支配した時代、歴史上の最大の世界帝国として、ペルシャまで支配し、そこからコバルトが中国に入って、それを釉薬として使うと見事なコバルトブルーが出るのです。同じころ、中国にインディゴで染めたインド木綿が入りました。その木綿の藍色に魅せられた中国人は、白磁にコバルトブルーで模様を描くようになるのです。日本でいう染付けですが、それにヨーロッパ人が魅せられて、貴族の館などに飾られています。近代は闇すなわち死の色に支配された時代だったのかと一瞬思いました。しかし、その藍に光が当たると一瞬ながら緑になるとのことですね。そうだとすると可能性があるわけです。藍色は、水の色ですね。海の色であり、紺碧の空の色でもあります。そういう藍色、水色、紺色に光が当たると緑になる、というのは示唆的です。

水は循環しています。雨が降って、川に流れこみ、支流が大河になって、海に注ぎますが、川の支流をあわせて地図上には平面図で描かれていますが、それを河口のところを下にして立ててみると、河口のところは太く、木でいえば幹です。そこを土台に見立てると、川の形は木の形になります。木とは水が光を受けて天空に向かって立った緑です。今お話を聞いていて、木は水が光を受けて生命となり、水が天空に戻る前に地上で歌う、いわばポエム、詩ではないか、と思いました。

緑の樹木を、ヨーロッパの文明は伐採してきました。森を破壊してきたのが近代文明です。ところが日本は、江戸時代に鎖国をしていたのでフロンティアがなく、しかも二六〇の藩は互いに侵略しない。藩内にある資源でやりくりしなければいけない。資源を上手に活用していくなかで、自然の声なき声に耳を傾けるというか、自然に対して謙虚になる。伐採すれば必ず植林をし、自然から取り出したものを粗末にしなかった。

江戸時代、日本できもの文化がさかえた時期にヨーロッパにも木綿が入るのですが、自然に対する接し方が、光を帯びて緑になる樹木を伐採していった西洋、緑を大切にした日本という対照があります。自然の声なき声に耳を傾けるなかから色の移ろい、四季の変化の美意識を涵養しました。自然に対する態度が、藍の故郷であるインドという、熱帯で、光をばんばん浴びて、緑が溢れている地域、そのインドで藍が生まれて、世界に広がったのですが、そのときにユーラシア大陸の両端で違う態度が生まれたということです。

日本はヨーロッパ文明を自家薬籠中のものにしましたが、今度はこれを反省し、原点に戻るときが来たのではないかと思います。原点帰りはヨーロッパ文明が最も栄えている都会ではなくて、かえっていなかの方が向いているといえそうです。いなかをばかにしたらあかんのです。帰りなんいざ田園へというわけで、私は標高一〇〇〇メートルの地に住んで都会に通っており、口先だけで言っているのではありません。いなか住まいです。そういうことで、励ましをうけた感じでございます。

つくろうと思ってつくるのではない。色彩で現れてきたときに、作品になる

藤原　ありがとうございました。色ということにつきましては先ほど千麗さんからも、何か私も色なんだと。踊りをつくる、私は、まずそれを色から発想するというようなことをいわれ

ました。千麗さんからもう少し色について。自分にとっての色ですね、もう少しその辺のところをお話しいただけますか。色を思いつかないと、何も出てこないわけですね。

西川　そうですね。というよりも作品をつくろうと思ってつくるのではなくて、色彩で現れてきたときに、ああ、これは作品になる、という。具体的には、そういう色彩が出てくるんです。だから先生の話を聞いていたら、やはりそういう理屈で説明できない第六感みたいなものが、その色彩として作品を私に示すのかなと。先ほど啓示なんていう言葉が出ていましたが、そうなのかなと思います。こんなに私はたくさん作品をつくると思っていなかったんです。一番最初は自分の心が感動したものを日本舞踊に作品化するということをしたいと思いましたが、そうそう感動するものに人生が出会えるとは思わなかったのに、何かめぐりめぐって起こってくる。それが実際に具体的に舞台に乗るようになったものは必ず色彩とかそういう、何か先ほど言われた感覚的なにおいみたいなもので私の前にたち現れるんです。それを、自分はそのままつないでいったらいいというような作業ですね。……説明になりませんね。

藤原　いやいや、千麗さん御自身も「千麗舞山荘」という、本当に緑の山奥ですね。私も一度行きましたが、本当に山奥の一軒家みたいなところで想を練られて、それで作品が生まれるわけでしょう。その辺のところはどうでしょう。

西川　あれはちょうど七年前ですが、本当にのどがかわいて水が飲みたいという状態と同じぐらいそれが必要になったんです。本当にそこにいたらつくれる。初めは京都府の建物が京北町の奥にあったので、作品ができるような気がしているのに、それこそ引っ張り出すという作業がうまくいかない。そのときそこに一週間くらい滞在させてもらうと……先ほども鶴見先生が「それを着たら湧いてくるのよ」と言われたように、私はそこに滞在したらするすると湧いてきたんですね。滞在してるということだけで。湧いてくるのか、あるいは逆に、何か余分なものがなくなるのかな。京都と言えども、京都のなかにいるとあしたのことやらあさってのことやら考えることがあっても、山荘にいてたらもうあしたのこと、あさってのことなど考えずいつまでもこの時間がずっとあるような、そういう過ごし方になるからかも……。先生も何か山のなかにいらっしゃって、何年間か行かずに「行ったら畳が真っ白になっていたのよ」って、この間おっしゃってましたけれども。先生はいかがですか。

志村　やはりそぎとられるみたいですね、町から行きますとね。そして本来の自分がそこにあるような気がして、何かそういう空間にふわっと入ってくるんですね。だから理屈ではなくて、千麗さんは特にそういうふうな「何か来るのよ」とか「訪れるのよ」とかおっしゃるでしょう。それは本当によくわかります。私もそうなんです。

西川　何か余分なものがなくなるのと違いますか。

志村　やりたいなんて思っていると、だめなんです。

西川　そうですね。そやから私はきっと私だけやなしに、だれでもそれは持っているものだと思います。だから生き方が、例えばいろいろなものをかぶせて、かぶせて生きていたら、そういう機能がどんどん落ちていくし、生き方がもしそういう余分なものをぱっとなくす、そういう生き方になったときには、その人のなかからそういう機能がすっと出てくるのと違うかなと。

志村　どこからか訪れてくるというか、ふわっと、一緒になるんでしょう。片一方だけではだめなの。どこからか訪れてくるんです。

西川　そうですね。だからそれこそさっきへき地からとおっしゃった。きっとへき地の人は都会と違って、そういう恵まれ方をしてはるからかなと思いますね。

志村　大変な知恵があると思いますよ。

親が自分の生き方を変えない限り、子供はふたをされたまま育つしかない

西川　そうあってほしいですね、これから。私はふと思ったんですが、最初の海外公演がポーランドで、ポーランドではその頃劇場の事務所が、とても貧しくて、ファックスする紙を使う分だけ買いに行くというオフィスなんですよ。ちょっと日本では想像つきませんでしょう。そんなオフィスで、それでもスタッフは生き生きと仕事をしていて。食事も本当に、これで食事なのかなと思うぐらい、日本のように七色食べなければいけない、そんなの全然なくて。なのに、週末は郊外の家に行って休日を楽しむ。それぞれほとんどの人が、湖のそばに別荘があるということでした。その人たちは特別な人ではなくて。私は、だから都会は都会として進んでいく状況はもう止めることはできない。むしろ人間の人智として進むだけ進んでいったらいいと思うけれど、反対にそういうものをだれもが得られるような、そういうものを大事にするというか。そういうものへの投資は惜しまず生きられるような、お母さん、お父さんの世代がそうなったら、子供はもっと変わっていくでしょう。

志村　そうですね。もっと自然に触れていただきたいけれども、今の環境がね。

西川　だからこれはお父さん、お母さんの問題だと思います。お父さん、お母さんが自分の生き方を変えない限り、子供はそのままふたをされたまま育つということになるのと違うかなと。どうでしょうか。

川勝　いなかと都会では流れている時間が違います。今ここに時計がありますが、どこに行っても同じように時を刻んでいるでしょう。これはヨーロッパから来たものですが、『ゾウの時間ネズミの時間』という本がありますが、ゾウもネズミも一生の間に刻む心拍の数は同じですが、ゾウの心拍はゆっくりなので長く生きる、ネズミの心拍は早いので早く死ぬ。物理的な時間は違うのですが、それぞれにとって心臓の働いた回数は一緒で、それぞれが固有の時間、固有の空間を生きている。それを全部画一的にしてしまったのが近代の特徴ではないかと思います。近代の都会生活と違う時間の流れを山荘であるとかいなかに行くと自然に感じられるので、自然の一部といった感性を培えます。

それともう一つ。先ほどの志村先生が、感謝の念をもって、宇宙の思いを体で受け止めていると言われました。また、西川先生のカミーユ・クローデルの、薄幸な芸術家の心を心とした踊りを見せていただきましたが、崇高な感じ、宗教的な感じがあります。美しいものと崇高なものとが、共在している。その崇高な美に、自然に頭を垂れるというか、謙虚になります。

青磁は生命の色です。その青磁はすたれ、白磁に描かれたブルーが流行し、その藍色が闇の色だったことを知って、失った青磁の緑の重要性を知れというメッセージとして受け止めるとすれば、緑が季節に応じて千変万化し、移ろう。それは美しい。力で押してきたこれまでの文明から、ちょっと口幅ったいけれども、美しい文明に変わらねばならない。そのときにやはりむさくるしい男よりも、女性、日本の女性が主役になるのがいいとも思ったりします。

藤原　色のテーマでこの第二部は始まったわけですが、そういう内から発する、魂が揺さぶられるといいますか、何かそういうものが時代を動かしているのではないかなとつくづくと思います。

本日のテーマは「色の思想／きものの思想」ということですから、もちろん色ときものというのは関連しているわけですが、『いのちを纏う』のなかの鶴見さんのご発言を、もう一度引用してみます。

きものは魂の依代《よりしろ》。「形見」によって魂が受け継がれる。

きものは魂の依代です。魂がこのなかに入っていて、これに依りかかっているのよ。きものがなきゃ魂は一人歩き出来ないの。魂が入って、きものが歩いているの、生きてるの。それが一番大事なこと。だからそれを最もよく表しているのが、日本語の「形見」という言葉。その人が着ていたきものはこの人の魂の依代だから、その方が死んだ時に、その方の愛する方たち、その方の親しかった方、その方に連なる方にお分けして、そしてそれをまた着てもらうことで、魂が受け継がれるの。そういう思想が一つあるわけよ。今でも「形見分け」という言葉で残ってるでしょ。父母やお祖母さんのもの、お祖父さんのものを頂くでしょう。

その次は、日本の風土のなかに日本の植物が育っているように、きものも風土のなかから出てきたのよ。風土にもっともふさわしい形を持っているの。それはなぜかというと、空気の出入りがあらゆるところから、袖から、身八口から、裾から、襟から、空気が流通してるのよ。だから、きものを着てれば、寒い時は暖かい。なぜかというと、重ね着だから、ここから空気が入っていく。空気が入っているのよ、なかに。だから空気が人間の体温によって温められているから暖かいのよ。それから帯をきゅっとしめて、女性にとって大事な体の部分をちゃんと暖かく守っているの。だからこれは日本の気候、風土によく合ってる。洋服をぴたっと着ていたらどうしようもないの、暑くて。そして晒木綿の肌襦袢を着ていれば汗を吸いとるし。それから足袋を履くから、これも汗を吸いとるでしょう。だから実にいい。湿度が高いでしょう、日本は。それに非常に合ってる。

藤原　きものは魂の依代。その後に、それではきものを着ればいいかというと、これはなかなか難しいということがありまして……。

人間の「姿の勢い」が、きものという形なきものに形を与えている。

それから、つまり変容自在ということよ。直線裁ちだから、形がないのよ。ほどいてしまえば一枚の布になっちゃうのよ。どんな形にでも作り替えることが出来るの。袖があって、裾があって、つまり直線裁ち、直線で縫って合わせてあるだけで、人間が着ることによって形を与えているのよ。人間が形なきものに形を与えているというのは、姿勢なのよ。姿の勢いなの。これが大事なの。稽古して、自分の体をきちっと、姿の勢いを作らなきゃだめ。きものは着られないの。極端な話、死んじゃったら着られないのよ。

藤原 姿勢というのは姿の勢いだと。その辺、千麗さん、どうでしょう。

西川 姿の勢いというのは、形がこうなっているとかああなっているとかということよりも、体のなかの力の流れだと思うんです。例えば外からなかへ力が……これは例えば悲しいときとか暗くなったとき、これは外からなかへ力が働く。だから逆に、私たちは悲しみとかを表現するときには外からなかへ力を使って表現をします。だけどそれが前に行くときには、中心から外へ放射線状に力が働く。多分おへその下、丹田のところを中心に、日本のものは農耕民族ですから、地球の中心に向かってここから下は下へ、そしてそこから上は天に向かって力が働くように、頭のてっぺんの百会《ひゃくえ》のツボを抜くような自分のなかの力、それが恐らく勢いだと。目に見えないものを感じる勢い、これは形がこうだからとかということではなくて、その人のなかからの力の出ていく方向だろうと思います。

きもの姿がよく見えるようにと、踊りやお茶のおけいこごとがあった

西川 それはもちろん舞をするというときの一番最初の条件ですから、いわばけいこしなければいけないということ。私が子供の頃はだれもが踊りのけいこをしていたんですよね。今は踊

りのけいこをしていると、何か特別な時代になりましたけれど。恐らくだれもがきものを着て、きものを着た姿がよくなるようにということもきっとあったのだろうと思いますね。お茶のおけいこも同じでしょうね。

だから畳を七歩で歩くということはどれぐらいの歩幅で歩くか。一つ、二つ……七歩で歩かなければならないのではなくて、きものを着ているときはひざから上を離さないで歩けば七歩になると。だから、ひざから上を離さない運びをすれば七歩で。ひざから上を離さないということは、このひざのところが支点になって線をつくるわけです。洋服の場合はこの足の付け根が支点ですが、きものの場合歩くということは、ここで線ができる。だから自分の体できものを、姿をつくる。手は、ひじが支点で。それは、遠いところの物をとるのにこうではなくて、ひじから先だけを伸ばして、あとは体を。ここで、こう線ができる。だから自分の骨で、美しい線をつくるのがきものだよということを鶴見先生は私に言ってくださったので、そのまま一生懸命受け売りしています。本当にそうやなと思って。

だから別におけいこをなさらなくても、皆さんがおきものを召されたときはひざから上をひっつけていれば、階段を上がるときには上がるところまで上げて、あとはあとの足をくっと上げていくと。そうするとひざから上は離さないからこういう線で上げる、こういうふうにならないと。

藤原　どうもありがとうございました。志村さんはどうでしょうか。姿の勢い、姿勢ということについては。

外見から見て姿がいいなと思う方は、基本的なところでしっかり生きている

志村　初めて姿の勢いということを鶴見さんから伺って、これはもう……かねがね私は町を歩いていてもどこに行ってもなんと姿の美しい人がいるんだろうと思うことがあるんですが、それは先ほどおっしゃった内から出ているんですね。内から出ているんですが、私たちはただ外見だけから見て姿がいいなと思うのは、やはり何か基本的なところでしっかり生きていらっしゃる方。御老人でもいらっしゃるし、若い人でもいますけれどね。

それから先ほど形見というお話がありました。今、では形見を、きものを娘や孫にあげましょうといっても、もちろん由緒あるものは別ですが、普通はもうお母さんたちでもきものなんか……お嫁入りのときに持っていらしたとしてももう古いですよね。それを形見としてみんな欲しい、欲しいとはおっしゃらないのではないかと思うんです。ましてや洋服なんか、形見といっても着られませんものね。そうすると生者と死者との間の形見分けのツールがほとんどなくなって。唯一あるのは、ヨーロッパなんかそうだと思いますけれども首飾りとか指輪とか、宝石ね。そういうものは喜んで、今でも、日本でもそうなっているのではないかと思うんです。いろいろなきものや洋服をもらうよりも、ちゃんとした宝石とか何かをもらう方がもういいと思っていらっしゃる方が多いと思うんです。ですからその人が着ていた思い出とか、愛する人にこれを残したいというような、人間としての日本人の情というもの、これがもうぷつんと切れているような気がするんです。

ではどうしたらいいのかしらと。だから死者と生者が、やはり交流しなければいけない。この

世とあの世はもう続いているんですから、それはやはり亡くなった方を回向するとか、そういう意味で続いていなければいけないものが、ほとんどいま途切れ途切れになりつつある。そういう危機感を感じます。何かもう、ビニール袋に入れてごみに出すと書いてありますね、鶴見さんのお話だと。亡くなった方のものは要らないからと。そういう時代なんですよ。

藤原 川勝さん、どうでしょうか。

自らの形が現れるというところに怖さと変幻自在さがある

川勝 私は結婚するまで外見に関心がなかったので、亡父のお古とか、ときには弟の着古したジャケットなんかをもらって平気で着ていました。ただ、体をそれに合わさんといかんので大変でした。ところがきものは、裄、丈、若干違っても、そのまま無理なく着られます。「父の形見を着ている」という懐かしい感じもあります。

姿勢を「姿の勢い」とお読みになったのはすばらしいですね。中身が現れる。西洋の靴もかばんも外の形が決まっています。それに対してふろしきは、包む中身に応じて外の形が変わります。かばんは外から見たら何が入っていても同じですが、ふろしきだと包むものの形に応じて変幻自在に形になります。人をつつむきものは中身である自分の「姿の勢い」が現れるというのもこれと同じですね。

きものは反物ともいいますね。一反というと、土地の単位でもあります。一反は三百坪。三百坪は今日の平方メートルで言うと一千平方メートルですが、江戸時代、一反の田で大体一石収穫できて、一石あれば一年間大人が生きられました。五反あれば五人家族ができる。ただし半分年貢で持っていかれるから、一〇反すなわち一町あれば五人家族で生きていけたのです。そういう単位として、反は経済的自立の単位だったのです。一方、きものの一反で、大体幅三〇数センチ、長さ一〇数メートルあまり。これだけあれば、体格が違っていてもそれをどの人に対してもきものをつくれた。あとは柄とか生地だけが問題でした。

明治時代にイギリス木綿が輸入されたとき、反物とは幅が違うので、日本人は、これで何反とれるかというふうに見るんです。三つとれる布地を「三幅物」と呼び、二つ半しかとれず、端切れが出てのでもったいないのでこれは「並幅物」とかいいまして、その売れ行きは低い。三幅とれるもののほうが売れたのです。反物の思想は布を見るときの目として働いています。反物は折りたためば小さくなり、たんすに、上手にしまえます。そういう思想が、明治期の布の輸入のときにも生かされていました。

姿の勢いを大事にしなければだめということでいえば、行儀作法につながる話でもあります。最近はマナーが乱れていますから、その意味でも反物の思想として「いのちを纏う」という意味を改めて味わっています。自分の心持ちが形として現れるというところに、怖さと、変幻自在な自由さとがあって、単にきものか洋服かという二者択一の問題ではないということを学びました。

藤原　ありがとうございました。行儀作法なんて言うとどうも上から押しつけられるような感じがしますが、姿勢を「姿の勢い」と読むと、これはやはり今の教育のなかでも使える言葉ではないかな。これから大人に育っていくときにものすごく大事な言葉ではないかと、鶴見さんから教えられたわけです。

それでは、最後に皆さんから一言ずついただいて、締めに入らせていただきたいと思います。「いのちを纏う」ということで、「色の思想／きものの思想」ということ、これはすべていのちがあるんだと。

ところがいま、いのちが軽くなって、しかも大人だけではなくて子供までが殺人を犯すというような、本当に悲しい出来事が日常的に頻繁に起こってきていますね。どうしたらいいのか。そんなに簡単に解決策が出てくるものではありませんが、最後に本当に一言、これだけは自分は今言っておきたいという言葉を、それぞれの方からいただきたいと思います。

では千麗さんの方からお願いいたします。

自分の時機は必ず感じとれるので、それに従って自らを信じて生きること

西川　先ほど志村先生のお話のなかに、人生の時期とこの時機、その時その時ということがございましたけれども、私は今まで本当に現実的に難しいというようなことでも思い願ったことがずっと成就してきて、振り返りますと、今これという、理屈抜きに感覚で物事を判断して生きてきたと思うんです。それぞれみんな違う、けれど時機が来る、その時機じゃないのにみんなこうしているから今はこうだからというようなことではなく、自分の時機は自分が必ず感じとれるので、それに従って生きるということでしょうか。私は先ほどのお話を聞いているときに、要はどう生きるかということだなと思ったんです。どう生きるかというのはみんな違って、そしてそ

のみんな違うものを自分でつかまえなければいけない。その自分でつかまえるという能力は、先ほど言ったように、みんなに備わっている余分なものを全部とり払ったときに必ずそれをとらえられる機会がくるから、それを信じる、自信を持つ、自らを信じて生きることかなと思いました。そんなふうに生きられるように、選んでいくということでしょうか。そう願っています。とにかく私の周囲にいる人たちには、そのように話をしています。僭越ですけれど。

藤原　それでは川勝さん、お願いします。

アニミズムという言葉を使わないで、何か固有の言葉で表現できれば

川勝　鶴見先生は、近代まれに見る優れた女性ですね。アメリカに渡り、アメリカではマルクス主義も勉強し、マルクス主義を克服する近代化論も勉強し、日本に帰られてからは水俣病との出会いから大地に立脚した思想の大切さに気づかれて、南方熊楠という忘れられた知的巨人を世に紹介されました。

鶴見先生は、この本のなかでも「最後はアニミズムよ」とおっしゃっています。精霊信仰。一神教ではなくてアニミズム。アニミズムには独自の意味合いがあります。アニマ、動くものですね、アニマル、アニメーション。なんとなく動物に近い印象を持つ言葉です。しかし、鶴見先生や志村先生の話の中身は、動物というより、むしろ植物です。お蚕さんも、クワの木、クワの葉っぱがなければ育ちません。

『いのちを纏う』を読んで驚きましたが、僕は花のきれいな色がそのまま染料の色になると思っ

ていましたらば、実は幹や根であり、花に結実する可能性がある要素を人間がもらって、その色を出していくのだとのことですね。鶴見先生は「きものは魂の依り代だ」と言われています、木は日本では神の依り代です。神様の単位は一柱、二柱というふうに数えます。木への信仰といいますか、宗教心と結びついています。これは世界に通ずると思います。アメリカではニューヨークの真っ只中で、彼らが一番大事にしているのは緑の空間である「セントラルパーク」です。ロンドンでもハイドパークや、パリでもブローニュの森があって緑を大切にしています。それは緑の地球、つまり生命の地球に神聖なるものを認めるということでしょう。それをアニミズムという言葉で表現するのは適切でしょうか。「きもの」は「Kimono」で通じるように、何か固有の言葉で表現すれば、かえってその思想が広まるように思います。

アニミズムという言葉で表現されようとしている内容は、実態としては植物、自然界であり、それに対する畏敬の念です。アニミズムに代わる言葉が必要ではないでしょうか。染色の話を鶴見先生となさったときに、動物への信仰というより、光と水が最初につくり上げる緑の生命、ミドリゴ、ここに地球社会全体を包み込む大事なメッセージが込められています。それをアニミズムとは言ってしまわないで、内容に即したもっといい言葉がないのかという、はがゆさを感じます。

藤原　ありがとうございました。では最後に志村さん、お願いいたします。

受難のなかで水俣病の人たちは、チッソの人たちに対しても祈っている

志村　今おっしゃったとおり、本当にアニミズムではあるんですけれど、日本人の感覚としては山川草木悉皆成仏《さんせんそうもくしっかいじょうぶつ》、すべてものがやはり成仏する、すべてのものに神が宿っているという思想が日本にはあると思いますが、そういうことと通っているかなと思います。今お話を伺ってさらにそう思いました。自然を大事にする日本の民族が次第、次第に欧米や何かの影響を受けて、いまや本当に見るに耐えないといいますか。私は本当に子供のこととか考えますと、どうしていいのか心を痛めます。きょうはきものどころの話ではない、子供の先行きをどうしたらいいのか。何しろ今の世のなかこれではいけないんだ、何とかしなければいけないんだ、だけど何も行く先の光が見えないという状態のなかで、きものの話などしてていいのかしら、そんなふうに思いながら出てきたんですけれども。それでもやはりこのように色のお話なんかをしますとそういうものに通じていて、みんなの気持ちがそういうところから目覚めていくことが大事なことだなと思うんです。

この間から石牟礼道子さんの水俣の問題を非常に身近に感じていまして、水俣があれだけの受難を受けたということは日本のすべてが受けたということ、私たちが受けた、いま私たちが受けたことなんですよと。決して水俣だけに限ったことではなくて。いま私たちは、その受難された人たちの言葉に心から耳を傾けなければいけない。いま聞かなければ、もうとり返しがつかない。どんどん水俣と同じような、もっともっと大きな規模で日本は汚れていくし、滅びていく。たくさんの人がそういうことで苦しんで死んでいくのではないか。そういうことを含めて、石牟礼さ

んはじめ水俣の人たちの座談会を藤原さんが『環』（25号）で企画されて、まとめてくださいました。そういう時代に私たちは真剣に立ち向かわないと、いま日本はこれで結構平和で、割といろいろなぜいたくができますし、いい時代だと思っていますが、実はすでに始まっていますよね。地震も来れば暴風雨も来る、すでにもう公害のなかに漬かっているような日常です。そういう時代に何かメッセージがないかしらと思いまして、石牟礼さんの言葉を伝えたいと思います。

やはり苦しみのなかで本当に苦しんだ人が祈るしかない。苦しみのなかで何ができるかというと、祈るしかないという。その祈りというのは、自分に対して祈るだけではなくて、同時に加害者であるチッソの人たちに対しても祈っている。「己が身の罪を祈る」と書いてあったんですが、それは水俣病の人たちと同時にチッソの人たちに対しても祈っていると。では、水俣の人たちがそれだけ苦しんだのに何の罪があるのかというと、罪なんか全然ないですよね。水俣の方こそチッソの罪を絶対許せない側なのに、その方たちが相手に対して祈ろうとされています。「そういうことを言っているんですよ」と石牟礼さんはおっしゃって「本当に純粋な心の方たちですよ」とおっしゃるんですね、その受難を受けた方たちが。そんなこと私たちは遠いあちらの世界のことのように思われるかもしれません。そして己が罪に祈るなんて、自分が罪を犯したときはもちろん謝罪の気持ちで祈るというか、罪悪感として自覚しなければと思いますが、相手が起こしているんですよね。それを自分の罪だと思って祈っている。そういうところまで、やはり受難をした方たちの魂がもう透き通るように先に行っているという感じを、私はその石牟礼さんのメッセージで感じたんです。ですから、やはり今そういうことを身近に感じていただきたいと思う。あれは水俣で起こったことよ、こちらには関係ないわではないんです。いま私たちが受けていることなんですね。そういうことは、水俣だけではなくてまだまだほかにもいっぱいありますね。

日本の将来を生きる子供たちに継承しなくてはならない日本や沖縄の美と心

志村　それから子供たちがなぜそんな親を殺したりなんかするのかという、根本的な子供の気持ち。本当に子供って、まだなんの何も分別もない子供たちが犯してしまうのですから、よほどのことだと思うんですね。それを救ってやれない親とか社会が無力というか許せないというか、私自身も許せないんですね。そういうふうに感じているんです。

それとは少し別な話になりますが、日本という国はなんて美しい国だろうということ。私は年を経るたびに、いろいろと日本を見てきましたが、外国にも行きましたけれど、日本は特別に自然に恵まれていますね。そして温暖で湿度が高いということは樹木も成長しやすいし、自然が豊かで、お料理一つとってもなんと日本人のつくる料理は繊細で自然にかなっていて、美しいんだろう、おいしいんだろうと思います。そういう美しい国に生まれている私たちが、それらを必死に守らないといけないと思うんですね。

きょうは沖縄のきものを一つ出させていただいたんですが、沖縄の人たち、沖縄の国も美の国ですね。まさに美というものをきちんとみんなが魂のなかに持っていて、この方はたまたま私のところに勉強に来た方ですが、ご自分ではほとんどそんなこと意識もしないで無邪気に仕事をしてくださって、最後にこのきものをつくって卒業されたんです。やはり沖縄でなければならない何か魂のようなものがこもっていると思って、私はこれを宝物のように大事にしているんです。沖縄に対する日本人の気持ちというものも、本当にこれは考えなければいけないと思うんです。立派な独立国、美の独立国のように私は思います。でも日本のためにあんなふうにさいなまれて大変な状況だと思うんですが、そういうなかから生まれてくる織物とか染物とかいろいろなもので沖縄はすばらしい国だと私は思います。本当に一つの独立した美の国だというふうに思っております。

藤原　志村さん、どうもありがとうございました。鶴見さんは志村さんのことを、日本だけでなく世界的視野で関係を結ぼうとしている、そういう視野でお仕事をしておられるとおっしゃっています。また日本を囲むいろいろな国々のなかで、世界のなかでこれだけ戦後復興し、現在あるような豊かな国になったわけですから、その豊かさの質をもう少し考え直さなければいけないのではないか。また日本国内や、とりわけ沖縄の問題、周りの国々の問題もあります。そういうなかで日本人の一人一人がそういう意識を持って、これから二一世紀を生きていかないと、大変な問題が起こっていくことだけは、本日のパネラーの皆様方のお話からもありました。きょうは三時間あまりの長時間、本当に御清聴ありがとうございました。

司会（伊東）　これをもちまして、志村ふくみ／鶴見和子著『いのちを纏う』刊行記念シンポジウムを終了させていただきます。長時間にわたり御清聴いただき、心よりお礼申し上げます。どうもありがとうございました。

（二〇〇六年六月二十五日　於：同志社大学寒梅館・ハーディーホール）

編集後記（増補新版）

本書初版は、鶴見和子が亡くなった翌年二〇〇七年一月に出版された。今年は、没後十二年。この間、二〇〇六年十一月の偲ぶ会から始まり、毎年命日の七月三十一日に、鶴見和子の思索を辿り、その思索を継承する会を催してきた。「山百合忌」と称して。

今から惟うに、鶴見和子は、人から畏敬の念をもって愛された人である。議論する時は、論理があいまいであることを決して許さなかった。言葉遣いが不明瞭であると、質問にたじたじとなる。一つ一つ言葉の定義を明確にして積み上げてゆかないと対話が不能になる。「怖い」人だ。これは、研究会であろうが、国際会議の場であろうが、同じだ。だから鶴見和子を知る多くの男の学者からも畏敬の念をもって怖れられていた。

その一方、打合せや研究会の場では、休憩の時間は、自ら率先してにこやかにお紅茶をふるまった。そのお紅茶の説明をしながら。だから雰囲気は一変して和やかなものになる。

鶴見和子が入場するや、辺りは華やかなムードに変わり、緊張感に包まれながらも和やかな場になる。何とも不思議なキャラクターの持ち主。話には、ユーモアや知性と教養が満ち溢れ、聴衆を魅了した。

今年は生誕百年。鶴見和子さんとの極秘の対話を前文として掲載した。それからジョルジュ・サンドや与謝野晶子についての思い出と、没一カ月前に催された志村ふくみとの対話『いのちを纏う』出版記念シンポジウムの全記録を収録した（このシンポには、数日前に大腸ガンが発見され、急遽入院することになり、鶴見さんは出席することができなかった）。鶴見和子不在の会であったが、パネラー参加者が、事前の打合せ通り、皆着物を装い、鶴見に思いを馳せての会になり、六百人を超える超満員の観客も、不在の鶴見さんへの思いで一杯だったのではなかろうか。

鶴見和子の存在は、今もしばしば現れる。彼女の関わった方々と交流させていただいているが、各界で今も最も重要な役割を担っている方ばかりだ。名前はいちいち挙げないが、祖父後藤新平譲りの、「一に人、二に人、三に人」である。

鶴見和子は、常に祖父の「自治三訣」を口にした。自らこの「自治三訣」を実践した人生だった。この「自治三訣」は今一人歩きをして、有志の方々の口に上ってきている。

鶴見和子さん、本当にありがとうございました。

（亮）

初出一覧

「天皇皇后謁見」秘話　初出

序　「朝日賞」授賞式にて、二〇〇〇年一月二十七日

Ⅰ　遺言　初出

Ⅱ　最終講演

命　「いま、何か一つ、字を書くとしたら？」……………『週刊金曜日』二〇〇五年一〇月二八日

斃れてのち元まる――命耀くとき〈最終講演〉………『環』二〇号、藤原書店、二〇〇五年一月
（「第一九八回オムロンけいはんな文化フォーラム」主催＝NHK京都文化センター・
オムロン株式会社、二〇〇四年十月十一日、於・けいはんなプラザ メインホール）

Ⅲ　思想

弱者の立場から日本を開く　…………（原題「斃れてのち、元まる」）『機』藤原書店、一九九八年一月

私の回生　……………………………シンポジウム「生命のリズム――倒れてのちに思想を語る」より、
『環』七号、藤原書店、二〇〇一年一〇月

静の足跡を辿って　……………………「明日への視座」5、『京都新聞』二〇〇四年三月二七日

きもの文化と自前の思想　……………「明日への視座」7、『京都新聞』二〇〇四年五月一六日

諸文明の対話の思想、曼荼羅　…………「明日への視座」23、『京都新聞』二〇〇四年七月三一日

水俣の回生　……………………………「明日への視座」32、『京都新聞』二〇〇四年一〇月九日
歌を杖として　…………………………「明日への視座」40、『京都新聞』二〇〇四年一二月四日
江戸の精神エネルギーに学ぶ〈田中優子との対談〉……………………『論座』一九九九年九月

Ⅳ　時論

権力者に対する寛容は美徳か？「鶴見和子の言いたい放題」1、『環』一七号、藤原書店、二〇〇四年四月
「反日的分子」と「非国民」　‥「鶴見和子の言いたい放題」2、『環』一八号、藤原書店、二〇〇四年七月
政治家の責任　…………「鶴見和子の言いたい放題」3、『環』一九号、藤原書店、二〇〇四年一〇月
国は破れても文化は遺れ　‥‥「鶴見和子の言いたい放題」4、『環』二〇号、藤原書店、二〇〇五年一月
「日の丸・君が代」の強制に想う「鶴見和子の言いたい放題」5、『環』二一号、藤原書店、二〇〇五年四月
小泉首相の靖国神社参拝に思う「鶴見和子の言いたい放題」6、『環』二二号、藤原書店、二〇〇五年七月
「不戦」の誓い…………「鶴見和子の言いたい放題」7、『環』二四号、藤原書店、二〇〇六年一月
もやい直し　……………「鶴見和子の言いたい放題」8、『環』二五号、藤原書店、二〇〇六年五月
老人リハビリテーションの意味「鶴見和子の言いたい放題」9、『環』二六号、藤原書店、二〇〇六年八月
国連外交と日本の立場〈緒方貞子との対談〉…………『環』二一号、藤原書店、二〇〇五年四月

〈附〉

カイロのお金――後藤新平のアジア経綸　…………『私たちが生きた二〇世紀』文藝春秋、二〇〇〇年
〈インタビュー〉祖父・後藤新平のアジア経綸　…………『環』八号、藤原書店、二〇〇二年一月
〈インタビュー〉ジョルジュ・サンドの回想　初出

補　〈シンポジウム〉いのちを纏う――色の思想／きものの思想　‥　『環』二七号、藤原書店、二〇〇六年一一月

「人間は，死ぬまで成長できるということを信じてほしい」　『和楽』2006年7月
「進化系の女たち」　『ミセス』2006年7月
「人生の試練が心を耕す」　『ゆうゆう』2006年7月

Ⅳ　インタビュー

「人の痛み　実感できる心境に」　（天日隆彦）『読売新聞（夕刊）』1997年4月26日

「“半分の死”と向き合う社会学者」　（山本稔）『東京新聞（夕刊）』1997年7月5日

「病後二年　鶴見和子さんに聞く」　『朝日新聞（夕刊）』1997年12月4日

「道楽二つ　活力源に」　（松井京子）『朝日新聞（夕刊）』1998年6月23日

「生命をはぐくむきもの暮らし」　『FRONT』1998年7月

「回生の花道を生きる」　（道浦母都子）『ミマン』1998年7月

「回生の日々」　（佐田智子）『朝日新聞（夕刊）』1998年9月3日

「内なる“埋蔵資源”を発掘」　（石野伸子）1998年

「私の遺言」　『婦人公論』1998年？

「死にながら生きていたい」　『朝日新聞』1999年1月1日

「病に倒れたり老いることを，おそれることはありません」　『いきいき』1999年6月

「文化の多様性尊重」　（朝日賞）『朝日新聞』2000年1月1日

「脳出血による半身不随をも乗り越えて」　『サライ』2000年10月

「21世紀へのメッセージ」　（音谷健郎）『朝日新聞』2000年11月29日

「美しく生きる」　『marie claire』2001年2月

「「曼陀羅」に21世紀の可能性探る」　（稲葉千寿）『東京新聞（夕刊）』2002年1月19日

「消えることのない痛みは「恵み」」　『週刊朝日』2002年6月7日

「鶴見和子さんの100歳レシピ」　『婦人画報』2003年3月

「根っこは短歌と踊りだった」　『朝日新聞』2003年5月23日

「すべては結びあっている」　『第三文明』2003年6月

「行く道，来た道」　（岡崎満義）『家庭画報』2003年7月

「老いるほど魂は高揚」　『読売新聞』2004年3月17日

「異なるものが，異なるままに」　『産経新聞（夕刊）』2004年6月17日

「40代の女性たちへ　これが私のメッセージ」　『クロワッサン』2004年11月

「この国はどこへ行こうとしているのか」　（太田阿利佐）『毎日新聞』2004年12月16日

「心の地層を掘り下げる」　『考える人（季刊誌）』2005年8月

「日本に合った発展の道を――共生の思想㊤」　（池田洋一郎）『朝日新聞』2006年3月23日

「グローバル化は排他主義――共生の思想㊦」　（池田洋一郎）『朝日新聞』2006年3月24日

「権力者に対する寛容は美徳か？」　「鶴見和子の言いたい放題」1,『環』17号，藤原書店，2004年4月
「『反日的分子』と『非国民』」　同上2，同誌18号，2004年7月
「政治家の責任」　同上3，同誌19号，2004年10月
「国は破れても文化は遺れ」　同上4，同誌20号，2005年1月
「『日の丸・君が代』の強制に想う」　同上5，同誌21号，2005年4月
「小泉首相の靖国神社参拝に思う」　同上6，同誌22号，2005年7月
「『不戦』の誓い」　同上7，同誌24号，2006年1月
「もやい直し」　同上8，同誌25号，2006年5月
「老人リハビリテーションの意味」　同上9，同誌26号，2006年8月

Ⅱ　対談

「江戸の精神エネルギーに学ぶ」(田中優子との対談)　『論座』1999年9月
「魂と『日本』の美——水俣から学ぶ」(石牟礼道子との対談)　『環』2号，藤原書店，2000年7月
「国連外交と日本の立場」(緒方貞子との対談)　『環』21号，藤原書店 2005年4月

Ⅲ　単発

「斃れてのち，元まる」(新年メッセージ)　『機』藤原書店，1998年1月
「カイロのお金——後藤新平のアジア経綸」　『私たちが生きた20世紀』文藝春秋，2000年
「生命のリズム——倒れてのちに思想を語る」　『環』7号，藤原書店，2001年10月
「祖父・後藤新平のアジア経綸〈インタビュー〉」，『環』8号，藤原書店，2002年1月
「消えることのない痛みは『恵み』」　『週刊朝日』2002年6月7日
「根っこは短歌と踊りだった」　『朝日新聞』2003年5月23日
「大石芳野さんの瞳」　『アフガニスタン 戦禍を生きぬく』藤原書店，2003年10月
「老いるほど魂は高揚」　『読売新聞』2004年3月17日
「異なるものが，異なるままに」　『産経新聞（夕刊）』2004年6月17日
「新作能「不知火」の水俣「奉納」への思い」　『国立能楽堂』第253号，2004年9月
「斃れてのち元まる——命耀くとき〈最終講演〉」，『環』20号，藤原書店，2005年1月
「命」　「いま，何か一つ，字を書くとしたら？」，『週刊金曜日』2005年10月28日号

おどりは人生　(西川千麗・花柳寿々紫との鼎談) 2003年
複数の東洋／複数の西洋——世界の知を結ぶ　(武者小路公秀との対談) 2004年
曼荼羅の思想　(頼富本宏との対談) 2005年
「対話」の文化——言語・宗教・文明　(服部英二との対談) 2006年
いのちを纏《まと》う——色・織・きものの思想　(志村ふくみとの対談) 2006年
米寿快談——俳句・短歌・いのち　(金子兜太との対談) 2006年
魂との出会い——写真家と社会学者の対話　(大石芳野との対談) 2007年
「内発的発展」とは何か——新しい学問に向けて　(川勝平太との対談) 2008年／新版2017年
南方熊楠の謎——鶴見和子との対話　(松居竜五編, 雲藤等・千田智子・田村義也・松居竜五との座談会) 2015年
地域からつくる——内発的発展論と東北学　(赤坂憲雄との対談) 2015年

Ⅵ　映像作品

回生——鶴見和子の遺言　(監督・金大偉) 藤原書店, 2001年／追悼記念版2006年
鶴見和子・自撰朗詠 短歌百選　(監督・金大偉) 藤原書店, 2003年

B　非書籍

Ⅰ　連載

「斃れてのち, 元まる——短歌と日舞が学問の根」　「人生幾春秋」1, 『京都新聞』2003年6月24日
「はにかまない女性——子の判断 尊重した親」　同上2, 同紙6月25日
「道半ばの帰国——開戦で米での研究断念」　同上3, 同紙6月26日
「二度目の留学——目 飛び出るような努力」　同上4, 同紙6月27日
「近代化論への疑問——異なる者との共生探る」　同上5, 同紙6月28日

「今, 非暴力の抵抗を」　「明日への視座」5, 『京都新聞』2004年3月27日
「きものは“変幻自在”」　同上7, 同紙5月16日
「南方熊楠の曼荼羅論」　同上23, 同紙7月31日
「水俣の回生　能で祈る」　同上32, 同紙10月9日
「短歌は生命の原動力」　同上40, 同紙12月4日

鶴見和子著作一覧

(1999-2018)

A　書籍

Ⅰ　著作集

コレクション 鶴見和子曼荼羅（全9巻）　藤原書店，1997～1999年

Ⅰ　基の巻――鶴見和子の仕事・入門 ………（解説・武者小路公秀）

Ⅱ　人の巻――日本人のライフ・ヒストリー ……（解説・澤地久枝）

Ⅲ　知の巻――社会変動と個人 ……………………（解説・見田宗介）

Ⅳ　土の巻――柳田國男論 …………………………（解説・赤坂憲雄）

Ⅴ　水の巻――南方熊楠のコスモロジー ……………（解説・宮田登）

Ⅵ　魂の巻――水俣・アニミズム・エコロジー …（解説・中村桂子）

Ⅶ　華の巻――わが生き相《すがた》 ………………………（解説・岡部伊都子）

Ⅷ　歌の巻――「虹」から「回生」へ …………（解説・佐佐木幸綱）

Ⅸ　環の巻――内発的発展論によるパラダイム転換（解説・川勝平太）

別巻（英語論文選）　The Adventure of Ideas : A Collection of Essays on Patterns of Creativity & A Theory of Endogenous Development (2014, Japanime) 電子書籍・無料

Ⅱ　単 著

歌集・花道　　藤原書店，2000年

歌集・回生　　藤原書店，2001年（私家版，1996年）

南方熊楠・萃点の思想――未来のパラダイム転換に向けて　　藤原書店，2001年

遺言――斃れてのち元まる　　藤原書店，2007年／増補新版2018年

歌集・山姥　　藤原書店，2007年／限定愛蔵版2007年

Ⅲ　共 著

鶴見和子・対話まんだら　藤原書店，2002～2006年

言葉果つるところ　　（石牟礼道子との対談）2002年

四十億年の私の「生命《いのち》」――生命誌と内発的発展論　　（中村桂子との対談）2002年／新版2013年

「われ」の発見　　（佐佐木幸綱との対談）2002年

邂 逅　　（多田富雄との往復書簡）2003年

患者学のすすめ――“内発的”リハビリテーション　　（上田敏との対談）2003年／副題「“人間らしく生きる権利”を回復する新しいリハビリテーション」として新版2016年

著者紹介

鶴見和子（つるみ・かずこ）

1918年生まれ。上智大学名誉教授。専攻・比較社会学。1939年津田英学塾卒業後、41年ヴァッサー大学哲学修士号取得。66年プリンストン大学社会学博士号を取得。論文名 *Social Change and the Individual : Japan before and after Defeat in World War II*（Princeton Univ. Press, 1970）。69年より上智大学外国語学部教授、同大学国際関係研究所員（82-84年、同所長）。95年南方熊楠賞受賞。99年度朝日賞受賞。

15歳より佐佐木信綱門下で短歌を学び、花柳徳太郎のもとで踊りを習う（20歳で花柳徳和子を名取り）。1995年12月24日、自宅にて脳出血に倒れ、左片麻痺となる。2006年7月歿。

著書に『コレクション　鶴見和子曼荼羅』（全9巻）『歌集　回生』『歌集　花道』『歌集　山姥』『南方熊楠・萃点の思想』『鶴見和子・対話まんだら』『「対話」の文化』『いのちを纏う』（以上、藤原書店）など多数。2001年9月には、その生涯と思想を再現した映像作品『回生　鶴見和子の遺言』を藤原書店から刊行。

遺《ゆい》 言《ごん》——斃《たお》れてのち元《はじ》まる　〈増補新版〉

2007年 1月30日　初版第1刷発行
2018年 7月31日　増補新版第1刷発行©

著　者　鶴　見　和　子
発行者　藤　原　良　雄
発行所　株式会社　藤　原　書　店

〒162-0041　東京都新宿区早稲田鶴巻町523
TEL　03（5272）0301
FAX　03（5272）0450
振替　00160-4-17013

印刷・製本　図書印刷

落丁本・乱丁本はお取り替えします
定価はカバーに表示してあります

Printed in Japan
ISBN978-4-86578-180-9

『回生』に続く待望の第三歌集

歌集 花道

鶴見和子

「短歌は究極の思想表現の方法である。」——大反響を呼んだ半世紀ぶりの歌集『回生』から三年、きもの・おどりなど生涯を貫く文化的素養と、国境を越えて展開されてきた学問的蓄積が、脳出血後のリハビリテーション生活の中で見事に結びつき、美しく結晶した、待望の第三歌集。

菊上製　一三六頁　**二八〇〇円**
（二〇〇〇年二月刊）◇978-4-89434-165-4

短歌が支えた生の軌跡

歌集 回生

鶴見和子
序＝佐佐木由幾

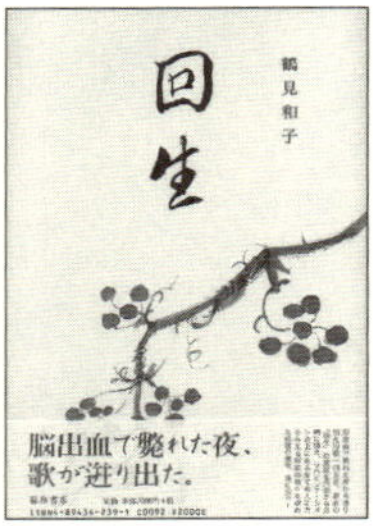

一九九五年一二月二四日、脳出血で斃れたその夜から、半世紀ぶりに迸り出た短歌一四五首。左半身麻痺を抱えた著者の「回生」の足跡を内面から克明に描き、リハビリテーション途上にある全ての人に力を与える短歌の数々を収め、生命とは、ことばとは何かを深く問いかける伝説の書。

菊変上製　一二〇頁　**二八〇〇円**
（二〇〇一年六月刊）◇978-4-89434-239-2

最も充実をみせた最終歌集

歌集 山姥

鶴見和子
序＝鶴見俊輔　解説＝佐佐木幸綱

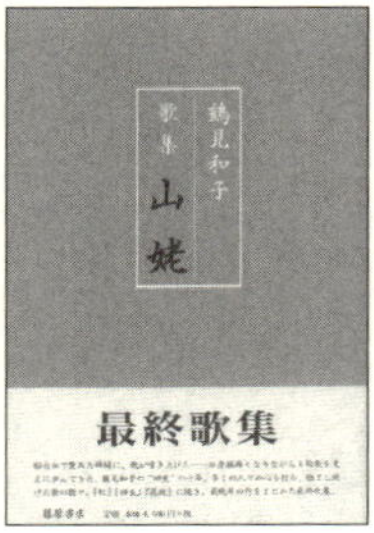

脳出血で斃れた瞬間に、歌が噴き上げた——片身麻痺となりながらも短歌を支えに歩んできた、鶴見和子の〝回生〟の十年。『虹』『回生』『花道』に続き、最晩年の作をまとめた最終歌集。

菊上製　三二八頁　**四六〇〇円**
（二〇〇七年一〇月刊）◇978-4-89434-582-9

限定愛蔵版　三百部限定
布クロス装貼函入豪華製本
口絵写真八頁／しおり付　八八〇〇円
（二〇〇七年一一月刊）◇978-4-89434-588-1

人間・鶴見和子の魅力に迫る

鶴見和子の世界

R・P・ドーア、石牟礼道子、河合隼雄、中村桂子、鶴見俊輔ほか

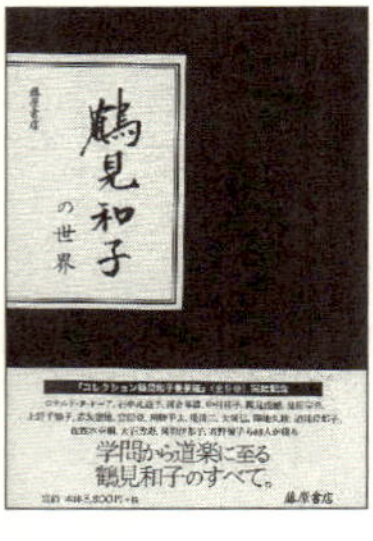

学問／道楽の壁を超え、国内はおろか国際的舞台でも出会う人すべてを魅了してきた鶴見和子の魅力とは何か。国内外の著名人六十三人がその謎を描き出す珠玉の鶴見和子論。〈主な執筆者〉**赤坂憲雄、宮田登、川勝平太、堤清二、大岡信、澤地久枝、道浦母都子**ほか。

四六上製函入　三六八頁　**三八〇〇円**
（一九九九年一〇月刊）◇978-4-89434-152-4